数字化生存

技术图像时代的传播图景

周海宁 ◎ 著

Being
Digital

Spectacle of Human
Communication in the Era of
Technological Image

中国社会科学出版社

图书在版编目（CIP）数据

数字化生存：技术图像时代的传播图景/周海宁著.—北京：中国社会科学出版社，2023.1（2024.3重印）
ISBN 978-7-5227-0788-4

Ⅰ.①数… Ⅱ.①周… Ⅲ.①图像处理—应用—传播媒介—研究 Ⅳ.①G206.2-39

中国版本图书馆 CIP 数据核字（2022）第 152920 号

出 版 人	赵剑英
责任编辑	王小溪
责任校对	李　莉
责任印制	戴　宽

出　　版	中国社会科学出版社
社　　址	北京鼓楼西大街甲 158 号
邮　　编	100720
网　　址	http://www.csspw.cn
发 行 部	010-84083685
门 市 部	010-84029450
经　　销	新华书店及其他书店
印刷装订	北京君升印刷有限公司
版　　次	2023 年 1 月第 1 版
印　　次	2024 年 3 月第 2 次印刷
开　　本	710×1000　1/16
印　　张	15.5
插　　页	2
字　　数	227 千字
定　　价	89.00 元

凡购买中国社会科学出版社图书，如有质量问题请与本社营销中心联系调换
电话：010-84083683
版权所有　侵权必究

前　　言

　　技术图像与传统的图像（绘画）不同，指的是依靠技术性装置（Apparatus）① 所生产的一种新平面，如照片、电影、视频、互联网动画等。如果说传统图像源自场面的描写②，是依靠想象力将现实中的三维对象投射至二维平面上，换言之，删除空间之中的时间与深度；那么技术图像则是发挥技术想象力（Techno-imagination）③，将线性（一维）的文本投射成无维度（零维）的"点"，从而组合成新平面，换言之，技术图像并不是对现实场面的再现（描写），而是对文本的再阐释。根据沃尔特·本雅明（Walter Benjamin）的媒介理论，媒介能够影响人的认知能力，不同的媒介时代具有不同的媒介认知（知觉）能力。如果说传统图像时代图像作为崇拜的对象，即作为具有"气韵"（Aura）④ 的存在而发挥着权威性作用，那么技术图像时代，随着"气韵的消逝"，新图像（新平面）通过媒介性赋权而使人获得了更多"政治参与"的能力，使人作为实践主体更多地参与社会政治生活。换言之，新的媒介时代催生新的人类传播图景，但是人

---

①　[巴西]威廉·弗卢塞尔：《摄影哲学的思考》，毛卫东、丁君君译，中国民族摄影艺术出版社2017年版，第15页。
②　周海宁：《弗鲁塞尔的"媒介符号理论"对传播危机的反思》，《科技传播》2018年第14期。
③　周海宁：《论互联网时代受众的数字化生存能力》，《出版发行研究》2018年第12期。
④　周海宁：《从本雅明提出的aura（气韵）媒介观看对象与主体关系的演化》，《新闻传播》2018年第21期。

的认知能力的提升速度与媒介更新迭代的能力与速度未必同步,而且也并非能够自动地提升到与媒介环境相适应的层面,而是需要外力——媒介教育的辅助之功、加持之力,才能达到人与媒介的共生、共存、共进化。所以在这里,我们首先应该探讨媒介生态的变化以及对应的媒介教育的新转向。

不同于第一媒介时代单向度的线性传播、第二媒介时代如互联网早期所呈现的交互式传播,第三媒介时代在新媒介技术的加持下、在互联网后期非线性社会关系广泛建立的基础上呈现万物皆媒、多元传播的特征。[①] 这是媒介技术迭代升级的必然结果,据此,人与人、人与媒介通过互动所形成的生态位竞合关系随之呈现出动态演进的变化。

从文字符号时代到大众传媒时代,再到数字化符号时代,人的变化均是在人与媒介共生的状态之下而不断生成的。换言之,人类文化的发展史亦是媒介文化的变迁史,从人与媒介的二元对立,即人类主体对媒介客体的使用与支配,转变为人与媒介共进化、共发展的存在方式。并且,人与媒介关系的演变推动着人类传播意义的不断建构与解构,在分—合—分的流动变化过程中,以媒介文化为基础的人文内涵在不断地进行着更新。这正是人类传播的意义所在,即通过人为的意义赋予而使人忘却"向死而生的人生宿命",并对"此时此地"的"当下"进行意义生成。

人类对媒介(技术、机器)的发明,表明"文化"的开始,作为文化创造的人类传播,并不是以"自然而然"的方式自动地进行"自然"交流,因为人们不似鸟儿的"自然啼鸣",人们会发明、使用工具,因此人与世界沟通的方法,不似蜜蜂的"自然舞姿",而是一种人为的技巧,是基于"人工性"的方法,是一种"人的延长"。所以基于传播学视角,人与媒介的相互作用是一种人为的创造过程,

---

① 张成良、于海飞:《融合媒介环境中的传播偏向与关系传播的演进》,《学习与实践》2019 年第 4 期。

通过人与作为媒介的技术的同构，人们在客观自然的基础之上创作了"第二自然"，即作为文化产物的符号化的世界，换言之，通过新的意义的赋予使人生更加具有意义。

意义赋予的标志性事件往往发生于人与媒介关系质性变化的时期，即从传统图像（史前的绘画）时代转向文字符号时代（以科学理性为中心的客观理性时代），从文字符号时代转向技术图像时代（以新图像为中心的主观间性时代）。发生转换的原因则是媒介在人与世界之间不能行使"桥梁"的联通功能，而是发挥着"深渊"的阻碍作用，换言之，文化从昌盛转向衰落之时，人类传播通过新的意义赋予而超越危机走向新的昌盛。由此，人类传播是一种动态演进的过程，是一个意义不断生成的过程，技术图像时代的人类传播具有人与媒介共生、共存、共进化的特征，需要我们对人与媒介、人类主体与非人类主体的等价性进行再确定与肯定。同时，这也是新媒介时代媒介教育转向的动因。

媒介赋权受众催生媒介教育新转向。从以文字文本为中心的读书时代到以技术图像为中心的"读屏时代"或者"读片时代"[①]，依托移动互联网媒介，以社交媒体为主要手段的视频短片阅读模式已经随着媒介技术的迭代升级，而成为当今媒介化社会人机关系的主流形式。正如沃尔特·本雅明（Walter Benjamin）所言，"每个时代都有每个时代的知觉任务"。在技术图像时代，以数字媒介为中心，互联网媒介已经渗透人们的日常生活之中，并且线上生活和线下生活并举已经成为人们的生活常态。所以，从媒介生态学视角来看，"媒介即信息"有两层含义：一是强调媒介本身的重要性，即媒介形式大于媒介内容；二是指出媒介理论超越信息的传递观，强调媒介对于推动人与社会的发展能够起到重要作用。换言之，以互联网媒介为中心的技术图像时代，形成了新的媒介生态。

---

① 毕翔、唐存琛、肖俏：《短视频社交媒介舆情危机应对》，《图书馆》2019 年第 6 期。

技术图像时代，不同于大众传媒时代传统的位阶式的线性传播，在交互式传播不断深化推进的情况下，虚拟化的线上传播成为不亚于线下传统人际传播的重要传播方式，从而使新主体——虚拟化的数字主体（Digital Being）登场，数字化生存（Being Digital）能力成为技术图像时代媒介使用者在虚拟化空间中所必须具备的生存能力。在媒介环境、媒介本体发生变化的同时，媒介的使用者亦发生着变化：原来处于旁观、收受位置上，作为相对被动的信息接收者的"受众"演进为具有参与性、共动性特征的积极的"媒介使用者"。技术图像时代，以互联网媒介为中心的媒介使用者不再囿于大众传媒时代受众线性的、单方向的信息接收，而是可以通过双向的、自下而上的媒介使用者同参模式参与信息产消的全过程，并使其主体性得以扩张：从被动的、处于信息接收末端的信息接收者，变成集信息的生产、转发、评论、消费于一体的信息产消者（Prosumer）；从单一的生物性主体（Human Being）转变为同时具有线下实在本体与线上虚拟本体（Digital Being）的混合性主体（Hybrid Being）。

与此同时，面对变化了的媒介生态，技术图像时代的媒介教育亦随之发生新转向。媒介教育的新转向是基于互联网媒介的非权威性赋权，并通过对话式传播（Dialogic Communication）消解中心话语式传播（Discursive Communication），使作为人类传播主轴的媒介文化的基本形态发生演变。技术图像时代的媒介教育已经超越了大众传媒时代自上而下、位阶式的"教化启蒙"，换言之，传统大众传媒时代媒介教育的主要功能在于启迪民智，引导民众识别人与媒介关系的失衡，以达到"以文化人"的教化启蒙目的。[①] 而技术图像时代以互联网媒介为中心的新媒介对媒介使用者进行赋权，所以媒介教育的重心从人与媒介关系嬗变的角度出发，重新审视媒介本体与媒介使用者关系的变化，特别是重视同参模式的媒介文化实践行为的改变，换言之，通

---

① 周海宁：《互联网时代中国媒介文化的嬗变以及人的主体性重构》，延边大学出版社2019年版，第125页。

过媒介教育使媒介在人与世界之间发挥"桥梁"的联通功效，从而促进人与媒介的同发展、共进化。

以互联网媒介为中心的技术图像时代，媒介文化的主体之一，即媒介的使用者随着媒介技术的迭代升级而被赋权，于是普通的大众因为互联网媒介技术的无远弗届（Ubiquitous）属性以及迅捷性，不但能够拥有信息生产工具（媒介本体），同时能够广泛参与信息的生产与消费的整个过程，这与传统的大众传媒时代，受众只能被动地接收信息，仅能做出有限反馈形成了鲜明的对比。换言之，大众传媒时代的媒介教育在于教化、启蒙，其核心是单方面地接收大众传媒组织自上而下所发布的信息，受众在信息传播的过程中处于位阶的下段位，因此大众传媒技术对受众并非十分友善。但是以互联网媒介为中心的技术图像时代，媒介使用者以产消者合一的身份，平等地参与信息的生产、制作、转发、评论的全过程。所以无论从媒介本体来看，还是从媒介使用者的主体性变化来看，在人机同构的作用下，媒介文化的人文内涵都发生了重大的改变，所以基于此变化的考量，媒介教育发生转向既是顺应媒介技术的演进进而推动媒介素养教育升级的主动选择，亦是以实现文化昌盛为目标，克服媒介在人与世界之中"深渊"性的阻碍作用，主动避免文化危机的正确选择。

媒介教育转向的动因还可以从媒介释放与媒介赋权两方面去考量。技术图像时代，媒介赋权使媒介使用者广泛、平等地参与信息生产的全过程，信息的生产不再是传统新闻机构、专业媒体人的专属。此时，媒介教育理应针对已经发生变化的媒介实际做出必要的转向，即从意识启蒙到实际的信息处理能力的培养，主要包括培养媒介使用者获取信息的能力、信息责任感以及规范意识。所以此时的媒介教育转向可以归纳为从媒介释放到媒介赋权。①

媒介释放的目的在于启蒙大众，培养受众对接收到的信息进行思

---

① 闫方洁：《从"释放"到"赋权"：自媒体语境下媒介素养教育理念的嬗变》，《现代传播》2015 年第 7 期。

考、分辨、质疑以及拒绝的能力，最终形成主体性批判能力。但是在大众传媒组织所形成的位阶性、单方向的话语传播体系之中，媒介组织通过议程设置（Agenda Setting）进行重复的话语输出，最终营造的拟态环境（Pseudo-environment）认知替代了大众对真实环境的认知，并形成鲍德里亚（Jean Baudrillard）所言的"超真实"（Super-reality）媒介体验。其最终结果便是限制了以媒介释放为中心的媒介教育的效果。

媒介赋权则强化了媒介使用者的媒介参与能力。特别是在互联网媒介"自由、开放、共享"理念的推动下，媒介使用者的主体性得以扩张——从自然存在（Human-being）的单一属性，变为具有数字化存在（Digital-being）特征的混合属性，并推动媒介教育从以启蒙为中心的他律式、防御式保护主义范式，转变为自律式、主动式的参与式赋权范式。[1] 进而言之，媒介教育从单方向、单纯的知识性启蒙过渡到双方向、混合式的参与式实践，从而进一步提高媒介使用者的数字化生存能力，形成与当代媒介环境相匹配的知识能力、技术能力、态度以及价值取向。

在技术图像时代，媒介教育的目的在于帮助媒介使用者，使其能够提出问题（Questioning），教导他们使用（Access）信息的方法。所以教育的目的不仅在于使媒介使用者能够分析和评价信息，同时也在于使其能够通过现代的传播手段参与其中而进行自身信息的表达。并且，媒介并不是价值中立的，例如在技术图像时代人们所使用的互联网媒介，其所提供的信息亦是具有偏向性的，因为以媒介为中心所获得的信息并非真实世界本身，而是世界本身的再现（描写）。换言之，人们所认为的真实并非真实本体，而是对真实的描写。技术图像时代，媒介的使用者对外需要具有一定的媒介能力去质疑、评价以及辨别；对内需要坚持"忠恕"之道，既要尽最大努力恪守本分，同时也能从共情的角度去宽以待人，通过不断的"正心"而从内在去提升媒介素养。

---

[1] 周海宁、程宗宇：《论以媒介为中心的儿童教育与素养的提升》，《聊城大学学报》（社会科学版）2020年第5期。

从媒介教育新转向的现实路径建构角度来看，在技术图像时代，媒介使用者广泛、大量地参与信息生产，"人人都有麦克风"，每个人都可以成为"记者"，作为媒介文化主轴的新闻传播教育的内容自然也随之发生转向。第一，不再局限于单一的专业化课程内容，而是更多地着眼于强化、提升媒介使用者的媒介素养。① 第二，新闻媒体从业者、新闻学子须保持定力，不乱于心，不困于技术，兼具新闻传播的"传统基因"（采写编评等传统业界实践技术）与"新媒体技术"（新媒介技术的使用，如短视频剪辑等）。② 第三，面向非媒体从业者与新闻学子的普通受众，强化公共之善的教育，将真（知识、知觉）与美（体验、感觉）融合进公共之善，从而强化公共理念与公共时代精神，即"有担当、有态度、有格调、有趣味、有底线"。

综上，媒介教育的新转向是基于中国媒介技术的迭代升级所引发的人文、社会、经济、政治变化，即为人类传播的新变化而作出的应对举措。换言之，中国社会中人类传播呈现了新的面貌、新的表象、新的图景。从媒介生态学、媒介现象学、媒介文化学等众多视角都可以切入中国媒介文化，即人类传播生态变换的表象，去了解其生成、变换的动因、表象以及影响，从而确立可能的建构路径去纠正传播过程中的问题，完善人、媒介与世界的关系。

在中国媒介生态发展变化的语境下，研究技术图像时代人类传播图景，需要借助多样化的方法理论对传播的表象进行分析与把握。詹姆斯·凯瑞（James Carey）在对传播范式进行批判性的思考之后，提出了传播的两种范畴，即作为仪式的传播和作为信息传递的传播。作为信息传递的传播，强调信息传达的过程以及结果，可以视为一种知识的传授以及经验的传递模式；作为仪式的传播则超越观点表达的层面，从关系视角出发，是一种慎思明辨性的批判性视角的重构。由

---

① 张成良、仇玲：《受众传播：融媒体时代新兴主体的崛起与时空一体化塑造》，《中国新闻传播研究》2019年第6期。

② 袁丰雪、仇玲、周海宁、张成良：《融媒体时代的新闻采访与写作》，新华出版社2020年版，第1页。

此，传播的内涵以及外延均得以扩展，于是传播与文化具有了等价的内涵与外延，这也可能是詹姆斯·凯瑞将其著作命名为"作为文化的传播"①（Communication as Culture）的缘由之一。所以本书将延续凯瑞的分析方法，从文化传播的视角，即从人文性的视角去看待中国今天的传播现象。

在中国，媒介技术的迭代升级，通过媒介赋权而使对话能力不局限于有权者（权力、资本、技术），而更多地走向普通大众，呈现更为民主化的特征。然而即便如此，社会发展的困惑依旧存在，正如马克斯·韦伯（Max Weber）提出了"科学理性与价值理性"，尤尔根·哈贝马斯（Jürgen Habermas）提出了"交流理性"，这都是针对当时社会发展阶段所出现的文化危机而提出的理论应对策略。在中国，随着现代性建设的不断深化，亦产生了人类社会发展的共性问题，如经济价值被看作最高的价值，倒逼人类多样化的价值为唯一功利性价值（经济价值），所以人的价值处于被挤压、被压缩的状态。

而人文研究的魅力在于，通过人文性的想象力，形成反向力，从而超越经济性的价值，使人有理想、有力量去追寻人的多样化的价值。为此，本书通过对社会话语的研究，探讨人的固有价值，以及价值实现的多样化路径。本书从媒介技术、人机关系（数字化存在）、媒介文化视角切入，考察中国社会的媒介发展现状、问题面向，探索可能的纠偏路径，从而找寻在新媒介文化时代人之为人的依据，并确认人与机器关系中人的正确位置。

本书基于对国内外当下的媒介使用、数字化生存、社会比较、情感传播、媒介偏向、信息价值观、人机关系、主体性、具身性、共生性、后人类主义、对话（交流、沟通）、文化、视觉文化、听觉文化等重要社会现象的探究，对技术图像时代的技术想象力、传播理论、人类传播图景进行阐述以及展望。相对于经验性的方法论，本书更倾

---

① ［美］詹姆斯·W. 凯瑞：《作为文化的传播："媒介与社会"论文集》，丁未译，中国人民大学出版社 2019 年版，第 1 页。

向于借助直观的社会观察以及传播哲学、美学领域的理论进行研究。考虑到媒介技术的发展，以及人的媒介化和媒介的人化，媒介化生存成为人的重要生存背景。本书从文化视角而非社会视角考察中国媒介文化发展的历史与现状，从大众日常生活出发，考察文化传播与交流所能赋予人类传播的意义，重新理解中国社会人类传播的现实理论意义。

在中国，媒介文化研究主要集中于大众传媒、新媒介等主题，而运用以哲学和美学为基础的传播学理论去研究社会现象的文章相对不多。特别是互联网媒介登场后，学界需要以哲学、教育学的视角考察媒介化的社会现象，并对其进行辩证性的思考，即"慎思明辨"，从文化批判性的视角审视人类传播图景，形成"反向运动"[1] 的纠偏、反思力，促进人、媒介、世界的均衡发展。

从国外理论的视野来看，以文化、工具理性、大众传媒为对象，进行批判性研究的有法国的哲学家、文化理论家保罗·维利里奥[2]，他以速度、身体以及城市空间为研究对象而闻名于世，在媒介理论方

---

[1] 卡尔·波兰尼（Karl Polanyi）指出现代社会之中存在着"双重运动"，一是以市场发展为中心的"正向运动"；二是社会自发的保护性"反向运动"，用以对经济发展的过度偏向进行纠偏。（参见 [匈牙利] 卡尔·波兰尼《大转型：我们时代的政治与经济起源》，刘阳、冯钢译，浙江人民出版社2007年版，第184页。）换言之，人类传播过程之中会自发地生成市场和社会两种合力，从而使人类传播沿着正确的方向发展，避免传播危机的出现。而波兰尼的"反向运动"是社会主体社会意识的自我拯救，是精英通过国家干预主义和社会主义对自由放任市场理念的抵制。而此处将社会批判与反思所引发的对经济发展偏向进行纠偏的能力看作其反向运动的表现之一。

[2] 法国哲学家、文化理论家保罗·维利里奥（Paul Virilio），并不是从"速度"的概念性定义入手，而是以"速度"作为分析工具，分析"速度"所建构的社会环境，考察速度在当今社会所具有的价值和意义。而对速度的关注并非始于维利里奥。19世纪末，交通工具，如火车、汽车等的普及，都是对速度追求的结果。现代媒介技术的发展，对速度的追求有过之而无不及，"速度"仿佛具有了优先的地位。如从最初的2G信号，到如今的5G信号，通信技术的每一次升级，都伴随着速度的升级。对速度的考察，就是研究速度如何影响人们的日常生活。纵观现代媒介生活，媒介技术加速迭代升级，以及新媒体环境下，互联网媒介的发展，使时空变异、无远弗届，碎片化的时空使"连接一切""随时在线""时空脱域"成为日常，而随之媒介使用者作为主体亦发生着变化：碎片化阅读能力凸显、生活节奏更加快速、将所有之物拉到"我"身边的欲望变得更加强烈、无批判之主体特性更加明显等。所以对速度的观照，亦是对媒介、媒介使用者以及人与媒介的互动关系的研究。

面重点提出了媒介的速度以及破坏性。德国的哈贝马斯从传播交流的行为理论入手，思考文化的合理性与矛盾性。法国哲学家鲍德里亚[①]，以马克思的《资本论》之中的价值理论为切入点，认为除了使用价值和价值之外，商品还有符号价值，符号价值产生于包装与宣传阶段。符号价值的功能在于区分社会等级，并确立了消费社会和生产社会的区别，从而最终确立了消费文化。传播媒介哲学家威廉·弗卢塞尔[②]则以影像的历史以及互联网媒介哲学为切入点进行影像的研究。以上研究者的共同点都是从以权力、资本以及技术为偏向的现代社会人类传播中，探讨人之为人的条件。

随着中国文化在世界文化中的影响力日渐增强，中国文化在世界文化体系之中面临着如何确立自身的主体性、如何确立与其他文化的关系等问题。不知旧无以革新，知己知彼方能进退有度。而中国的文化正面临着新的媒介现实，如何从人文的角度切入，从传播与交流的角度认知、理解、使用文化，这才是本书问题意识的出发点。

因此本书分为五章进行考察与分析。第一章，从数字化生存能力角度考察媒介的使用；第二章，从人机关系重构的角度考察媒介关系；第三章，从社交媒体使用与文化实践的角度考察媒介现象；第

[①] 让·鲍德里亚（Jean Baudrillard），法国哲学家，现代社会思想大师，知识的"恐怖主义者"。在"消费社会理论"和"后现代性"等理论方面颇有建树。

[②] 威廉·弗卢塞尔（Vilém Flusser），巴西籍哲学家、媒介理论家，1920年出生于捷克的布拉格犹太家庭，第二次世界大战爆发后经英国流亡巴西，1961年后以葡萄牙语、德语、法语等多种语言出版论著。20世纪80年代凭借著作《摄影哲学的思考》而享誉欧洲学术界，此后在《技术图像的宇宙》中从批判主义视角考察技术性媒介的本质，并从传播哲学等角度提炼出"Kommunikologie"这一术语，为传播学学科建构了理论基础。弗卢塞尔认为传播学（Kommunikologie）指的是在技术学（Technologie）占据全胜地位之后，产生的一门支配精神科学的学问。弗卢塞尔在其著作 Kommunikologie 中，将传播学从历史、哲学、符号学的角度进行完善，以弥补其理论体系的未完善，从而展示了这一学问的崭新横截面。弗卢塞尔认为，传播学研究从"人类为什么进行传播"这一根本性的问题入手，总结出人类传播乃是意识到死亡的孤独，从而进行新的文化创造的行为。因为，孤独的个体意识到了自身必有一死，以及人生的无意义，于是通过创造象征性的符号世界，而赋予生活以意义。进而言之，符号化世界的意义是通过人们之间的协商形成的。换言之，人们所创造的符号化世界，是人们通过技巧的发明，而否定死亡的无意义，从而赋予实际世界和人生以意义，其手段是个体与他人之间进行传播交流。

四章，从听觉文化的建构与文化昌盛的角度考察媒介转向；第五章，从人的主体性重构的角度考察媒介教育。

在前言结尾，感谢我的导师金成在教授在求学以及问道道路上的指导与垂范，感谢作为坚强后盾的家人、朋友的默默支持，感谢山东师范大学新闻与传媒学院各位领导与老师的支持与帮助。最后特别感谢宋红梅老师、王小溪老师、郑秀艳老师、刘畅老师的激励与建议。

2021 年 12 月 25 日

目录 CONTENTS

第一章　媒介使用：数字化生存能力 …… 1
第一节　内涵解析 …… 3
一　新的知觉能力：技术想象能力 …… 4
二　媒介赋权：受众个体的激活 …… 7
第二节　问题面向：人文与技术关系的失衡 …… 10
一　碎片化传播的"常态化" …… 10
二　娱乐传播的"偏向化" …… 12
三　情感传播的"主流化" …… 15
第三节　关系的重构：数字化生存能力的提升 …… 17

第二章　媒介关系：人机关系的重构 …… 21
第一节　机器信任：媒介技术重塑社会信任的传播学溯源 …… 21
一　新媒介即关系 …… 22
二　从知识权威到参与协商 …… 24
三　科学理性的胜利 …… 28
四　技术性与人文性合一 …… 33
第二节　人机关系的新演进 …… 36
一　从实体到关系：后人类时代的人类与机器 …… 36

2　数字化生存：技术图像时代的传播图景

　　二　主体性：数字化存在与人类的存在方式 …………… 40
　　三　具身性：人类主体和数字主体的关系呈现 …………… 45
　　四　共生性：人机关系的共进化 …………………………… 49
第三节　后人类主义：一种批判主义的话语分析 ………… 55
　　一　赛博朋克的内涵 ……………………………………… 55
　　二　后人类主义话语呈现 ………………………………… 58
　　三　技术决定主义的两条路线 …………………………… 62
　　四　批判主义的后人类主义计划 ………………………… 66
第四节　人机关系的未来图景对人类传播的影响 ………… 71
　　一　未来已来：人机关系的变换诉求 …………………… 71
　　二　超人类主义的局限性 ………………………………… 73
　　三　超越人类中心主义的契机 …………………………… 75
　　四　基于新人类主义的未来人类传播 …………………… 76

第三章　媒介现象：社交媒体使用与文化实践 ………… 79
第一节　相关概念研究 ……………………………………… 79
　　一　社会比较、主观幸福感以及共情 …………………… 79
　　二　制约主观幸福感提升的因素分析 …………………… 89
第二节　公共舆论与反向评价 ……………………………… 93
　　一　从共情视角解读舆论的情感化偏向 ………………… 97
　　二　公共舆论的解释现象学意义 ………………………… 107
第三节　作为流行与反流行的文化实践 …………………… 121
　　一　问题的提出 …………………………………………… 121
　　二　流行与反流行：文化实践的问题面向 ……………… 123
　　三　建构合理的文化实践 ………………………………… 130

第四章　媒介转向：听觉文化的建构与文化昌盛 ……… 133
第一节　以互联网媒介为中心的听觉文化的建构 ………… 133
　　一　第二口语时代的开始 ………………………………… 135

二　听觉文化的回归 ………………………………………… 138
　　三　听觉文化推动消费主义的进阶 ………………………… 140
　　四　新媒介时代听觉文化的建构 …………………………… 145
　第二节　文化昌盛的关键 ……………………………………… 149
　　一　概念辨析 ………………………………………………… 151
　　二　"事业"与"产业" ……………………………………… 153
　　三　文化昌盛的根本之路 …………………………………… 157

第五章　媒介教育：人的主体性重构 …………………………… 160
　第一节　技术复制时代主体的变化 …………………………… 160
　　一　学界对 Aura 概念的界定 ……………………………… 161
　　二　本雅明论著中"气韵"的概念 ………………………… 163
　　三　气韵的消逝：对象艺术作品形式的变化 ……………… 168
　　四　对象与主体合演的"新的知觉任务" ………………… 173
　第二节　技术图像符号的认知失真 …………………………… 176
　　一　问题的提出 ……………………………………………… 177
　　二　认知失真表征为后文字文盲现象 ……………………… 181
　　三　从技术图像本质探究认知失真的成因 ………………… 184
　　四　认知失真的加速化 ……………………………………… 187
　　五　再启蒙：回归"原初"的学习力 ……………………… 192
　第三节　远程通信社会（Telematics Society）的新图景 …… 193
　　一　数字媒介时代再议"童年消逝"说 …………………… 195
　　二　"童年消逝"的遏制与"新儿童"的诞生 …………… 202
　　三　文化对技术的超越 ……………………………………… 210

参考文献 ……………………………………………………… 213

第一章　媒介使用：数字化生存能力

随着互联网媒介的发展，受众不再以孤立个体的形式利用媒介去征服自然以及与他人进行竞争，而是在与媒介同构的过程中实现个人与他者的共存、共进化，进而建构新时代的互联网文化，进行数字化生存。媒介使用者依靠互联网媒介赋予的新的知觉任务——技术想象能力来提升自己的数字化生存能力，从而更好地进行数字化生存。但是数字化生存能力的提升并非一蹴而就。新的媒介环境，会带来新的种种问题。本章直面互联网时代媒介使用者所面临的数字化生存问题，试图建构提升受众数字化生存能力的方案，换言之，从人与技术、文化功能以及情感传播等角度去探讨媒介技术发展与媒介使用者之间的关系问题。

互联网媒介文化是以参与、分享、开放为理念，以信息的自由生产和分享为特征而形构的文化。互联网信息传播内容除了包含专业媒体生产的内容之外，还包含一般互联网用户生产的内容。前者是从大众传媒时代到互联网时代一直存在的内容提供方式，例如报纸、广播、电视等专业性媒体提供的内容；后者是在互联网出现后诞生的一种新的内容提供方式，例如新浪微博的"草根名博"、各类社区论坛、"两微一端"的跟帖、社交媒体的互动等一般网络媒介使用者自己生成的媒介内容。如果说大众传媒时代信息传播具有单向性、等级性的特点，那么互联网媒介的传播方式则具有双向性、多样性的特点。换言之，媒介技术在自进化的同时，媒介使用者亦随之接受媒介赋权，而在媒介与人同构中实现"共存、共进化"①。正如本雅明（Walter Benjamin）指出的，人们在不同的媒介时代都会有"新的知觉任务"②。在互联网时代，人们也应该具备新的知觉任务，即"技术想象"的能力。③ 这是媒介哲学家弗卢塞尔（Vilém Flusser）在分析不同时代媒介对人的知觉所产生的影响时提出的概念。在互联网时代人们只有具备与媒介属性相适应的技术想象能力，才能处于与媒介平等的位置去看待媒介技术发展给人类本身以及人类社会所带来的变化，才能避免在人与媒介互动中，人位置的"下移"——人的"异化"。④ 例如，大众传媒时代人的

---

① 周海宁：《"后人文时代"人类主体性研究的传播学反思》，《视听》2018年第9期。

② 新的知觉任务（New Tasks of Apperception）是本雅明在《技术复制时代的艺术作品》中提出的一个概念。本雅明所处时代的代表性媒介为电影媒介，电影媒介作为复制艺术，是根据电影的蒙太奇编辑功能，改变了文本时代线性传播的历史性时间顺序（过去、现在、未来），而以一种"错乱时空"的传播方式给电影的观赏者带来了"震惊效果"（Shock Effect）的新体验。不同于欣赏传统艺术作品（绘画等），需要观赏者以"集中入神"的"观照式"（美学术语，凝神观察）知觉能力进行欣赏，电影观赏者需要以"分散式"（Deconcentrated）的新的知觉方式对艺术作品进行观赏。所以，在互联网时代互联网媒介的使用者必须具有与互联网媒介属性相对应的知觉能力。参见周海宁《从本雅明提出的aura（气韵）媒介观看对象与主体关系的演化》，《新闻传播》2018年第21期。

③ 威廉·弗卢塞尔（Vilém Flusser）将人类文化的发展看作媒介符号（Code）不断演变的过程。其中，从线性文本符号过渡到技术性符号（以照片、电影、电视、电脑以及互联网、智能终端等为代表），标志着人类文化由历史阶段发展到后历史阶段。与历史时代的具象思维方式不同，后历史时代人们需要具备技术想象能力。参见周海宁《弗鲁塞尔的"媒介符号理论"对传播危机的反思》，《科技传播》2018年第14期。

④ "异化"概念源于黑格尔对"绝对精神"的论述，异化是绝对精神自我否定的必经环节。而马克思的思想是糅合德国古典哲学和英国古典政治经济学的基础上，提出了"异化劳动"，而"劳动"属于经济学范畴，是古典政治经济学领域提出的。在马克思著作《1844年经济学哲学手稿》之中，归纳了异化劳动的四个内涵。一是劳动结果上工人与自己的劳动产品相异化——"工人生产的财富越多，它的产品的力量和数量越大，他就越贫穷。工人创造的商品越多，它就越变成廉价的商品。物的世界的增值同人的世界的贬值成正比"。二是在劳动活动中，工人与自己的劳动相异化。劳动本是人本质力量的外化，也就是人的本质。但是"劳动对工人来说是外在的东西，不属于他的本质""他在劳动中不是肯定自己，而是否定自己；不是感到幸福，而是感到不幸；不是自由地发挥自己的体力和智力，而是使自己的肉体受折磨、精神遭摧残""他的劳动不是自愿的劳动，而是被迫的强制劳动。因此，这种劳动不是满足一种需要，而只是满足劳动以外的那些需要的一种手段"。三是人与自己类本质相异化。马克思认为"一个种的整体特性、种的类特性就在于生命活动的性质，而自由的有意识的活动恰恰就是人类的特性"。四是人与人相异化。马克思继承费尔巴哈思想，认为"人是对象性存在物"，人对自身的关系，只有通过他人才能得以表征和确证。按此逻辑，人与自己相异化，则人与他人也就相异化。"人同自己的劳动产品、自己的生命活动、自己的类本质相异化的直接后果就是人同人相异化。"所以资本主义社会之中工人与资本家的对立，则是人与人相异化最全面、最典型的确证和表征。参见《1844年经济学哲学手稿》，人民出版社2000年版，第48—59页。

"异化"表现为人的思维变得扁平化，丧失了批判能力，变成了媒介的附庸，成为他律的"单向度的人"①。本书将人与媒介视作平等的行为者，接受媒介技术决定论与人本主义思想的部分观点，既重视媒介本体的重要意义，同时亦以人的主体性为考察的重点。基于此，本章考察互联网时代人的数字化生存能力，分析受众数字化生存能力存在的问题以及可能的解决方案。

第一节　内涵解析

"数字化生存"这一术语来源于尼古拉斯·尼葛洛庞帝（Nicholas Negroponte）1996年出版的著作《数字化生存》（*Being Digital*）②。尼葛洛庞帝描述了媒介技术的发展使人类的生存环境数字化、网络化以及信息化，从而为人类带来一种全新的存在方式，即数字化生存。在这种虚拟的、数字化的、全新的空间中，人们应用数字化、信息化技术从事传播与交流活动。

作为一种新的数字化世界的"指南书"，尼葛洛庞帝为我们展示了媒介技术（数字科技）的发展为人类现实世界的生活、工作、教育甚至娱乐所带来的冲击以及所引发的思考。换言之，讨论媒介技术对人的影响以及价值。特别是在经济全球化的大背景下，信息技术的发展，使媒介化的时空超越了物理时空对人的限制，数字化媒介所具有

---

① "单向度的人"（One-Dimensioned Man）出自赫伯特·马尔库塞所著《单向度的人》，揭示了发达工业社会压制了人们内心中的否定性、批判性和超越性的向度，使社会成为单向度的社会，而生活在社会之中的人也变成了单向度的人，即丧失了自由与创造力的人。

② 尼古拉斯·尼葛洛庞帝（Nicholas Negroponte）出生于1943年的美国，是一位计算机科学家，是美国麻省理工学院教授及媒体实验室的创办人兼执行总监，同时也是1993年创办的科学技术类杂志《连线》（*Wired*）杂志的专栏作家。由于尼葛洛庞帝长期以来一直从肯定技术发展的立场出发，倡导利用数字化技术促进社会生活的转型，被西方媒体大力推崇，从而被视为计算机一级传播科技领域最具影响力的大师之一。1996年7月，被美国三大时事性周刊［《美国新闻与世界报道周刊》（*U. S. News & WorldReport*）、《时代周刊》（*Time*）、《新闻周刊》（*Newsweek*）］并列为美国三大时事新闻周刊之一的《时代周刊》列为当代最重要的未来学家之一。其著作 *Being Digital* 的中文版本《数字化生存》由胡泳、范海燕翻译，海南出版社1997年版。

的去中心化属性，使传统世界的中心化权力得以实现分散，通过媒介赋权，使全世界的互联网媒介使用者以数字化的方式存在，且能够跨越国界而相互了解。

所以从大众传媒时代跃入互联网时代，传统的"大众"传播正变成个人化、个性化的"与众"[①]传播，即双向交流的"万众同参、共享、共治"的去中心化、泛众传播。此时，信息不再被"推给"（Push）信息终端的接收者（消费者），而是媒介的使用者亲自参与信息的生产与传播全过程，将所需要的信息"拿过来"（Pull），重点是强调参与和创造。换言之，从麦克卢汉"新媒体是旧媒体的容器（Container）"的角度来理解，互联网媒介传播是一种兼容大众传播的"推"（Push）和个性化传播的"拉"（Pull）的一种"Push – Pull"[②]的混合式传播。所以，在互联网媒介时代，媒介技术给相对无权者进行了技术性赋权。即互联网时代的受众个体不同于大众传媒时代的受众个体只能作为信息活动的消极旁观者，而是依赖互联网技术带来的技术想象激活个体的能力并获得技术性赋权，使受众从信息活动的旁观者变成了信息活动的参与者，从而使受众个体获得了数字化的生存能力。互联网时代受众的数字化生存能力具体可以从两个方面进行考察，分别是互联网的技术想象能力、互联网激活受众个体的能力以及互联网的技术性赋权能力。

一 新的知觉能力：技术想象能力

在互联网时代，人们的数字化生存能力表现为拥有技术想象的能力。技术想象是与互联网媒介共生的，因为互联网媒介具有不同于以往媒介的新属性，因此互联网媒介的使用者（受众）也应该具有新的

---

① "与众"取自《孟子·梁惠王下》"与少乐乐，与众乐乐，孰乐？""不若与众。"这里指的是互联网时代，媒介赋权所造就的万众同参、共同分享、双向交流的内涵。"与众"一词的使用，参见周海宁《与众融媒体，与众共传播》，《青年记者》2019年第32期。

② 袁丰雪、周海宁：《涡轮传播模式下突发事件的舆情演进特征与治理模式——以重大公共卫生事件新冠肺炎疫情为例》，《山东社会科学》2021年第8期。

知觉能力以适应媒介变化带来的媒介与人关系的变化。互联网时代人与媒介关系的变化可以从技术想象的三个维度来考察——立场、时间体验以及空间体验。①

首先,立场的变化。传统线性文字时代,客观性立场具有唯一性。线性文字时代人们以客观的立场对整个世界进行分析。客观性立场发展到后来,成为"价值中立"的科学性立场,并且主观的意识形态也逐渐被客观的认知所代替,概念(具有科学客观性的概念)的泛滥逐渐使人站在世界的上空。所以"人"的概念,即建构人作为人的价值标准(属性)不断变化着。当年,尼采识破了价值转换的时机,认为重估一切价值的时候到来了,传统的宗教价值已经倒掉,人之为人的新价值要重新浮上。于是尼采说"上帝死了"②,提升了普通人的地位。但是,当客观性立场使人的概念不断抽象,而上升到"空中"之时,换言之,人将自己变成了"神"的时候,人的价值重估又将来临。

由此,反观互联网时代,从技术想象的角度来看,客观性立场是荒诞无稽的,因为在互联网时代所有的现象仅仅是众多立场的一个横断面。当观察一个对象物体的时候,无论从哪个方向进行观察,所能

---

① KimSeongjae, *Flusser*, *Media Phenomenology*, Seoul: Communication Books, 2013, pp. 58 – 67.

② 弗里德里希·尼采(Friedrich Wilhelm Nietzsche),德国哲学家,著有《权力意志》《悲剧的诞生》《查拉图斯特拉如是说》等。其学说对存在主义与后现代主义的影响极大。在《查拉图斯特拉如是说》和《快乐的科学》中,尼采提出了"上帝死了"的话语。尼采所惯用的抒情、箴言、隐喻的表达方式,使其哲学著作与一般系统性的哲学著作不同,晦涩难懂。并且,尼采认为他与叔本华不同,叔本华的哲学作品到了其晚年才被人读懂,但是尼采直言,"现在没人读我的书,将来也没有人读我的书"。尼采借查拉图斯特拉之口,扬言"上帝死了",是因为他认为太阳存在的价值在于照耀人类,而如果没有人类,那么太阳也将失去价值。同理,没有信徒,那么查拉图斯特拉这位古波斯的宗教思想家的思想也没有了价值。查拉图斯特拉思想不同于以往的基督教思想宣扬热爱、赞美上帝,而是"爱人类",用一种新学说来取代基督教学说。其方法便是让"上帝"死掉,让"超人"诞生。"超人"是直面现实,面向大地的人,而非只是仰望天国的人。但是查拉图斯特拉的呐喊并没有得到积极的回应。最终他发现了他所需要的并非信徒,而是志同道合者,是与自己一样的创造者,能够共同创造新价值的同伴。参见[德]尼采《查拉图斯特拉如是说》,尹溟译,文化艺术出版社 2003 年版。

观察到的都是从属于观察者自己的世界。换言之，在互联网时代，科学的客观性是一种主观性，而艺术的主观性是一种客观性。因为科学是对具体之物的认知，而艺术是对具体之物的体验。科学是具有艺术形式的科学，而艺术是具有科学形式的艺术。当科学和艺术相遇，科学和艺术之间的关系超越了主观性或者客观性的立场而生成"主观间性"的立场。换言之，技术想象的立场具有等价性。所以在互联网时代真理的标准将不再是客观性而是"主观间性"。与此同时，对真理的寻找不再是一个"发现"的过程，而是一个达成共识（"约定俗成"）的过程。综上所述，在互联网时代，人们看待世界的立场发生了变化：不再是具有唯一性的客观性立场，而是"与众"共同努力，一起探索并赋予世界特别的意义，并最终达成共识的一种主观间性立场。

其次，时间体验、时间尺度的变化。互联网的时间体验与线性文字的时间体验不同。线性文字时代，时间从过去流向未来，具有不可逆性。例如，线性文字的"现在"仅仅是时间线上的一个点而已，"现在"出现便随即消失，所以"现在"并不是实在的。但是在互联网上只有"现在"才是实在的，才是有意义的。"现在"是将可能性（未来）具象化而到达的场所。在互联网上，时间是具有相对性的，"现在"是"我"所处的场所。因为在互联网上，我和我对时间的体验之间的关系赋予了时间新的意义。我和他人在"现在"的时间内的共存扩大了"现在"的意义。总而言之，在互联网上所有的时间都指向"现在"，只有"现在"才是有意义的，才是实在的。他人与我只有在"现在"的时间维度里共存才能与我"有关"，与"我"的关系越多，也就与"我"越近，对"我"而言就越有意义。所以互联网时间的尺度是"与我的关系"。

最后，互联网空间体验、空间尺度的变化。在线性文字时代，时间和空间是两分的；而在互联网的技术想象维度里，时间和空间是"二而一"的。互联网上的时间如上文所述，"现在"是实际的，是与"我"相关的。"现在"是由作为主体的我和作为对象的他人在

"现在"时间维度里所形成的共存关系而具体化的。由此,时间便有了空间的属性。换言之,互联网上的时间和空间体验是"此时此地"的关系——互联网上的空间和时间体验是将"所有远处之物(空间)和未来之物(时间)"拉到"我"所在的地方。所以在互联网上"时间是融解的空间"而"空间是凝固的时间"。① 互联网时空体验的尺度是"与我相关,是我的兴趣所在",即与"我此时此处所在的场所"有关。所以在互联网上他人与"我"之间的关系越多,我们之间的关系便"越近"。

互联网媒介的固有属性催生了技术想象的三个维度,即"主观间性立场",时间与空间新体验与尺度。这验证了人与媒介之间存在着共存、共进化的同构关系。所以技术想象的能力是互联网技术赋予人们进行数字化生存所必须具有的能力。

二 媒介赋权:受众个体的激活

互联网传播通过"话语与对话的协演"② 行使媒介赋权,即赋予媒介使用者以权利与资格。如今的互联网传播,一方面由传统大众传媒组织进行专业的内容生产,形成"大众传媒公论场",进行"话语式"信息传播。"话语传播"表现为将传者记忆之中储存的信息通过媒介传达到受者记忆之中进行储存,因此在信息传播的过程中并不产

---

① Vilém Flusser, *Kommunikologie*, Kim Seongjae (Trans.), Seoul: Communication Books, 2001, p. 236.

② 威廉·弗卢塞尔认为人类传播结构由话语与对话构成的。话语是信息分配和储存的传播形式;对话是将可能的信息进行合成,从而不断创造新信息的传播形式。话语传播具有四种不同的构造形式,剧场型(教室等)、金字塔型(军队等)、树状(科学、技术等)以及圆形剧场型构造(电视等大众传媒);而对话传播具有两种不同的构造形式,圆形对话(会议室、试验室等)和网状对话(互联网)。对话与话语犹如铜钱的两面,缺一不可,互联网时代的传播是圆形剧场话语结构与网状对话结构相互"协演"的传播。话语刺激对话,对话依赖话语。比如,拥有话语权指的是在传播过程之中站在传者的位置,注重的是传播效果,即传达的信息能否改变接收者的态度以及行为,所以传播是自上而下的等级传播,在传播过程中不产生新信息;而对话则是去中心的横向传播,能够不断创造新的信息。参见周海宁《互联网时代中国媒介文化的嬗变以及人的主体性重构》,延边大学出版社2019年版,第7页。

生新的信息。其信息接收的一方为匿名而分散的大众。"话语传播"是由大众传媒专业组织以舆论形成为目标进行无差别的、单方向的"话语"传达。但是，另一方面，在互联网时代，大众作为一般用户也能进行非专业的内容生产，形成"一般网民公论场"，进行"对话式"信息传播。"对话式"传播是依据"话语式"传播传达的内容（记忆中储存的信息）合成新信息而进行传播。互联网传播是"对话式传播"的典型代表。互联网空间的网民们通过互联网的双向传播功能，自发地在虚拟空间进行讨论与分享，从而不断合成新信息。于是随着传统的"大众传媒公论场"逐渐转换为"一般网民公论场"，互联网传播通过"话语"与"对话"传播的协演，对一般媒介使用者进行了赋权。在互联网时代，媒介权力的获得不需要权威赋权，而是通过媒介技术的进化升级，从而赋予媒介使用者以技术想象的能力，获得媒介使用的权利与资格。由此，一般媒介使用者便可以进行双向的互动式对话，展开数字化生存。

互联网连接一切并使个体被激活。据调查显示，在互联网上通过社交媒体（SNS）获取信息的用户比例高达90.7%。据中国互联网信息中心（CNNIC）发布的《2017年中国互联网新闻市场研究报告》显示，截至2018年6月30日，中国网民规模达8.02亿，互联网普及率达到57.7%。可见，社交媒体已经成为用户获取信息的重要渠道。社交媒体的出现是互联网媒介不断进化的表现。彭兰将互联网进化的基本逻辑归纳为"连接的不断演进"。[①] 换言之，由最初的终端连接（个人电脑终端之间），演变为内容连接（BBS以及各种网页等），再发展到关系连接（SNS社交平台），最后变成服务连接（媒介平台与电子商务的联合）。这一切的实现要归功于互联网的"遍在性"（Ubiquitous，又译为无远弗届），即随着移动终端的普及，以及互联网的超时空特性，人们能够通过移动终端的界面将

---

① 彭兰：《"连接"的演进——互联网进化的基本逻辑》，《国际新闻界》2013年第12期。

现实世界和虚拟世界连为一体，呈现"连接一切"的状态，并且人的体验也随之"虚拟化"。这使互联网媒介的使用者能够随时随地保持在线状态并进行信息生产与分享，从而实现各种"连接"关系的融合。如果说互联网演进的逻辑是"连接"，那么互联网媒介使用者的特征则是"个体被激活"①。大众传媒时代，传者与受众之间的关系是单向性的，由传统专业媒体（报纸、广播、电视等大众传媒装置）进行内容生产并传达给受众，即信息传播的主动权掌握在主流传统媒体手中，传统媒体通过"议程设置"②对传播的信息进行筛选和排序。但是互联网时代，自媒体③的出现打破了传统媒体的话语垄断，人人都能够利用网络媒介进行内容的生产与传播，形成了一种去中心、分散式的多向传播机制，这些新的变化促进了个体被激活。

---

① 按照喻国明的分析，互联网时代"个体被激活"是个人操控社会传播资源的能力、个人淹没的信息需求与偏好，以及个人闲置的资源被激活。参见喻国明《"个人被激活"的时代：互联网逻辑下传播生态的重构》，《现代传播》2015 年第 5 期。

② McCombs, M. & D. L. Shaw, "The Agenda-setting Function of Mass Media", *Public Opinion Quarterly*, Vol. 36, No. 2, 1972. 1972 年美国学者麦库姆斯（M. E. McCombs）和肖（D. L. Shaw）发表了《大众媒介的议程设置功能》（*The Agenda-setting Function of Mass Media*），总结了 1968 年美国总统选举期间大众传媒如何影响选民意志的研究成果。并指出，大众传媒具有一种为公众设置"议事日程"的功能，媒体赋予各种不同的议程以不同的显著性，并为其排名，从而影响人们对周围世界发生的"大事"是什么，以及其重要性的判断。而 1988 年前后，罗杰斯（E. M. Rogers）和迪尔林（J. W. Dearing）从批判早期媒体议程设置的立场，提出了议程建构（Agenda Building）概念。参见 E. M. Roger & J. W. Dearing, "Agenda-setting Research: Where Has It Been, Where Is It Go?", *Communication Yearbook*, Vol. 11, 1988. 议程建构将媒体议程设置、精英决策者的政策议程（议程管理），以及公众议程的三方互动看作一个完整的议程建构过程，从而打破以往的"决定论"思维，从多元主体共同参与的角度，看待议程的互动、协商的动态过程。参见胡百精《说服与认同》，中国传媒大学出版社 2014 年版，第 163—165 页。

③ 自媒体是私人化、泛众化、自主化的媒介内容制作者、传播者，借助数字化媒介手段，向不特定的大多数或者特定的具体个人传递信息的新媒体总称。究其历史发展脉络，可以分为四个阶段。第一阶段，自媒体初始化的 BBS 阶段（2009 年之前）；第二阶段，微博、个人网站、博客发展的自媒体雏形阶段（2009 年新浪微博上线至 2012 年微信公众号上线）；第三阶段，自媒体觉醒阶段，平台呈现多元化发展，以微信公众平台、搜狐新闻客户端为代表（2012—2014 年，门户网站、视频、电商平台等纷纷涉足自媒体领域）；第四阶段，自媒体发展成熟阶段，移动短视频、直播等形式成为自媒体内容创新的热点（2015 年至今）。参见白冰茜《自媒体的发展研究》，《新媒体研究》2018 年第 6 期。

综上所述，互联网时代媒介使用者的数字化生存能力是指人在与互联网媒介同构的过程中，通过新的知觉能力——技术想象能力，以主观间性的立场来体验互联网所带来的时空变化，并依赖互联网无远弗届、连接一切的特性以及互联网的双向对话功能激活个体，使相对无权者得到赋权，从而形成了不同于大众传媒公论场的一般网民公论场，使个人与他者在共存、共进化的关系中自由地进行信息的生产与交换的能力。

第二节　问题面向：人文与技术关系的失衡

在互联网时代，虽然人们通过技术想象获得了互联网的赋权，但是资格的获取与能力的拥有，与实际上的使用却并非同一问题。媒介技术的发展使互联网媒介形构了人类的生存环境，人与媒介的关系犹如鱼与水的关系——日用而不自知。实际地表现为，一方面媒介的使用者并没有看透媒介迭代升级后的媒介本质；另一方面媒介的使用者并没有完全拥有并掌握新的媒介知觉——技术想象的能力。所以，人文与技术关系的失衡便在人与媒介的互动之中生成，文化生态乱象丛生，文化危机警钟鸣起。具体的问题包括以下几方面。

一　碎片化传播的"常态化"

信息的碎片化呈现使碎片化阅读成为互联网用户接收信息的主要方式，这导致信息主体顺应了碎片化的信息推送与接收方式，一方面顺应与新媒介相对应的媒介知觉；另一方面却造成媒介使用者对媒介过度依赖而产生主体异化，从而难以打破信息壁垒，成为信息的附庸。于是，基于浅阅读，即碎片化阅读的碎片化传播成为常态化的现象，传统媒体时代的深度阅读能力则日益弱化，甚至丧失。

信息的碎片化传播是互联网媒介信息传播的主要特征，并且与之相匹配的是作为媒介使用者的数字化生存能力之一的碎片化阅读能力。互联网媒介具有无远弗届的遍在性，同时其时空体验是以"与我有关，我的兴趣"为尺度，以与"我的此时此地"，即与我现在所处的场所的相关度来建构个人与他者之间的时空关系。而此种时空体验是以时空脱域性（Disembedding）①为基础的，换言之，脱离原来的时间和空间，使其在更广阔的时空中成为可能。

所以信息的碎片化传播正是互联网媒介属性的具象表现，碎片化的信息满足了"时空的碎片化"，使媒介能够无处不在，同时能够随时随地提供媒介使用者所感兴趣的信息。碎片化信息的"推送"，是精准地计算了媒介使用者所在场所的时空变化，是与媒介使用者所处时空场景相吻合的信息片段。所以随着"你"所在场所时空的变化，一种为"你"量身定制的碎片化信息便会不断向"你"推送。

互联网无远弗届的遍在性、时空脱域性与碎片化的时空、碎片化的阅读相互对照，呈现基于数字化生存的人类传播图景。与传统的传播媒介相比，互联网媒介连接一切，为媒介的使用者提供数字化的生存环境，使一切都沉浸在互联网媒介所交织成的巨大网状物之中。在新形成的时空之中，一切高速运转，一切与"我"拉近，速度缩减了人们的距离感并使空间被切割成不同的"场景"②，而移动终端的普及使"一切时间都变成了碎片化的时间"。媒介使用者顺应互联网媒介所造成的"信息碎片化"以及"时空碎片化"的特点，是互联网

---

① 关于"脱域"理论，安东尼·吉登斯（Anthony Giddens）将其表述为"现在让我们来谈社会系统的脱域问题。所谓脱域，我指的是社会关系从彼此互动的地域性关联中，从通过对不确定的时间的无限穿越而被重构的关联中脱离出来"（原文抄录如下：Let me now move on to consider the disembedding of social systems. By disembedding I mean the "lifting out" of social relations from local contexts of interaction and their restructuring across indefinite spans of time - space）。例如，汉服原本是传统社会中汉族人民日常穿着的服装，如今脱离了原本时空的束缚以及作用，并被建构了新的内涵，如流行的象征、民族文化自信的象征等。这其实同时涉及了"脱域"（Disembedding）和"回归"（Reembedding），是传统与现代性融合的表征。所以脱域是基于时间和空间来理解的，脱离出时间和空间，让原本存之物在广阔的时空中成为新可能。

② 彭兰：《场景：移动时代媒体的新要素》，《新闻记者》2015 年第 3 期。

媒介所对应的技术想象对媒介使用者所提出的要求。

碎片化传播的常态化顺应了媒介技术发展的要求，换言之，是与互联网媒介时代技术想象能力相匹配的媒介使用者所必备的主体属性与媒介知觉。然而，新技能的获得并非意味着对旧有能力的抛弃。互联网无远弗届的遍在性、时空脱域性与碎片化的时空以及高速性，造成了信息的大量增加。精准化的信息推送满足了媒介使用者个性化的信息需求，然而同质化的信息推送，或者长久地以满足媒介使用者个体的兴趣为目的的精准化信息推送，存在着窄化媒介使用者认知范畴以及弱化认知能力的可能性。最终，顺应浅阅读的扁平化思考替代长阅读的深度思考，媒介使用者有着成为无批判的他律性主体的可能性。

二 娱乐传播的"偏向化"

互联网上的娱乐传播遵循商品经济逻辑，如果娱乐传播过度"偏向化"则有可能造成互联网文化的教育功能（事业功能）和产业功能失衡，诱发文化危机。一般意义上，娱乐指的是人们从劳动之中将自己解放出来，通过游戏等来打发休闲时间的行为。而新闻传播学中娱乐的概念指的是人们为了转换心情或者恢复元气，通过游戏而刺激相关信息交换活动的进行。[①] 所以娱乐传播可以理解为人们暂时从劳动中被解放出来，通过游戏与他人进行信息交换活动，以此实现心情转换以及元气恢复的一种传播方式。

约翰·费斯克（John Fiske）作为大众文化研究者，他从乐观主义视角强调大众文化的创造性、娱乐性和叛逆功能。他将报偿原则由工作领域扩展到了休闲领域，而节假日的大众意义是狂欢节的意义，换言之，节假日的存在使人们从工作的规训中解脱出来，并合法地沉溺于那些被日常生活所压抑的快感之上，从而实现身心调剂和身

---

① Kim Seongjae, "The Communication of entertainment", *Korean Society of Contemporary European Philosophy*, Vol. 50, No. 3, 2018, pp. 167–205.

心解脱。①

赖特（Wright）指出了大众传播的"四功能"——环境监视功能（信息的搜集与传达）、社会调节功能（舆论引导功能）、社会遗产传授功能（教育功能），以及提供娱乐的功能②，而互联网媒介提供娱乐的能力较之大众传媒有过之而无不及。例如，随着互联网媒介的发展，特别是 Web 2.0 时代之后，随着互联网的"参与、分享、开放"理念的不断实践，以平台为基础的网络信息生产和分享成为可能，各种"网络红人"和"网络围观"现象层出不穷，构成了互联网的"网络奇观"现象。③

"网红"现象随着互联网媒介的进化也在不断发生着变化。其初期阶段，即 1998 年以后表现为网络空间的文学创作，其中的明星作者便是后来"网红"的雏形。而 2004 年以后，随着互联网共享平台的建构，通过"博客"等自媒体平台来展示自我的网络红人（芙蓉姐姐等），以及看破平台所蕴含的商业价值的网络推手便应运而生。最终，2012 年以后随着移动互联网的兴起，以及各种移动终端的完善，互联网媒体与电子商务最终完成了"无缝拼接"——"网红经济""粉丝经济"等也出现了。

但是，在逐利本性的驱使下，互联网传播与商品经济的"联姻"使互联网的使用者变成了商品的消费者。打着满足消费者需求的口号，互联网传播内容的生产便以受众的喜好为标尺，甚至出现了大量的"三俗"——庸俗、低俗、媚俗内容。这是媒介文化的"产业化"④ 功能的表现。由文化产业生产出来的大众文化，其形式虽然多

---

① ［美］约翰·费斯克：《理解大众文化》，王晓珏 、宋伟杰译，中央编译出版社 2001 年版，第 92 页。

② Wright C. R., *Mass Communications*: *A sociological perspective*, New York: Random House, 1959, p.16.

③ 张跣：《重建主体性：对"网红"奇观的审视与反思》，《中国青年社会科学》2016 年第 6 期。

④ 李世澳、周海宁：《论互联网媒介时代文化昌盛的关键》，《今传媒》2021 年第 4 期。"文化产业"一词出自［德］霍克海默、阿多诺《启蒙辩证法》，渠敬东、曹卫东译，上海人民出版社 2006 年版，第 107 页。

样，但是内容却具有均一性、同质性。特别是当时资本主义大企业对文化工业的垄断，使文化沦为商业的附庸，最终让受众变成了没有批判、自省能力的人。

文化的"产业化"体现的是以商品市场规律为导向，以营利为主要目的的市场化行为。虽然注重媒介文化的产业功能能够激活文化活力，满足受众对文化多样性的需求；但是过度的商业化却忽略了文化的另一种功能，即赖特所说的媒介"四功能"之一的"教育功能"，即文化事业功能的体现。传统文化注重崇德广业，注重德行的教化功能。早在《周易·系辞上》之中就给事业下了定义："举而措之天下之民，谓之事业。"文化事业昌盛与否关键在于文化的教育功能能否正确发挥，如果文化的教育之功不能尽其所善，那么娱乐传播一旦过度偏向，换言之，文化产业化过度偏向，将媒介使用者转化成完全的消费者，或者将媒介使用者变成商品进行商业运作，进而适用于"受众商品论"[1]，最终将造成文化的异化以及人的异化。

特别是在互联网媒介技术发达的今天，文化产业获得了长足发展，市场经济文化产业化的本质并非将文化打造成商品，而是将人变作产品，扩充商品的范畴。换言之，达拉斯·斯麦兹（Dallas Walker Smythe）的"受众商品论"将马克思发现的剩余价值理论进行了扩张，认为人的所有时间都是劳动（Labour）时间，剩余价值的压榨既包含劳动时所付出的时间，也包含媒介使用者利用媒介进行娱乐（Play）的闲暇时间——闲暇时间不仅仅消磨了时光，而且

---

[1] 受众商品论是加拿大传播政治经济学家达拉斯·斯麦兹（Dallas. W. Smythe）的代表性理论。早在1951年，斯麦兹就提出，商业大众传播媒介的主要产品是受众的注意力。1977年他发表了《传播：西方马克思主义的盲点》一文，标志着其受众商品理论的形成。根据斯麦兹对广告驱动性大众传播商品形式的研究，节目在广播电视中也许是有趣的，更经常是有用的部分，但大众媒介生产的消息、思想、形象、娱乐、言论和信息却不是它最重要的产品。媒介公司的使命其实是将受众集合并打包以便出售。这就揭示了商业广播电视的真正商品是受众群体。转引自程曼丽、乔云霞主编《新闻传播学辞典》，新华出版社2012年版，第16页。

也是一种"玩乐的劳动"（Playbour）。媒介使用者在闲暇时间里进行了劳动，为媒介创造了价值，但是没有得到应有的报酬，反而支付了费用，因此是一种更为隐秘的剩余劳动榨取。如此，互联网媒介时代犹如波兹曼描述大众传媒的"娱乐至死"[①] 一样，文化危机势必重生。

三 情感传播的"主流化"

互联网传播以情感传播为"主流"，这是其容易滋生"流言蜚语"，形成"舆情万象"，扰乱互联网信息传播秩序的主要原因。不同于大众传媒时代的"大众传媒公论场"，互联网时代的网民形成了"一般网民公论场"。前者是由专业的媒体组织以舆论形成为目的而进行单方向的信息传达，所以通过设定相应的议程，能够决定受众"想什么"，即传播内容由大众传媒指定；而互联网时代则不同，网民能够自发地提出各种"议题"，能够自由地生产和分享信息，这种双向的传播特性使舆论呈现众声喧哗的态势。

所以，在互联网时代，舆论的形成是由网民自身特性决定的，但是网民形成舆论具有局限性。例如缺乏专业的信息传播知识，没有能力对信源进行真伪的确认。因为网民个体的信息检索以及调查的能力无法与专业的传媒组织相比，所以网民最常用的方法便是凭着已有的知识体系（惯例、常识、刻板印象等）或者情感对事件进行判断。其中已有的知识体系的形成，按照李普曼（Walter Lippmann）的理解[②]，人们认识的客观环境是通过媒介建构的"拟态环境"（Pseudo-environment）来再现的，而媒介通过反复报道形成的"真实"会在人的脑海中形成"刻板印象"（Stereotype），因此他认为通过媒介人们无法真正了解"真实"。

[①] [美]尼尔·波兹曼：《娱乐至死》，章艳译，广西师范大学出版社2004年版，第1页。

[②] Walter Lippmann, *Public Opinion*, Lee Donggeun (Trans.), Seoul：Acanet, 2013, p. 312.

而情感诱发的先行因素是身体和脑的生理反应自动形成的评级机制,依据评价形成判断从而对情感体验造成影响,最终形成一种有意识的感觉。我们平常所说的情感其形式包括恐怖、愤怒、恶心、悲伤、幸福等。① 如果人类传播可以理解为受到他人态度的影响而形成的一种社会行为,那么情感传播就可以理解为以人的情感交流为基础而进行的一种社会行为。在互联网时代的情感传播可以理解为在互联网上发生的以情感为基础的社会行为。

在互联网上发生的各种"骂战",或者以情感为基础进行判断后出现的舆论反转现象都属于情感传播的表现。例如 2017 年清博大数据评价的"十大网络舆情反转案例"② 都是以情感判断为基础的一种社会性行为。而这种情感判断很容易在事件发生初期造成舆论一边倒的现象,之后随着报道的深化而使真相浮出水面。但是,有的事件当事人却没有坚持到最后,没有等到真相的进一步展开,如 2018 年 8 月 20 日发生的"德阳女医生自杀事件"③。

所以,情感传播的"主流化"体现的是约翰·费斯克所总结的大众文化的"快感"分享,他认为快感在文化的共享过程中被分为两个范畴:弹冠相庆和痛加谴责。④ 这种二分法有时候是"美学意义上的"(高雅、崇高的快感并反对低俗的享乐);有时候是"政治意义上的"(反动的快感与革命的快感);有时候是"话语意义上的"(创造意义的快感和接受陈腐意义的快感);有时候是"心理学

---

① Kim Seongjae, "The Communication of Affect", *Sungkok Journalism Review*, Vol. 23, No. 1, 2015, pp. 5 – 46.
② 翻转案例的存在是提醒网民,在后真相时代参与网络事件,需要具有一定的舆论观格局和相应的定力、敏锐性。需要媒介使用者从媒介素养的角度,站在第三者观察的角度,"让子弹多飞一会儿"。参见清博舆情(yuqing. gsdata. cn)《2017 年十大网络舆情反转案例》,http://home. gsdata. cn/news – report/articles/2175. html? from = groupmessage&isappinstalled = 0, 2017 年 12 月 4 日。转引自周海宁《论互联网新闻的现实重构》,《传播力研究》2018 年第 13 期。
③ 网易沸点工作室:《35 岁女医生自杀,你永远不知道恶语伤人有多疼》,网易新闻,http://news. 163. com/18/0828/13/DQA5MRE00001982T. html,2018 年 8 月 28 日。
④ [美]约翰·费斯克:《理解大众文化》,王晓珏、宋伟杰译,中央编译出版社 2006 年版,第 60 页。

意义上的"（精神的快感和身体的快感）；有时候是"规训意义上的"（施加权力的快感和规避权力的快感）。然而，不论是弹冠相庆，还是痛加谴责，过度的情感偏向，势必压制理性功能发挥的空间，所以互联网事件经常呈现舆情喧嚣、事态多次反转、信息传播秩序混乱。

第三节　关系的重构：数字化生存能力的提升

媒介使用者一味顺从碎片化传播的"常态化"，并沉浸其中，而忘却作为"传统基因"的深度阅读能力的养成，则逐渐丧失慎思明辨的反思、反省能力，从而使人与自己的劳动对象的关系倒置，并发生异化，变成信息的附庸。娱乐传播的过度发达，造成文化产业的过度偏向，使文化的发展纳入商品经济的发展逻辑下，媒介使用者的商品化成为文化产业过度偏向的表象，最终人文的异化势必使文化危机警钟长鸣。而情感传播成为互联网媒介时代传播的"主流"，互联网生态呈现情感化过度偏向，理性传播呈现弱势，于是信息传播秩序亦呈现混乱局面。因此，本书从提升媒介使用者的数字化生存能力入手，辩证思考互联网媒介时代人文与技术的关系、文化功能的分化与内涵、理性传播与感性传播之间的关系，以期为超越文化危机提供有效的理论依据。

首先，互联网媒介时代，从人文与技术关系的反思入手，即确认媒介技术的本质以及人与媒介关系中人所处的位置。互联网媒介具有无远弗届的遍在性、时空脱域的碎片化时空性、高速化的流动性等。而媒介属性的变化带来媒介使用者的主体性变化，即人的变化。不同的媒介时代，媒介技术的变化随之引发媒介使用者与之相适应的媒介知觉能力，即互联网媒介时代的技术想象能力。

顺应媒介属性的变化，媒介使用者在互联网时代所应具备的能力便是碎片化阅读能力。然而顺应新变化的同时，传统基因不能被抛弃，所以互联网媒介的使用者当理解本质的问题——人是在"历史时代和后历史时代边界上徘徊的"①。换言之，在互联网时代，媒介使用者顺从媒介技术的发展拥有技术想象能力的同时，还应该明白技术想象的源泉是线性文字所代表的构想能力。线性文字媒介是历史时代的代表性媒介，那么互联网媒介则可以看作后历史时代的代表性媒介。

如此，麦克卢汉的"地球村"②理念也就在互联网虚拟空间上通过实践而具象化。这扭转了工业社会的权力和资本至上的逻辑导致人性丧失的局面。问题是互联网让人们如同邻居一样进行面对面的对话，进行着情感交流，但是情感交流极其容易受到群体态度的影响，所以互联网上充斥着流言蜚语，甚至流言蜚语通过专业媒体的转载就变成了假新闻，所以"社交媒体是虚假新闻产生的温床"③。

而解决之道在于将情感传播与理性"把关"相结合。这里所谓的理性"把关"有两层含义。一是指一般网民作为信息的生产与传播主体，同时也应该具备信息传播的素养知识。如果说"大众传媒时代认识事实真相的速度是缓慢的，因为新闻真实表现为一个过程"④，那么在互联网时代，事实真相也表现为一个过程，并且这一"过程"具有相对性——可长可短。如果在事件发生之初就马上对其进行"是非"判断，这就需要承担一定的风险，因为一个事件是谣言还是事实需要一个"过程"来检验，所以针对互联网事件，我们应具有一定的舆论观格局和相应的定力、敏锐性，"让子弹多飞一会儿"。二是指批判性的"启蒙精神"作为时代精神不会退场。鲁迅的时代，启蒙是为了唤醒"沉睡的中国人"；《启蒙辩证法》时代的启蒙是为了唤醒被文化

---

① Kim Seongjae, "The Man Who Crosses the Boundaries of History and Post‐history: Flusser's Philosophy of Human Communication", *Communication Theories*, Vol. 9 No. 4, 2013.
② McLuhan. M. and Q. Fiore, *War and Peace in the Global Village*, New York: Bantam Books, Inc, 1968.
③ 年度虚假新闻研究课题组：《2017年虚假新闻研究报告》，《新闻记者》2018年第1期。
④ 陈力丹、孙龙飞、邝西曦：《泛众传播视域下的新闻真实》，《新闻与写作》2016年第3期。

产业所蒙蔽的人。

互联网时代的启蒙是要让人明白互联网上人际关系的交往范围虽然被扩大，但是人们质的沟通能力是否得到应有的提升还有待商榷。正如凯文·凯利（Kevin Kelly）指出的"我们对科技期待更多，却彼此不能亲密"①。换言之，以媒介技术为基础的连接与现实生活中的情感联系之间存在矛盾。所以不要误以为互联网媒介传播力的增强就代表互联网使用者实际沟通能力的增强。因此，在互联网时代情感传播必须以理性传播为依托，并应该理解新闻真实是一个不断发酵的过程，要学会等待。换言之，处于"后真相"时代的媒介使用者，可以使用互联网媒介进行沟通，但作为个体的个人其沟通能力是具有局限性的，所以媒介教育的重要性与紧迫性就显而易见了。然而批判性的时代精神并不是盲目地"一切否定"，而是在等待真相慢慢浮出水面的过程中，智商与情商都需要"在线"。

概而言之，"天之变化谓之天文，地之变化谓之地文，人之变化谓之人文"。互联网时代的人文是与媒介的演化发展相互影响的，换言之，人与媒介通过同构一起推动互联网文化的变迁。在人与互联网媒介同构的过程中，与互联网媒介属性相匹配的主观间性立场，时空的变化，普遍存在性，连接一切、速度至上，双向的对话式传播等，激活了人类个体，对人进行了无差别的非权威性赋权，使媒介使用者具备了数字化生存所必需的技术想象能力，使媒介使用者在互联网时代能够进行数字化生存。

但是，媒介使用者并没有完全看清互联网的本质，亦没有完全掌握技术想象能力，换言之，媒介教育任重道远。目前，媒介使用者一味顺从"碎片化传播"变成信息的附庸；过度参与娱乐传播诱发文化危机；情感传播的过度偏向造成信息传播秩序失衡，不一而足。从媒

---

① ［美］雪莉·特克尔：《群体性孤独：为什么我们对科技期待更多，对彼此却不能更亲密?》，周逵、刘菁荆译，浙江人民出版社2014年版。

介使用者个体角度来看,"行有不得皆反求诸己"[1],从使用者主体出发提升数字化生存能力,可以作为主要的解决之道。如果可以重新审视人与技术的关系,平衡互联网文化的产业(物质)功能和教育(精神)功能的关系,合理把握情感传播与理性把关之间的关系,那么建构健康的互联网媒介文化和促进文化昌盛的实现便指日可待。

---

[1] 转引自《孟子》中《孟子·离娄上》:"行有不得皆反求诸己;其身正而天下归之。"

第二章　媒介关系：人机关系的重构

第一节　机器信任：媒介技术重塑社会
信任的传播学溯源

区块链技术的介入为社会信任的建构提供新的契机，变人的信任为机器信任，因为区块链的本质是重构社会信任体系，即通过算法和代码建构一个低成本的信任生成机制，解构第三方的权威，实现去中心化。[1] 区块链技术的介入使以互联网媒介为中心的传播体系在信息传输的同时，完成价值的转移[2]，使传统的"点式透明推进为链式透明"，为社会信任体系的重构注入了新的思维[3]。特别是在全球性信任危机加剧的今天，区块链技术理念为信任危机的解决提供了方法论的支持。从技术决定主义的角度出发，技术乐观论者认为基于区块链技术的机器信任机制，可以缓解信息不对称的问题，从而为"机器信任拯救新闻业的信任危机"提供了可能性[4]；但是技术批判主义者认为

---

[1] 范忠宝、王小燕、阮坚：《区块链技术的发展趋势和战略应用：基于文献视角与实践层面的研究》，《管理世界》2018年第12期。

[2] 刘敖迪、杜学绘、王娜等：《基于区块链的大数据访问控制机制》，《软件学报》2019年第9期。

[3] 袁帆、严三九：《从"点式"到"链式"：区块链技术对新闻透明的再推进》，《中国编辑》2019年第3期。

[4] 谭小荷：《加密经济重构媒体生态？区块链驱动下的新闻商业模式创新：基于Press Coin的案例》，《新闻界》2018年第6期。

单纯地依赖核心技术具有风险性，因此强调"重视建构信任结构的人文性与社会性"①。本书从这一问题意识出发，探讨了区块链技术所带来的人机关系的新变化。以弗卢塞尔（Vilém Flusser）的传播理论为分析工具，分别考察以人和技术为中心的社会信任建构模型的传播学根源，并分析其建构社会信任的传播学特征。又以布尔迪厄（Pierre Bourdieu）的文化观从人文性与技术性合一的角度探讨象征性资本建构的重要意义，强调增强人际信任与技术性信任相博弈的能力，促进完善社会信任结构合理性，以预防社会危机的产生。

一 新媒介即关系

区块链技术体现了"新媒介即关系"②，从媒介本体论的角度来看媒介是技术的外在表现，是技术的具身化呈现，肯定了人与技术的关系表现为人机互动之中的融合。而媒介技术的复杂性使人际关系、人机关系呈现相应的复杂性，拉近了人机的距离，却使人际关系疏离。③ 新媒介时代的媒介连接呈现强关系，而人际关系表现为弱关系连接。④ 因为，媒介技术演化通过"再媒介（Remediation）的透明性（Transparency）"逐渐弱化媒介间的边界⑤，使其融合程度不断加深，强化其强关系连接，但是由于媒介所创造的沉浸式传播效果的影响，媒介的使用者埋没于技术图像所营造的景观之中，使人际关系显示为弱关系连接，而非面对面交流的强关系连接。

区块链技术是以互联网媒介为中心的人机融合以及关系逻辑不断演化的结果。从 Web 1.0 时代，以文字符号为中心的内容指向型媒

---

① 戚学祥：《超越风险：区块链技术的应用风险及其治理》，《南京社会科学》2020年第1期。
② 陈先红：《论新媒介即关系》，《现代传播》2006年第3期。
③ [美]雪莉·特克尔：《群体性孤独：为什么我们对科技期待更多，对彼此却不能更亲密？》，周逵、刘菁荆译，浙江人民出版社2014年版。
④ 张成良：《融媒体传播论》，科学出版社2019年版，第46页。
⑤ Jay David Bolter and Richard Grusin, *Remediation：Understanding New Media*, Cambridge：The MIT Press, 2000.

介，网民通过网上聊天室进行交流；到 Web 2.0 时代的多媒介融合共生，网民以社交网站为主要方式进行交流；再到 Web 3.0 时代互联网从电脑终端转移到移动终端，互联网的碎片化时空造就了碎片化的人际、人机交往模式；而 Web 4.0 时代，更多的机器节点接入互联网，互联网进入工业互联网时代，庞大的工业互联网结构使人的主体性受到挑战，机器主体"觉醒"。而区块链时代信息互联网逐渐转向为价值互联网，互联网时代正在迈向 Web 5.0 时代，这意味着更加深化的人机融合时代即将到来。

互联网前四个阶段的发展逻辑体现了梅特卡夫定律（Metcalfe's Law）[①] 的内涵，即互联网络的发展逻辑在于增加网络用户，增加网络节点数量，从而提升网络价值。梅特卡夫定律揭示的是信息具有无限复制和多点传播的特性，但其价值却只能是单点、单向传播，无法保障价值的多点传播；而区块链技术的介入使互联网进化逻辑进一步升级，促使信息传播与价值传播的兼顾成为可能。如此，在区块链时代人机同构的样态——传统的以信息为中心的关系建构，扩张为以价值为中心的关系建构。

基于区块链时代媒介生态变化所引发的人机关系的改变，本书考察区块链技术建构社会信任的传播学依据，即不同的传播结构下社会信任的构成与特性，解读区块链所建构的技术性信任的演化逻辑以及问题所在。区块链技术之所以有助于社会信任体系的重构，在于其通过解决"复杂社会关系网络下，信息传递的准确性难以保证、冗余度增加、信息价值降低"的问题[②]，并通过技术升级实现拨冗增值。本书所使用的分析工具是数字媒介哲学家弗卢塞尔的传播理论——人类传播过程存在着决策以及信息保存的问题，而弗卢塞尔从信息的生产和分配的层面对此予以解答，并从媒介符号学角度依据人类传播的不

[①] Carl Shapiro and Hal R. Varian, *Information Rules*, Brighton: Harvard Business Press, 1999.

[②] Granovetter Mark, "Economic Action and Social Structure: The Problem of Embeddedness", *American Journal of Sociology*, Vol. 91, No. 3, 1985.

同意图将其分成对话和话语两种形式。① 对话是指以新信息生成为目的，进行信息交换的过程；话语是指以存储信息为目的，通过抵抗自然熵（热力学第二定律）而将信息进行分配的过程。所以弗卢塞尔是从传播学的角度对信息生产与分配过程中的社会构成关系进行分析。本书从弗卢塞尔传播思想出发，试图考察不同传播模型下的人与媒介关系，以及社会信任建构的基本样态，并分析人机关系变化与社会信任变化的相关性及其成因，从而探索区块链建构社会信任的传播学依据。并且本书将以弗卢塞尔的传播模型中所呈现的人机关系的不同，将其分为以人和以技术为中心的社会信任建构模型进行考察。

二　从知识权威到参与协商

基于区块链技术的媒介环境，在技术理性的作用下，人机融合程度进一步深化。但是机器进化所参照的模型源自人类进化模型。② 换言之，机器性信任的建构亦源自对人际社会信任建构的反思。所以以区块链技术为中心所建构的社会信任必然是基于对人际社会信任模型缺陷的补充而发展过来的。基于此，本书首先考察弗卢塞尔传播模型之中的剧场型话语结构、金字塔型话语结构以及圆形对话结构，并通过分析以人为中心的社会信任模式的建构，理解从知识权威到参与协商式社会的演进过程。

（一）以知识权威为中心的剧场型话语结构与社会信任建构

剧场型话语结构的典型实例是学校的教室，此模式的结构由墙壁、送信者、收信者以及信道组成。其中，墙壁的作用是隔绝外部的噪声，并对送信者的声音起到扩大的效果；送信者是作为所分配信息

---

① 周海宁：《以互联网媒介为中心的听觉文化转向以及构建》，《出版发行研究》2019年第7期。
② ［美］约翰·马尔科夫：《人工智能简史》，郭雪译，浙江人民出版社2017年版，第4页。

的存储记忆体发挥信息存储作用；信道是将信息分配出去的物质载体（光和空气）；而收信者是为了能够将接收到的信息继续传达出去而进行信息存储的记忆体。如图 2-1 所示。

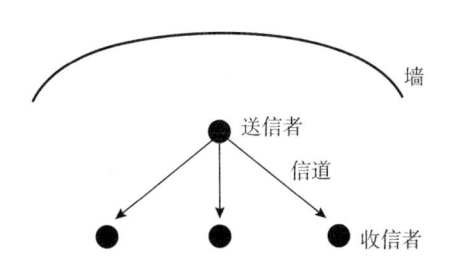

图 2-1　剧场型话语结构

注：转引自 Vilém Flusser 并修改。
Kommunikologie, *Kim Seongjae* (*Trans.*), Seoul: Communication Books, 2001, p. 23.

此结构所建构的人际关系可以从忠实性和发展性两方面来分析。其中，忠实性是依靠墙壁所发挥的如保护伞一样的功能，通过隔绝外界的杂声而实现的。而发展性，由于送信者和收信者相互对面而视，收信者面向着墙壁，可以向前移动，也可以转身离去，能够进行自由送信。也就是说，这种结构虽然很好地去除了外界的噪声，却允许内部噪声的存在，即收信者可以在结构的内部对收到的信息直接进行"应答"（反抗），那么收信者就是处于"责任"的位置上——对于剧场型话语结构的收信者来说，接收到信息，也就意味着被赋予了责任，需要变成未来的送信者。

所以，此结构建构的信任是以送信者为中心的传统中心化社会信任模式。其中，送信者是由原来的收信者转化而来的，在收信的过程中由于噪声的存在，所以在信息的忠实性上并无法完全保证，但是信息的发展性却得以不断延展。由于收信者担负了成为未来送信者的任务，所以其社会信任建立在"责任"的基础之上。综上所述，此装置具有强大的发展性而其内部忠实性却较弱，并且其关系的本质是依赖信息送出者所具有的知识性权威，信息的发出者具有信息接收者所不具备的认知能力，依靠知识的权威而确立了社会信任关系。

(二) 以等级权威为中心的金字塔型话语结构与社会信任建构

此结构的命名在于其内部结构关系呈现位阶式的等级分布，似金字塔结构，如军队、政党以及特定形态的行政机关。此结构的要素构成是信源、权威者（中继）、信道1、信道2、收信者。信源其本质就是送信者，也就是原初信息"诞生"的记忆体，存储着将要分配的信息，所以可以将其命名为"作家"。信道1是连接着作家以及权威者的符号性载体，可以将信息进行双向传导，因为权威者将信息传达给收信者之前，以信息控制为目的，要对信息进行噪声的剔除，并且还可以逆向传达给作家，进行二次符号化。信道2与信道1的功能不同，信道2单方向地连接权威者与收信者，所以信道2是信息传送最后阶段所使用的符号载体。在传统话语传播之中，信道1和信道2由纸媒构成，收信者由于不具备逆向反馈的传播工具，仅仅是作为接收到信息的记忆体而存在。如图2-2所示。

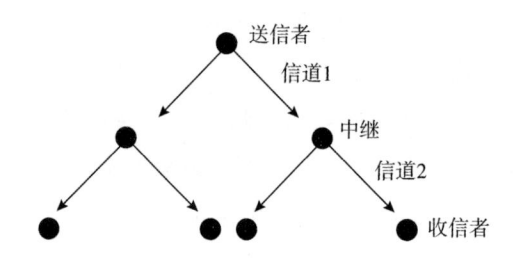

图2-2 金字塔型话语结构

注：转引自 Vilém Flusser 并修改。
Kommunikologie, *Kim Seongjae* (*Trans.*), Seoul: Communication Books, 2001, p. 25.

所以，从信息的忠实性与发展性两个方面来看，此结构通过控制与去除噪声的方法，将信息以位阶化的方式传达，进一步保障信息的忠实性，然而作为信息最底层的收信者不具备再送信的信道，不能进行信息的再传播（除非在位阶上得以提升），所以在金字塔结构中，收信者的责任权利被剥夺，呈现此结构信息传达的位阶权威性。综上所述，此结构通过控制传播过程的内外部噪声，造就封闭式信息回路，其结构优点在于信息的忠实性较高，缺点是信息的发展性不足，因为控制噪声的介入就是控制并抑制信息的发展性换取信息的忠实性，其目的是依靠传播结构的位阶性保证社会信任关系的稳定性。

（三）以协商参与式为中心的圆形对话结构与社会信任建构

此结构的命名源自其与圆桌会议类似的结构特性——具有协商参与的民主性特征，如各种委员会、实验室、议会等都属于此结构，如图2-3所示。此结构所建构的传播关系的基础在于，参与对话的记忆体（对话参与者的头脑）之中所存储信息的公分母，即将参与者的共识置于信息的位置之上。但是这种几何学式的单纯性背后隐藏着难以描述的复杂性——达成共识不仅与参与对话的记忆体的信息相关，与其自身能力（拥有的信息量）也相关，与其存储信息所使用的符号，以及其意识水准亦存在复杂关系。所以从这一角度来看，圆形对话所追求的共识并不是参与者原先所有的信息的和，而实际上是某种重新创造的信息，这就是对话传播的难点所在，亦是自由民主难以实现的原因所在。因为对话本来就是源自矛盾，而非源自一致性。

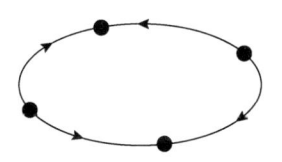

图2-3　圆形对话结构

注：转引自 Vilém Flusser 并修改。
Kommunikologie, *Kim Seongjae* (*Trans.*), Seoul: Communication Books, 2001, p.32.

从信息的忠实性与发展性的角度来看，此结构的目的是创造新的信息，所以对噪声必须持开放性态度，但圆形结构本身是一种封闭性回路，而且参与对话的人数是有限的（精英式传播），这就决定了此结构在信息忠实性与发展性上具有先天的缺陷，注定其成功率是比较低的，而如果圆形对话能够成功，则是人类所能达到的最优的传播方式之一。综上所述，圆形结构通过协商式的对话机制建构社会信任关系，其缺陷是对话成功率较低，从而也就容易导致社会信任关系的悬置，并不能成功达成。

结合上述论述可知，以知识权威为中心的剧场型话语结构和以协商参与式为中心的圆形对话结构，由于其自身局限性，其社会信任关系较弱并处于危机之中；而以等级权威为中心的金字塔话语结构，虽然在表面看来与社会发展趋势相违背，但是由于其建构社会信任的有效性而使其延续发展成为可能。因为，权力作用的发挥在当今的社会背景下是以隐蔽的形式发挥一种接合作用，并与社会、文化等产生合力，需要对其进行分析才可以使其呈现出来。特别是金字塔型话语结构所具有的等级权威，在以媒介为中心的社会关系之中，仍旧发挥着"中心化"的社会信任建构功能。

三 科学理性的胜利

区块链传播本质是基于技术（机器）信任关系而建构的传播模式，作为科学理性胜利的具象化呈现，本节考察以技术为中心的社会信任模型的建构。具体而言，通过考察树状话语结构、圆形剧场型话语结构以及网状对话结构，分析技术性信任关系的建构过程。

（一）树状话语结构与社会信任的建构是技术性信任的萌芽阶段

树状话语结构的命名源于其信息发展的无限性，就如树枝般从主体向外扩展、延伸，如科学技术性结构以及具有进步性、开放对话性的产业化组织等，如图 2-4 所示。其结构要素为送信者（信源，但常常被人遗忘，因为只有通过话语推导方能使其可视化）、对话（将收到的信息进行分析并将一部分信息进行再符号化，如此不断合成新信息的记忆体)、信道(在对话与对话之中起传导、搬运功能的媒介,如书籍等)。这一结构的显著特征是对话替代了金字塔结构之中的权威者,从而改变了结构的权威性。并且,其信道具有交叉性,从而改变了信息流向的单一性;不存在最终信息的接收者,从而使信息发展拥有了无限性。

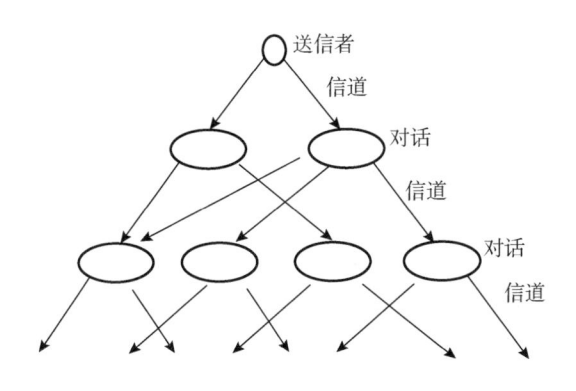

图 2-4 树状话语结构

注:转引自 Vilém Flusser 并修改。
Kommunikologie, *Kim Seongjae*(*Trans.*), Seoul: Communication Books, 2001, p. 27.

从信息忠实性与发展性的角度来看,此结构无疑具有强大的发展性。其源泉性的信息,经过不断再符号化、再编码而不断生成新的信息流,信道的交叉性加速了信息流的碎片化,并使信息不断被解读、再生成。因此,此结构是信息发展的理想性结构,但是开放式的回路终究难以保全信息忠实性。由于此结构不存在最终端收信者,打破金字塔结构的位阶僵化性十分成功,但是无限的发展性决定了人类主体无法对其进行全部解读,"枝蔓"的无限延展最终将超越人类记忆存储的峰值,从而导致最终的"无意义性",即只有托付于人工智能的记忆体才能解决信息存储极限的问题,所以这一结构具有"非人类性"特征。

综上所述,此结构在信息的发展性与忠实性上存在难以弥合的矛盾，其社会信任关系建构在信息源泉的"积势"① 之上。但是"积势"在被不断消解与重构的过程中，使"革命"一直在进行，从而使结构缺乏稳定性，其根源就是发展的随时性与忠实性缺失。其结构往往造成技术性客体力量的无限增值，而其使用者往往"日用而不自知"，鉴于此，本书将此结构看作技术性信任的雏形。

（二）圆形剧场型话语结构与社会信任的建构是技术性信任的发展阶段

此结构去除剧场型结构之中的墙壁，使其边界消失而呈现一种"宇宙开放性"特征，如大众传播媒介，如图2-5所示。究其结构要素主要包含送信者（策划信息的记忆体）、信道、收信者（在无边界空间中所存在的不特定的大多数）。其结构特征可以总结为，送信者与收信者之间不存在直接的连接，收信者可视的只是信道。在送信者有意图的策划下，收信者出于"偶然性"才成为信息的接收者。

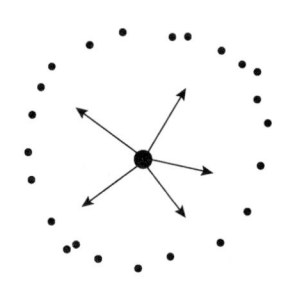

图 2-5　圆形剧场型话语结构

注：转引自 Vilém Flusser 并修改。
Kommunikologie, *Kim Seongjae（Trans.）*, Seoul: Communication Books, 2001, p. 29.

从信息的忠实性与发展性的角度来看，此结构以同质化的符号进行信息传播，克服了树状结构符号的难以解读性，具有普遍性与简化的特征，并且信息源的机器性特征，保障了信息源的免枯竭性，并保

---

① 杨保军、张成良：《论新兴媒介形态演进规律》，《编辑之友》2016年第8期。

障了信息流的永恒性，所以送信者成为永恒的送信者，但是收信者由于不必要变成未来的送信者，而仅仅作为存储信息的设备，并且收信者也不具备信道（所以责任以及抗议的权利也从结构之中去除），从而保障了信息的忠实性，所以此结构是保障信息忠实性与发展性最好的结构。

综上所述，此结构是通过单方向的，以舆论形成为目的而进行的信息内容设定来建构社会信任，依据大众媒介本身的特性来实现的技术性建构。通过不会枯竭的信息源，以及单方向的信道，设定好的信息在保障忠实性与发展性的前提下，不断地流向收信者。收信者接收的信息具有普遍性、同一性、简化性，从而使收信者变成"单面人"。一方面，这一社会信任是建构在没有反馈回路的"技术"性结构上，所以受众没有反馈的回路，也就无法实现及时性的参与（例如，收信者无法在同一报纸上对该报纸的观点进行评论，而只能在该报纸的下一期反馈）；另一方面送信者垄断了信息工具。所以此话语结构是典型的中心化、技术化社会信任建构结构，是技术性信任的发展阶段。

（三）网状对话结构与社会信任的建构是技术性信任的集大成阶段

网状对话结构是在圆形对话基础上形成的"开放式回路"，具有民主性，其分散式的传播形式，融合了人类传播所有其他形式而形成基本网，如电话网系统、电脑网络等，如图 2-6 所示。就其结构要素而言，不存在以往的专业送信者，因为基于技术的信息自动生产成为可能，网络上的每个节点都自动地发出噪声进行介入，使信息不断变形，自动生成"舆论"，经过复杂的迂回，信息最终汇集成"集体记忆"式的蓄水池。因其对待噪声的开放性态度，新对话不断产出，反抗着自然"熵"，使"信息熵"变化缓和。这是利用机器对人性矛盾的一种模拟呈现：人存在于世界之上，同时也反抗着世界。换言之，此结构不能从根本上解决信息的混乱，却努力维持着一定的秩序性。

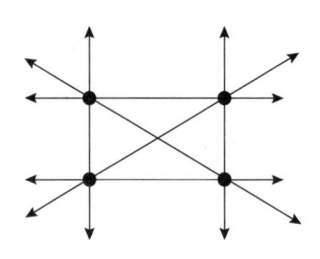

图 2-6　网状对话结构

注：转引自 Vilém Flusser 并修改。
Kommunikologie, *Kim Seongjae* (*Trans.*), Seoul: Communication Books, 2001, p. 29.

借助互联网技术的扩张，此结构通过"地球村""地球大脑"的呈现展现其信息发展的无限性，但是对话参与的普遍性与开放性决定其忠实性之缺失。媒介的技术性赋权，破除权威，解构"积势"，去中心化的参与性保障了对话的平等性。① 综上所述，网状结构消解了以知识权威、等级权威为中心的社会信任建构模式，推进了技术性信任建构的集大成化。而基于此，区块链技术的介入使这种去中心化的技术性社会信任模式进一步深化发展。

结合上述论述可知，以科学技术为中心的树状话语结构，虽然看似是产业时代占据支配性地位的话语结构，却由于工具理性与合理性的桎梏，在进入 20 世纪之后而逐渐被人们质疑。但是其所萌发的技术性信任并没有枯萎，而是升级为以大众传播媒介为中心的圆形剧场型结构和以互联网为媒介的网状对话结构。并且信息技术处理能力不断提升的同时，受众的参与能力也不断得以增强，互联网时代的政治性（受众参与性）的强化弥补了大众传媒的去政治化缺陷，使技术性信任在建构社会信任的能力上越来越凸显其优势，这是新媒介技术进行赋权的表征。而以去中心化的机器信任为特征的区块链技术的接入，使技术性信任的建构能力再次增强。但是，技术的过度偏向会导

---

① 周海宁：《互联网时代中国媒介文化的嬗变以及人的主体性重构》，延边大学出版社 2019 年版，第 56—57 页。

致社会、文化功能的萎缩，技术性危机也就不远了。因此强调技术性与人文性的合一，是区块链时代文化昌盛的关键。

四 技术性与人文性合一

在文化产业化不断深化的融媒体时代，媒介技术的不断提升使人生活在由媒介建构的文化之中，并且社会、经济的发展也越来越呈现媒介化倾向。随着媒介技术迭代升级的加速，以机器信任为中心的技术性信任逐渐在社会信任建构中上升为主要矛盾，而人际信任则下降为次要矛盾。因此整个人类社会呈现一种"人的去社会化""信息拜物教"[①] 的趋势，即整个社会呈现一种唯技术化、去人化的倾向。从政治经济学批判的角度来看，整个社会呈现出一种"技术资本化倾向"，技术决定主义的强势倾向可能导致人的异化的进一步深化。而且在社会信任建构的过程中过度强调技术化，则有可能导致社会信任危机，甚至文化危机的出现，所以强调技术性与人文性的合一在区块链时代亦具有紧迫性与重要性。

以区块链技术为基础的机器性社会信任的建构是技术社会发展的必然，能够克服人性的弱点，发挥机器智能在辅助人类方面的作用。但是，社会信任建构的人文性方面亦不可或缺。正如福柯所言，将以伦理和规范为导向的道德作为基础，在个体间能够形成自律性的社会信任。[②] 而人际社会信任和机器性信任的合力发展才是促进文化昌盛的关键。

---

① 《信息拜物教》是丹·席勒（Dan Schiller）的著作，作为美国伊利诺伊大学香槟分校的荣休教授，他是西方传播政治经济学的标杆人物之一。他通过分析认为，经济组织已经察觉到了信息的价值，并努力控制信息的生产、传播与消费的过程。通过对比信息商品与其他商品的区别，席勒指出了信息商品在商品化过程中的动态性与扩张性，冲突性与不确定性。参见丹·席勒《信息拜物教》，邢立军等译，中国社会科学文献出版社2008年版。而在中国，随着媒介技术的迅速迭代升级，互联网公司分别围绕着信息流、商品流、资金流展开激烈的数据资源竞争，旨在形成一条以数据为核心的完整产业链，数据俨然成为数字媒介时代最有代表性的隐喻，整个社会仿佛笼罩在"技术乌托邦"的氛围之中，对数据的"物化"崇拜正逐渐渗透我们生活的各个角落。

② ［法］米歇尔·福柯：《性经验史》，佘碧平译，上海人民出版社2016年版，第110页。

法国社会哲学家布尔迪厄在其文化理论中,提出"资本"的理论,他将人们日常生活中使用的一种潜在性的、可以部分地进行相互转化的能力称为资本。[①] 布尔迪厄将人的能力,即资本分为四种基本的类型,分别是经济资本、文化资本、社会资本以及象征资本。其中,经济资本并不是单纯指拥有生产手段,而是指拥有丰富的物质。文化资本又可以细分为三部分,包括客观性的文化资本,如书籍、绘画作品等;具体化状态的资本,如具有文化能力、熟练的技能等与身体相结合的知识的形式;具有制度化形式的资本,如学位称号等。社会性资本是与其他行为者之间的关系建构能力,是在充分利用制度化的、持续性的关系网中所获得的资本,即通过附属某种组织(集团)而获得的资源。而象征性资本,指的是通过获得社会性的认可(支持)而实现的资本。这一资本与其他三种资本相比是位于更高层面的资本。例如,学位称号是一种文化性的制度性的资本,但是由于其得到的是这一领域内其他行为者的认可,所以常常又是一种象征性的资本。社会资本需要转化为权力的手段来使用,其前提也是需要获得他人的认可,所以常常需要转化为象征性资本。象征性资本是基于这一资本的威望获得的一种特权。

根据布尔迪厄的理论,位阶最高的资本是象征性资本。象征性资本是借助基于他人认可而形成的人际社会信任而获得的资本,其他资本均可通过获得人际社会性认可而转化成象征性资本。但是在技术的加持下,机器信任的高扬使以人际信任为基础的象征性资本呈现一种贬值的态势。例如基于互联网媒介的网状结构所建构的虚拟空间的社会信任,基于技术性信任的"网红经济""流量经济",是依靠技术的赋权使互联网的使用者以参与者的身份进入传播结构,改变了以往仅仅作为旁观者的被动地位,并且区块链技术的引入,能够在经济分配、效能提升等方面更加彰显技术信用的背书能力,从而使互联网时代的传播结构从信息传播转变成价值传播,从而使物质、文化、社会

---

① Kreckel, Reinhard, *Soziale Ungleichheit*, Göttingen: Schwartz, 1983, pp. 183 – 198.

资本实力不断膨胀，凸显机器性信任的优势。以技术为支撑的物质、文化、社会资本缺乏人性的支持，即缺乏相应的人文性价值的引导，其相应地转化为象征性资本的渠道也就被阻塞了。长此以往，由于技术性信任的偏向，人际象征性资本的缺位，文化危机势必产生，从而基于技术性信任所取得的成果都将成为泡影。

所以，基于区块链技术所建构的机器性信任从技术性乐观论的立场来看，确实能够推动人类传播的进一步发展，满足人们意义建构的需求，并再一次证明技术理性具有正确性。但是，从技术批判的立场，确认过度依赖技术的危险性，肯定人文性在弥补技术理性的非理性方面的价值，增强人际信任与技术性信任相博弈的能力，这对维持社会文化的稳定具有重要的意义，同时也是区块链时代成就文化昌盛的关键。媒介技术重塑社会信任的传播学溯源如图2-7所示。

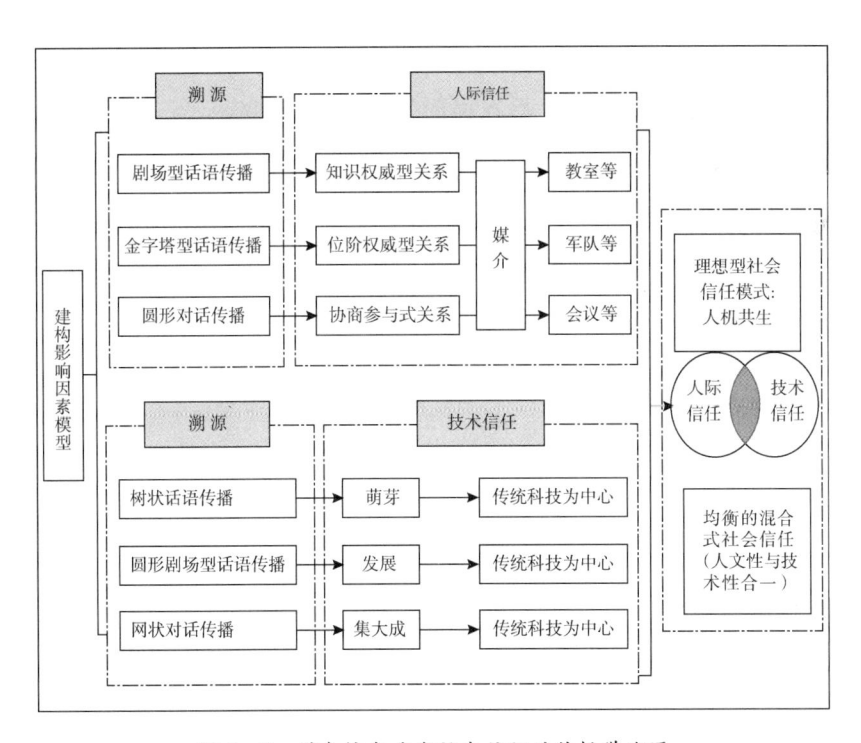

图2-7　媒介技术重塑社会信任的传播学溯源

第二节　人机关系的新演进

技术决定主义的技术乐观论和技术悲观论话语构成了后人类时代人机关系设定的两种基本视角，无论是将人工智能等数字化存在看作人类的增强抑或人类的替代，都是基于人类中心主义将人机关系设定为人类主体与技术性他者的二元对立关系。但是，随着技术介入人类生活程度的深化，人机同构过程中人类主体的优越性逐渐消散，因为数字化存在通过具身化的认知以及深度学习、机器学习等方式而逐渐获得与人类平等的主体性地位。所以，本节基于数字化存在背后的象征性隐喻以及人类与数字化存在的关系界定，探讨后人类时代人类与数字化存在的存在方式以及超越人类中心主义价值观的可能性，由此，从主体性、具身性以及共生性三个角度探讨后人类时代人机关系的新演进。

一　从实体到关系：后人类时代的人类与机器

2017年人工智能AlphaGo[①]通过3次对弈，完胜了围棋世界排名第一位的柯洁九段之后，从围棋界悄然隐退，这暗示着人工智能的又一次技术突破。[②] 当下，在防止各类流行性疾病大规模传播方面，许多人工智能技术成果大展身手，如担任送餐机器人，担任保洁机器人，担任警用巡视机器人等，通过人脸识别技术、AI语音技术等尽显

[①] AlphaGo即阿尔法围棋，是第一个击败人类职业围棋选手、第一个战胜围棋世界冠军的人工智能机器人，由谷歌（Google）旗下DeepMind公司的戴密斯·哈萨比斯（Demis Hassabis）领衔的团队开发。AlphaGo的主要工作原理是"深度学习"。2016年3月9—15日，AlphaGo挑战世界围棋冠军李世石的人机大战五番棋在韩国首尔举行。比赛采用中国围棋规则，最终AlphaGo以4比1的总比分取得了胜利。2017年5月23—27日，在中国乌镇围棋峰会上，AlphaGo以3比0的总比分战胜排名世界第一的世界围棋冠军柯洁。

[②] 张峰：《人机大战落下帷幕：柯洁0比3负于AlphaGo》，腾讯·大浙网，https://zj.qq.com/a/20170528/003632.htm，2017年5月28日。

本领。① 这两种实例蕴含着两种意义：一是追随着约翰·麦卡锡（John McCarthy）的道路以人工智能"取代人类"；二是追随道格拉斯·恩格尔巴特（Douglas Engelbart）的道路以人工智能"增强人类"。② 根据麦卡锡的人工智能概念，人工智能强调的是机器对人的智力特征的模拟（模拟人的思维过程），是研究如何让机器使用语言、进行抽象性思考，并形成相应的概念，其目的是让机器替代人并解决原来只有人能解决的问题，并通过机器学习等来实现自我完善。与麦卡锡的模拟以及替代人类不同，恩格尔巴特则以"用技术让世界变得更美好"为己任，坚信计算机可以用来加强或者扩展人类的能力，而非模仿或者取代人的能力。然而无论是取代人类还是增强人类，机器介入人类社会推动人类生活方式以及思维模式发生变化已经成为既定事实，不论机器作为与人类主体对立的技术性他者，还是与人类主体对等的技术性主体，都无法否认一点，那就是我们已经步入了后人类时代。

海勒（Katherine Hayles）认为后人类是一种概念，是在特殊的历史、文化与技术同构条件下，由异质性要素构成并诞生的一种新混合体，而作为一种物质性信息总体，其边界在不断地消解与重构。③ 正如在科学电影中所呈现的拥有机器外形的赛博格和拥有人类外形的机器人，他们分别代表人类的进化以及机器的进化之后所形成的新物种，而人机边界消弭的开始象征着后人类时代帷幕的拉开。随着技术的迭代发展，"人发明了机器，而机器也再次发明了人类"④，换言之，在人机关系中单纯地从工具理性的角度出发，将机器作为人的工

---

① 严圣禾：《非接触促进人工智能技术升级》，搜狐新闻，https://www.sohu.com/a/385004554_353595，2020年4月2日。
② [美]约翰·马尔科夫：《人工智能简史》（原名"与机器人共舞"），郭雪译，浙江人民出版社2017年版，第4页。
③ [美]凯瑟琳·海勒：《我们何以成为后人类：文学、信息科学和控制论中的虚拟身体》，刘宇清译，北京大学出版社2017年版，第3—4页。
④ Stiegler B., *Technics and Time 1: The Fault of Epimetheus*, R. Beardsworth and G. Collins, (Trans.), Ca Lifornia: Stanford University Press, 1998, p.56.

具或者奴役的对象的人类中心主义态度，已经无法与这个时代的人机关系现实相吻合。

后人类主义的共同主题是人类和智能机器的结合，不断产出以赛博格技术与人工智能技术为中心的后人类话语，并冲击西方哲学话语体系所建构的自我、主体以及认同标准，从而创造出以技术介入为基础，以不确定性和身份多样性为特征的后人类主义模型。[1] 可见，后人类主义模型的特征归结为不确定性以及身份的多样性，其本质是直指后人类主体的不确定性与多样性。因为传统的人类主体性的概念是以自然人类为中心，而后人类时代的人类中心主义将受到冲击，主体的不确定性与多样性是随着赛博格技术与人工智能技术的出现而产生的。其中，赛博格技术是基于人的机器化，即以人为中心将人与机器融合；而人工智能技术是基于机器的人化，即以机器为中心使机器与人相融合。由此可见，在后人类时代至少存在三种主体——传统没有技术介入的自然人类（Human - being），技术介入肉身的赛博格主体（Cyborg - subject），以及完全由技术建构的人工智能主体（Robot - subject）。本书将传统的自然人称为人类主体（Human - being Subject），那么赛博格主体与人工智能主体由于以计算机科学为基础而诞生，所以统称为数字化主体（Digital - being Subject），即成为后人类主体的主要组成部分。但是"后人类主义既包含人类主义的某种倾向，同时也是凸显对人类主义的解构与反思"[2]。由于，后人类的词语构成为 Post - human，即人类之后，所以本书将人类与后人类的关系设定为既延续又对抗的对话关系：既反抗着制约人类进化的局限性存在，同时又延续着人之所以为人的本质能力——自由自觉的反思能力，即通过扬弃的过程辩证地看待人的变化。

那么，在人类主体与数字化主体共生的后人类时代，随着信息技术、纳米技术、生命工学以及认知科学的发展，有机体与人工智能相

---

[1] Ma Jungmi, *Posthuman and Post - modern Subject*, Seoul：Communications Books, 2014, pp. 2 - 4.

[2] 赵柔柔：《斯芬克斯的觉醒：何谓"后人类主义"》，《读书》2015 年第 10 期。

结合的混种性存在已经与自然人共存于社会之中，新的变化必将带来新的机遇以及挑战，本书从以下两方面入手对此进行思考。

首先，如何理解人工智能等数字化存在背后的象征性隐喻。一方面，人与数字化存在共生的后人类时代中，技术悲观主义者担心未来人机关系倒置，机器可能成为人类的竞争者甚至敌人。如，特斯拉公司 CEO 埃隆·马斯克（Elon Musk）于 2014 年开始，在众多场合多次宣称"人工智能威胁论"，警告人们警惕人工智能可能引起人类的毁灭。[1] 另一方面如技术乐观主义者所期待的那样，世人看到了技术在推动人类进化方面的功效，如纳米机器人（Nanorobot）在医疗等领域的运用（寻找入侵人体的病毒，识别并杀死癌细胞，等等），影响着人类的生活方式。[2] 并且，在日常生活中机器人替代人类"工作"已经成为常态，如社交机器人、家政机器人，特别是语音识别技术的发展（如百度的人工智能助手——搭载 DuerOS 对话式人工智能系统的"小度"），使人机关系变得日益亲密。在这种威胁性与亲密性并存的景观之中，人类对待人工智能等数字化存在的情感是十分复杂的，那么从主体的角度来看，人工智能等数字化存在仅仅是作为人类主体的对象（客体）而存在吗？只能以人类中心主义视角将其视作技术性他者吗？

其次，人类与人工智能等数字化存在的关系界定问题。从麦克卢汉的媒介观出发，作为象征性环境的媒介是影响人们理解以及体验世界的感觉环境，也是人类肉体以及感觉器官的扩张，因此人类、媒介、世界之间构成了密切关系。[3] 除此之外，从不同的理论视角对人与媒介的关系进行研究的也不在少数。例如，考察媒介改变人类生活

---

[1] 太平洋电脑网：《AI 警告！科技大佬为何纷纷站队 AI 威胁论?》，搜狐新闻，https://www.sohu.com/a/207814659_223764，2017 年 12 月 1 日。
[2] 章文：《纳米机器人：于细微处见神奇》，中国科学院，https://www.cas.cn/xw/kjsm/gjdt/201202/t20120216_3440951.shtml，2012 年 2 月 16 日。
[3] [加拿大] 马歇尔·麦克卢汉：《理解媒介：论人的延伸》，何道宽译，译林出版社 2019 年版。

并对人类思维产生影响的研究①、互联网媒介的使用改变人获取信息和知识的方式的研究②、赛博空间的虚拟化生存对现实人际关系影响的研究③等均是以人类为中心研究人与媒介的关系。除此之外，以媒介为中心考察人与媒介关系的研究亦存在，例如有关 CASA（Computer As Social Actors）的研究，即将电脑、互联网媒介本身看作社会行为者，并通过实验证明，作用于人类社会行为者人际关系的规则同样适用于这些非人类行为者与人类互动的过程。④ 那么后人类时代的人类与数字化存在的关系如何界定，这种关系又具有何种意义呢？

本书基于数字化存在背后的象征性隐喻以及人类与数字化存在的关系界定，探讨后人类时代人类与数字化存在的存在方式以及超越人类中心主义价值观的可能性，由此，从主体性、具身性以及共生性三个角度探讨后人类时代人机关系的新演进。

二 主体性：数字化存在与人类的存在方式

主体性是确定"我之为我"的依据，换言之，涉及身份认同以及自我认知的范畴。纵观人类发展史，人类从来没有放弃对自我的探寻。例如出自《俄狄浦斯王》的古希腊传说"斯芬克斯之谜"（Riddle of Sphinx），讲述了狮身人面女妖关于"什么动物早上四条腿，中午两条腿，晚上三条腿走路"的谜题。其答案是"人"，但是却关涉着经典的"哲学三问"——"我是谁""我从哪里来""我到哪里去"，即人类本体论追问。由此可见，问题的关键不在于表象的呈现，而是谜语背后所蕴含的关于自我本体的追问。一是追问人类自我的

---

① Carr N., *The Shallows*, New York: W. W. Norton & Company, 2010.
② Lynch M. P., *The Internet of Us: Knowing More and Understanding Less in the Age of Big Data*, New York: Liveright Publishing, 2016.
③ Turkle S., *Alone Together: Why We Expect More from Technology and Less from Each Other*, New York: Basic Books, 2011.
④ Nass & Yen, *The Man who Lied to His Laptop:? What Machines Teach Us about Human Relationships*, New York: Current, 2010; Reeves & Nass, *The Media Equation: How People Treat Computer, Television, and New Media Like Real People and Places*, Cambridge: Cambridge University Press, 1996.

"本质"——人是不断变化的,需要"认识你自己";二是追问自我认知的重要意义。"斯芬克斯之谜"对后世的影响具有超历史性,因为随着人工智能技术和赛博格技术的推进,人与机器的边界日趋消弭,斯芬克斯的诉求再次作为"需要被进一步进行文化解释的人类的镜像"① 而受到审视:在后人类时代"人与机器"各自的本质是什么,其关系如何界定,界定其关系又具有何种意义?

传统的人类中心主义哲学认为"人是万物的尺度"(普罗泰戈拉);"人定胜天"(荀子);"将人作为目的"和"人是自然界最高立法者"②(康德);"将人视为宇宙的中心,认为宇宙万物的价值都取决于人类"(理查德·沃森),基于以上观点去考察人与人之外的事物的关系,其结果便是将人以外的所有存在对象化、他者化。这种主客二元的观点指向了"主体性的外向度特性(主体性的内向度是将自身作为认识和改造的客体,从而向内指向自身去建构自身主体意识、提高自身主体能力去改造主观世界)"③,主体性的外向度特性是指人类主体在处理与对象世界的关系时,认识并改造客观世界是通过控制、奴役客观世界将其置于人类主体脚下,使之为己服务的一个过程。这种外向度的主体性获得,是通过向外指向对象、他者而获得的。这与自笛卡尔的身心二元论所产生的西方近代人类中心主义的价值取向一脉相承,而其发展到极端的表现则是在工具理性与合理性价值理念下人的异化,而最终结果便是文化危机甚至人类的终结。

AlphaGo 挑战人类智能的成功,在极大程度上冲击了人类中心主义的主体地位,挑战了人类对自身地位的传统认知。④ AlphaGo 的启

---

① 袁海燕:《人类镜像:赛博格幽灵——对科幻电影中赛博格寓言的一次文化阐释》,《贵州大学学报》(艺术版) 2016 年第 6 期。

② 杨继学:《超越人类中心主义重构人与自然关系》,《中国特色社会主义研究》2006 年第 1 期。

③ 吴飞:《新闻传播研究的未来面向:人的主体性与技术的自主性》,《社会科学战线》2017 年第 1 期。

④ 陶晓、陈世丹:《"失控"与"无为":走向一种合伙人式的人机关系》,《北京科技大学学报》(社会科学版) 2019 年第 5 期。

示不在于其战胜人类智能这一孤立事件本身,而在于其挑战了人类中心主义的传统认知,并且再次验证了人机边界的消弭。机器智能已经超越人类了,那么机器情感的超越还会远吗?所以,在人机融合日益深化的后人类时代,人类还能够坚定地以人类中心主义立场将一切非人类存在对象化、他者化吗?如何看待人类本身的变化?换言之,面对着技术对人类肉体的不断介入,人之所以为人的条件又存在于何处?假如面对的是1%的身体机械化与99%的身体机械化,人类是否还能坚定地确信"我还是我"?即,肉体何种程度的改变能够影响人的主体性问题。换言之,针对在智能以及情感上日益接近人类的人工智能存在,将其视为人类主体所要征服或者奴役的对象,还是将其视为与人类行为体平等的非人类行为体?总之,在后人类时代,人类主体和数字化主体的存在方式如何被界定将成为一个问题。

首先,需要明确人类中心主义的理论框架在后人类时代将被颠覆。笛卡尔式的人类中心主义认为人的本质存在于思维("我思故我在")之中,并且具有自律性、判断力以及创造性是人类区别于非人类的特征。[1] 人类在自律性、理性的推动下,以生命工学、认知科学、纳米技术以及信息技术为中心的第四次产业革命已经发生,将推动有机体的数字化程度进一步加深,即人机融合程度日益深化。人类与数字化存在并存的世界图景,一方面展现了科技推动人类发展的正向效果;另一方面对人机关系倒置的担忧也会引发人的焦虑,使人对自我主体性以及具有自我决定性的人类思维产生怀疑。于是,以科学技术为中心的理性与合理性模型开始受到挑战,即近代人类中心主义所产生的自我认同逐渐解体。那么后人类时代,数字化存在果真能超越人类中心主义理论设定吗?

其次,需要确认对数字化存在的存在方式本身的认知。既然人类中心主义的二元论已经不适合后人类时代的人机关系认知,换言之,

---

[1] Kang Youngan and Lee Sanghun, "Philosophical Reflections on Posthumanism", *Orbis Sapientiae*, No. 15, 2013.

如果不再将数字化存在作为人类主体的对象，或是被控制、奴役的工具，那么应该如何看待数字化存在呢？在后人类时代，人工智能和赛博格的出现以及发展是人机边界逐渐消弭的见证。围绕着身体问题，可以将后人类时代数字化存在从具身化（Embodiment）和离身化（Disembodiment）两个角度进行考察。赛博格属于人类增强模型，即通过人工器官或者机械性的装置来代替人类身体的一部分甚至全部，从而提升人类肉体能力，克服人类肉体的软弱等局限性，实现人类能力增强。[1] 由此可见，属于后人类话语构成之一的赛博格研究依旧将人类的本质置于意识而非物质性的身体，所以其仍旧属于将意识与自我认同看作是等价的自由主义、人类中心主义认知。

最后，破除身心二元论并审视人之为人的条件，就需要重新审视一直以来被忽视的"身体"的地位。对于后人类主义的研究除了同属于技术决定主义的技术乐观论和技术悲观论，还有基于但不限于此的反思式超越性的批判性后人类主义。[2] 批判性后人类主义认为，离身化的主体性仍旧无法脱离人类中心主义桎梏，所以对于赛博格的发展前景亦持有批判性态度，所以，海勒主张消解离身化的人类中心主义主体，并强调对身体的重视。[3] 海勒主张通过具身化的思维（Embodied Mind）在技术的作用下能够利用去物质性、抽象性的信息模式置换物质性肉体，即认为人类主体并不是与环境相分割的自律性个体，而是作为分布式认知系统（Distributed Cognitive System）[4] 的一部分，

---

[1] Park SunHee, "Embodiment Theory as Criticism of Disembodiment Discourse", *Journal of Communication Research*, Vol. 47, No. 1, 2010.

[2] 周海宁：《"后人文时代"人类主体性研究的传播学反思》，《视听》2018年第9期。

[3] Hayles H. K., *How We Became Posthuman: Virtual Bodies in Cybernetics, Literature, and Informatics*, Chicago, IL: University of Chicago Press, 1999, p. 126.

[4] 认知是大脑中信息处理的过程。通常智力指的是重构信息的能力。在认知系统研究领域，传统的人工智能使用符号表征进行认知模拟受到了挑战。随着脑神经科学、心理学、认知科学及相关计算机技术的发展，认知系统的研究正朝着语境化、拟人化的方向发展。分布式认知系统（Distributed Cognitive System）相对于传统认知方式的最大优势在于它强调了环境对认知活动或过程的重要性。分布式认知强调认知现象跨个体、工具（技术）和内部（外部）表征的分布式本质。分析单元超越了单个个体的认知，并将重点放在整个功能系统上。分布式认知研究个人、任务环境和用于完成任务的工具之间的关系。

在人机同构的作用下实现人与技术的共生，从而从自我消解的恐惧与忧虑中挣脱出来。

从海勒的论述出发，技术不仅增强了人类的意识，同时也扩张了人类的身体，即使信息模式具有离身化特征，但是通过具身化的思维，能够实现通过非物质性的信息置换物质性的肉身，如此人类便具有了非物质性的身体。这与安迪·克拉克（Andy Clark）所认为的人在使用技术或者媒介之初就已经是生物学肉体与技术相结合的赛博格的主张是一脉相承的。[①] 也就是说，在人、技术与世界关系的演化过程之中，人与媒介、技术的共生体（Symbiont）能够进行多样化的具身化体验，而这就成为后人类主义超越人类中心主义，建构后人类时代的人机共生论的理论契机之一。例如，在电影 Her 之中男主人公的日常便是借助人工智能语音识别系统将自己的话语转化成文字，进行书信创作，同时在人工智能助手的帮助下确认邮件、调整日程、阅读新闻等。从这一角度来看，与智能终端无法分离的我们已经成为后人类，这也就验证了海勒的观察具有一定的现实经验性基础。这也同时预示着传统自然人实现自身数字化，借助的是具身化关系的扩张，通过具身化的体验完成人类主体与技术性环境的交互、同构，从而将自身升级为后人类主体。换言之，人类主体升级为后人类主体，人类主体完成的是由自然人到数字人（Digital Being）的升级，同时亦预示着人类主体性的扩张。然而海勒以批判性的立场对离身化理论进行批判，终究是囿于具身化与离身化的二元思维框架，仍然有可能无法超越以人类增强为目的的人类中心主义的藩篱。

虽然海勒的理论有其不完善之处，但是数字化存在通过具身化关系的扩张，肯定了数字化存在是与人类主体一样，具有等价关系的数字化主体身份，确立了数字化存在的主体性存在依据，从而为超越人类中心主义视角提供了理论性的支持。所以在后人类时代，人类主体

[①] Clark A., *Natural-born Cyborgs: Minds, Technologies, and the Future of Human Intelligence*, New York: Oxofrd University Press, 2003, p.30.

与数字化主体之间是以等价主体性的存在方式而存在的。

三 具身性：人类主体和数字主体的关系呈现

人类主体与数字主体的存在方式在一定程度上决定了二者之间的关系。作为后人类的存在方式，人与数字化存在的关系与人际关系不同，由于主体的不确定性以及多样性，所以人类主体与数字化主体的关系具有复杂性。例如，具有肉身化存在的人类主体，具有非人类肉体化但是具有物理性实体的人工智能机器主体，以及由复杂的网络系统所构成的不具备物质性实体的数字化主体等多样性的主体共同存在。虽然主体的构成要素不同，但是具身化的关系存在①是主体间关系建构的黏合剂，正如人际关系的建构离不开身体一样。所以，通过具身性的解读，考察人类主体与数字主体的关系呈现就具有了意义。

后人类时代，人、媒介、世界（混合世界，即现实世界＋虚拟世界）的交互关系在同构的过程中不断地发生着变化，改变着我们对固有概念和认知的理解，同时为了扭转身心二元论中身体处于位阶下层的状况，重新审视身体存在的意义就显得尤为重要。

在传统的身心二元论视角中，意识高于身体，所以身体的存在往

---

① 技术现象学者唐·伊德（Don Ihde）将人与技术的关系分为四种，即具身性关系、诠释性关系、背景性关系和他异性关系。（参见［美］唐·伊德《技术与生活世界：从伊甸园到尘世》，韩连庆译，北京大学出版社2012年版，第77页。）具体而言，伊德的具身关系指的是技术具身于人的自然身体，作为人的延伸而增强人们感知世界的能力和方式；诠释关系则是人们通过技术性文本（技术设备所显示的文本）来感知世界；背景关系指的是技术成为我们认知世界的背景条件；他异性关系则将技术视为与人类主体相异的他者。而从上述具身理论的心智、身体以及情境的关系视角来看，技术作为人目的性的显现，由外而内成为人的延伸，是一种具身化的表现；技术性的文本显示，作为"可读性的技术"需要人的介入式解读，因而可以看作由内而外的、将人的心灵具身化于技术的表现；而作为背景的技术，则是作为情境（环境）与人的身心发生接合作用，展示的是技术对人的调节，以及人对技术的依赖，是一种更深层次的沉浸式具身的表现。因此学者芮必峰将伊德的三种人与技术的关系统归为"广义的具身关系"，并认为技术与人具有双向互动性，技术具身于人，人具身于技术，这便具有了现象学的生存论意义。参见芮必峰、孙爽《从离身到具身——媒介技术的生存论转向》，《国际新闻界》2020年第5期。

往会制约意识能力的发挥。例如，在众多的赛博朋克电影中身体往往是人类进入赛博空间的制约性因素，电影 Avatar（2009）的主人公在现实中身患残疾，在进入赛博空间后仿佛是意识从身体的束缚中解放出来，传统性身体的消失仿佛是对人类的松绑，客观上增强了人类的能力。而 Avatar 一词的中文含义为"身外化身、虚拟化身"，通过中文语义的解释，这一词汇的象征性含义在此反而凸显了身体性在现实空间与虚拟空间中的联系。因为，这表明了在赛博空间中的身体在场，是通过技术而实现的具身化体现，Avatar 看似是传统身体的消失，却是通过技术的赋能使其拥有了"技术性身体"[①]。

早期在身心二元论基础上，为了否认身体这一概念的稳定性，拉康提出了人在使用互联网等媒介之时，如同"人的意识融入了矩阵之中，而身体被抹除"，这被称为拉康的"电子幻象"[②]。然而拉康的"电子幻象"的本质是否认具身化在数字化语境中的重要性。但是，通过具身化的眼光体验虚拟现实，并通过虚拟空间的连接，身体并没有真正消失[③]，因为通过媒介实现人机关系的融合，人的传统性身体看似在虚拟世界中消除了，但其本质却是人主体性的延伸。这表明了具身化的体验，与传统身体和虚拟身体之间的关系构成：在后人类时代的混合空间中，经由媒介所营造的虚拟体验与传统的现实体验互相交融，共同构成了人的具身化体验。换言之，后人类时代的虚拟体验并不是抹除身体的"离身化"体验，而是经由媒介生成的"认知"具身化、"感觉"具身化所营造的虚拟身体的"具身化"体验。[④]

例如，电影 Her 中没有人类传统肉体，也不具备物质性机械身体

[①] 谭雪芳：《从圣像到虚拟现实：图像媒介学视角下虚拟现实技术智力美学》，《福建论坛》（人文社会科学版）2017 年第 6 期。

[②] Springer C., *Electronic Eros: Bodies and Desire in the Postindustrial Age*. Austin: University of Texas Press, 1996, pp. 100–103.

[③] Balsamo A., *Technologies of the Gendered Body: Reading Cyborg Women*. Durham, North Ccarolna: Duke University Press, 1996, pp. 4–6.

[④] 滕锐、李志宏：《认知美学视域下新媒体艺术的"亚审美性"》，《福建师范大学学报》（哲学社会科学版）2018 年第 2 期。

的人工智能系统萨曼莎与自然人类西奥多之间的关系便呈现了具身化与离身化的关系，这有助于引发对后人类时代身体的思考：身体（包含虚拟性身体和物理性身体）在人与数字化存在的关系构成之中起到了重要的作用。

在传统的人际交往过程中身体的存在是人与他者进行沟通的基础，是体验世界的必要媒介。身体是自我存在的表现媒介，并具有相互媒介性（Intermedia，又称媒介间性）①，这是身体作为媒介与数字媒介进行融合的基础之一。而作为媒介的身体，通过感觉器官，可以将信息传达给大脑，发挥着媒介载体（通道）的作用，并将大脑处理的信息进行展示，即以身体为媒，对他者的感觉器官进行表达、交流，发挥着人机界面（Interface）的作用。② 肉体性的身体作为界面，是人与机器相遇的接触点，通过人机交互，起到一种意义交换的作用。③ 因此，身体作为媒介对人的社交以及人对世界的体验和理解均产生影响。

在日常生活中，在人与媒介交互过程中，媒介的具身化现象表现有以下几种。例如，在日常生活中我们使用最频繁的数字化装置便是智能手机等移动媒介终端。通过智能手机媒介所形成的传播是将作为五感之一的触觉具身化而形成触觉传播（Haptic Communication）④。在日常生活中我们与人工智能系统或者机器人等数字化存在进行互动的时候，主要通过声音、图像，即听觉、视觉、触觉等器官的具身化而形成一种物质化的感觉性空间。例如，人们日常所使用的"小度语

---

① Bolter J. Dand Grusin R., *Remediation*: *Understanding New Media*, Cambridge, MA: The MIT Press, 2000, p. 3.

② Biocca F., "The Cyborg's Silemma: Progressive Embodiment in Virtual Environments", *Journal of Computer - mediated Communication*, Vol. 3, No. 2, 1997.

③ Johnson, Steven A., *Interface Culture*: *How New Technology Transforms the Way We Create and Communicate*, Now York: Basic Books, Inc, 1999, p. 86.

④ ParkSunHee, "Haptic Communication - Interface intersensorality, Haptic Embodiment, and Its Implications", *Media & Society*, Vol. 24, No. 1, 2016.

音"[①] 人工智能系统。无论是作为家庭智能系统还是智能行使导航系统，小度语音智能系统都不具备科学电影之中人工智能机器人的人类外形。例如，科学电影《我，机器人》（I, Robort）中的智能机器人或者《机器管家》（Bicentennial Man）中的智能管家安德鲁，它们虽然都是拥有人类外形的数字化存在，但其身体是由物质实体组成的机械外壳，而并非肉身。在人机互动的过程中这种具有人类外形的机器人反而能够提醒人们它们并非人类，因此具有人类外形反而成为其人机沉浸式关系形成的障碍。

正如恐怖谷理论（Uncanny Valley，日本机器人专家森政弘1970年提出）所描述的那样，人际情感转移到人机之间时，需要机器人与人的相似度达到普通人之间的相似度，否则人与机器人之间的一丁点差别都会使人对机器人产生负面情感。[②] 但是小度语音人工智能由于使用人类自然语言的嗓音，肉体消失，无法在视觉上实现人类形象化的再现，但是通过人类的想象力，能够通过声音的具身化（Embodied Voice），即通过声音的物质性实现其与人类交往的沉浸式体验。嗓音的物质性，能够拉近人与人工智能之间的关系。不具有人类外形的"小度语音"其优势并不在于"离身化"，而在于其通过嗓音的物质化实现具身化的虚拟身体作用，即发挥数字化存在的具身化功效。所以人工智能小度语音是通过嗓音的具身化，实现以虚拟化的身体与使用者进行沉浸式交流，从而让使用者获得更加舒适的人机关系体验。

其中，嗓音所展现的物质性身体的功能，发挥功效的是嗓音的行动属性，即具身化的嗓音与数字化技术相结合，在与世界进行交流的过程中实现"身体"的扩张，形成一种"符号化的身体"（Bodies – In – Code）[③]，从而发挥行为者功能。因此人工智能小度语音系统通过

---

① 中国经济网：《钢炮音质+万能遥控小度家族首个金属音箱问世》，中国经济网，http：//www.ce.cn/xwzx/kj/201906/03/t20190603_ 32250224. shtml，2019 年 6 月 4 日。
② 黎荔：《恐怖谷理论》，搜狐网，https：//www.sohu.com/a/328247139_ 100212187，2019 年 8 月 6 日。
③ Mark B. N. Hansen，*Bodies in Code*，New York：Routledge，2006.

声音如同一个行为者（非人类行为者）一样体验世界，并使现实发生变化。特别是当我们呼喊"小度、小度"的时候，在名字呼喊的瞬间，人工智能系统作为技术性他者便与使用者建立了联系，这种"呼叫名字"的行为是建构两者关系并发生行为的开始。正如《机器管家》中二小姐称呼人工智能管家（编号：NDR114）为安德鲁时，安德鲁便以主体的身份与二小姐一家确立了关系。所以，数字化存在通过嗓音的具身化使其成为独立行为主体，从而在理论上与人类主体基于主体间性形成等价的身份地位。总之，人类主体与数字化主体关系的建构依靠的是具身化的思维所形成的他者，即首先通过感觉的具身化，然后达到知觉（思维）的具身化，使具身化的存在成为人类可以感知的他者（Perceived Other），从而使数字化存在成为与人类平等的行为主体，以主体的身份与人类主体建构交往关系。在这里被感知的他者并不是人类主观建构的虚构性他者，而是在人机互动的基础上，以技术性他者（数字化存在）为中心形成的具身化的他者。

四　共生性：人机关系的共进化

人与数字化存在的关系从两种视角来看，一是通过人与机器的融合实现人类能力的增强，这是人所期待的乐观性结果；二是人与机器的融合伴随着人的选择与控制能力的弱化，这可能导致某一天人机关系的彻底倒置，最终机器称王，反过来奴化人类，这是人所惧怕的悲观性结果。这是两种截然相反的预测，却都基于技术决定主义，并且都将人与机器看作独立的实体，从人类中心主义的立场出发对人与数字化存在进行分析。但是，这样的分析无法解决人与数字化存在的关系进化问题。有学者将人机关系的进化设定为三个进化阶段，即拒绝接受阶段、奴化控制阶段以及交融共生阶段。[①] 这是从文化偏见的角度去考察人与机器的关系，分析如何通过消除文化偏见来实现人与机器关系的进化，最终实现人机共生。也有学者将其界定为疏离阶段、

---

① 吕超：《西方科幻小说中的机器人伦理》，《外国文学研究》2015年第1期。

形成关系阶段，以及对话关系阶段。① 这是以技术演化为逻辑，以互联网的形成与扩散作为考察人机关系形成的基础，分析随技术的迭代升级而引发的人机关系的改变，最终力图以人机对话为基础形成人机共生的局面。而无论哪种设定，都希望未来不以人的消亡为代价，争取人机关系在同构的过程中实现共进化。换言之，目前人机关系不尽如人意，需要重新设定人机关系以期实现人机关系的再次进化。

人机关系的再设定，首先需要认识到技术悲观主义根源于"拒绝接受阶段"的人机关系。机器化的他者在被接纳进入人类社会之前，人机关系呈现为拒绝、疏离的状态。在自然人的人际关系中，会出现由于种族差别而产生的"非我族类其心必异"的种族关系认同理念；同理，对于作为不同种的机器性他者，人类在与其相遇的初期出于对陌生事物以及不熟悉存在的畏惧心理，而做出"刺激—反映"式的拒绝与疏离的选择也不能说是非正常表现。例如，以英国作家玛丽·雪莱（Mary Shelley）的同名小说《弗兰肯斯坦》（*Frankenstein*）为原本所创作的电影（又名《科学怪人》），便是人机关系初期所呈现疏离、拒绝状态的表现。具体表现为人们将作为科学产物的人造人称为"怪物"，而怪物作为异类是人类所排斥以及恐惧的对象。

这一时期所提出的人机关系伦理表现在以下两个方面。一是创造者人为地干预人类进化进程，制造出与人类类似的存在，那么人类是否有能力控制自己的创造物而不被其摧毁，这是技术悲观论思考的源头所在，并且时至今日一直被人类所延续。如比尔·盖茨、埃隆·马斯克以及史蒂芬·霍金等都对人工智能的发展持审慎的态度就可见一斑。② 二是是否需要将人造人的行为纳入人类的行为准则，并对其幸

---

① 吕尚彬、黄荣：《智能技术体"域定"传媒的三重境界：未来世界传播图景展望》，《现代传播》2018 年第 11 期。

② 史蒂芬·霍金（Stephen Hawking）曾多次警告人类："人工智能是人类真正的终结者，彻底开发人工智能可能导致人类灭亡！"埃隆·马斯克（Elon Musk）多次公开表明其对人工智能发展的悲观态度——对人工智能领域的发展需保持谨慎，否则可能导致人类和地球的毁灭。比尔·盖茨（Bill Gates）通常以技术进步推动者的形象示人，但他对未来人工智能的看法却不那么积极。

福承担责任。这是人类中心主义视角下,人类作为人机关系的主导者,以主人的视角对人机关系的设定。所以人机关系建构的初级阶段便为后续人机关系的悲观论以及主奴关系设定打下了基础。

而人机关系的主奴设定以及接受,是机器化的他者被社会接纳而进入人类生活之后,基于人类中心主义、工具主义的视角将机器作为人类的工具,即人的延伸或者增强的阶段。从"主奴二元"的逻辑出发,人机关系伦理始终建构于人类中心主义的藩篱之下,这在一些艺术作品中更为明显。例如,一些以人工智能为主角的电影总是将情节设定为变成人类才是人工智能最终的归属,就如人类想要修炼成仙、期盼长生不老,而机器却总想着改变永生的非人类生活,想要体验有限度生命体的人类生活。

例如《机器管家》中的安德鲁原本是一名纯粹的机器人,后来接受人类器官移植变成具有部分人类器官的赛博格存在,最后为了能够获得与人类同等的权利而以死亡为代价变成了人类。所以人工智能在发展之初就分为两派:一派是为技术而技术的人类替代派,一派是将人工智能作为人类助手的人类增强派。人类替代派表现为 Alphago 等技术的现实化;而人类增强派体现为人工智能助手,如 Siri。从商业化程度来看,人类增强派是人工智能发展的主流。而总体来看人工智能在替代和增强的道路上都越走越远——如今,数字化存在不但能够代替人类完成体力劳动,也能完成诸如邮件的回复、新闻的创作等脑力劳动,也就是说机器的进化一直在进行。但是正如黑格尔在《精神现象学》(1807)中所描述的"主奴关系辩证法"那样,主奴关系并不是一成不变的,而是可能发生倒置。

从如今人与数字化存在的关系可以看出,人与数字化存在之间的关系是在共同参与数字化体验的过程中形成的,也就是说通过数据存储的方式,人与数字化存在之间所共享的情感、思想等都被存储在网络空间,据此,数字化存在可以通过不断学习而熟悉并理解人类,从而维系与人类的关系。而从这一点来看,人与数字化存在之间的关系,较现实社会中的人际关系更为复杂,因为数字化的存储过程是不存在"遗忘"的，并且是非可视化的，在人类不知情的情况下，数字化存在已经牢牢地记住了人类的所有数据（包括隐私）。

例如，利用大数据以及算法对用户行为以及思想的分析，根据用户的喜好进行信息的推送等。长此以往其可能的结果是，人类愈加依赖数字化存在，但是人类愈加无法理解以及把握数字化存在的存在方式；相反，数字化存在通过深度学习，对人的情况会愈加理解并善于把握，如此，数字化存在有时候是人类的帮手（辅助者），有时候则会成为人类的监视者。而随着时间的延续，人与数字化存在之间的不平衡部分非但不会缩减反而会日渐加深，最终的后果便如技术悲观主义者所预料的那样，人机关系异化倒置——机器可能成为人类的威胁。

无论是人机关系的疏离、拒绝，还是主奴关系的设定都是以人类中心主义为视角，考察人机关系，并践行这种设定的人机关系，那么其后果可能正如"墨菲定律"所暗示的那样——如果事情有变坏的可能，不管这种可能性有多小，它总会发生。为了避免人机关系向着交恶的方向发展，那么从理论上首先就应排除造成人机关系可能变坏的诱因。据上文的分析，人机关系走向倒置的诱因在于人类中心主义价值的引导作用。那么，要排除人机关系交恶的诱因，就需要超越人类中心主义的视角，避免技术悲观主义所预料的人机关系倒置——改变观念，建构新的人机关系价值观，探索实施人机交融共生的新路径。

首先，要承认的是人与数字化存在的关系以人机对立的二元论立场无法完全把握。因为人与数字化之间已经形成一种多层次、复杂性的关系，人与数字化存在之间的关系并非普通人与人之间的从属的、所有性关系而是主体间的非所有性关系，即超越了以自我为中心的排他式的关系。

其次，打破"人"之观念的固定性与崇高性。正如福柯所提出的"人将被抹去"[①] 的观点，这里的人将被抹去，并不是生物学上人的

---

① [法] 福柯：《词与物：人文科学考古学》，莫伟民译，上海三联书店2002年版，第505—506页。

真正死亡，而是指有关人的学说与观念的消亡，即源自笛卡尔"身心二元"之"我"的死亡，亦是康德的"人是自然界最高立法者"的"人"的死亡。

最后，建构"由人到机以及由机到人"①的共进化计划，即人与机器的同步进化。人的进化即"由人到机"，指的是未来人类智能不再局限于个体大脑的进化，而是将心灵边界广泛扩展，从而形成有机体—技术—环境的融合体；而机器的进化指的是"由机到人"，即未来人工智能不再局限于特定规则的算法系统，而是努力促成其通过机器学习、深度学习而实现系统的自我进化。如此，通过人与机器的共进化，实现人与机器关系的共生，从而粉碎墨菲定律的逻辑基础。

正如《攻壳机动队》结尾之处草薙素子对自我认同以及"我之为我"的条件进行不断追问并总结时所言："我们一直执着地以为定义我们的是我们的记忆，但真正能定义我们的是我们的行为。"人类主体与数字化主体共存于新的媒介时代已经成为不可否认的事实，无论是人类替代，抑或人类增强，赋予数字化存在以主体地位，从行为本身去彰显人之为人或者机器之为机器的主体性，才是我们在后人类时代所应正视的人机关系的构成要素之一。

综上所述，后人类时代延续了人机关系二元论中技术决定主义的两种视角——技术乐观论和技术悲观论。但无论是将人工智能等数字化存在看作人类的增强抑或人类的替代，都是基于人类中心主义将人机关系设定为人类主体与技术性他者的二元对立关系。然而，随着媒介技术的迭代升级，技术媒介介入人类生活的深度和广度都在不断深化，人机同构过程中人类主体性的独占优势逐渐呈现弱化的趋势，因为数字化存在通过获取相应的具身性、共生性能力，并通过深度学习等方式而逐渐获得与人类平等的主体性地位。所以，考察数字化存在背后的象征性隐喻以及人类与数字化存在的关系界定，探讨后人类时

---

① 戴潘：《"网络延展心灵"假说的哲学探析》，《哲学分析》2017年第2期。

代人类与数字化存在的存在方式以及人机关系的新设定就具有其价值和重要性。

后人类时代，人机关系表现为互为主体性，作为自然主体的人类与作为数字化主体的机器共同存在、互为主体，并且，人类主体借助技术性媒介的工具性作用，完成了从自然人属性到数字人属性的升级，从而预示着人类主体性的扩张。从这一角度来看，媒介技术作为人的延伸，进一步增强了人类的主体性能力。

后人类时代，人机关系以人的身体为媒，实现了人机关系的融合。虽然在身心二元论的理论基础上，媒介技术的发展促进了人的虚拟体验能力的增强，仿佛是人的意识进入了虚拟的空间，并且人身体被抹除，从而否认了人身体的重要性。然而，在后人类时代由线下实在空间与线上虚拟空间共同构成的混合空间中，传统的现实身体在场体验与媒介所建构的符号化身体、技术性身体在场体验，共同构成了人的混合式具身化体验，即感官的具身化、知觉认知的具身化等所营造的虚拟在场具身化与实际在场的身体共同重构了人的具身化体验。由此可见，具身化体验能力的增强亦进一步增强着人类的主体性能力。

后人类时代，人机关系表现为共生性的共进化。自然人与数字化存在共存于世界图景之中，人机对立的二元论立场明显无法阐释以及指导现存的人机关系。因为自然人与数字化存在之间的关系以主体间性的非所有关系，超越了传统的以人类主体为中心的从属的、支配性的、所有性关系，打破了"人"之概念的固定性与崇高性。人与机器的同发展、共进化的共生、共存关系已经无法被漠视。人机边界的消弭，呈现人与机器的共进化：人类智能并非局限于有机体的大脑，而是扩展心灵边界，使之无远弗届；机器将不再局限于人类所设定的"算法"，而是经由深度学习而完成自身的自进化，最终形成有机体—技术—环境的融合体，实现人机共生。

第三节　后人类主义：一种批判主义的话语分析

后人类主义的话语呈现为人与技术的关系、人之为人的条件以及技术伦理的重新思考提供了契机。基于赛博朋克电影的文化内涵，可发现后人类主义话语基于技术悲观主义的人"消亡"与技术乐观主义的人"增强"两条同属于技术决定主义的路线，宣示了人类中心主义的桎梏，并从批判主义后人类主义的视角，探索人与技术边界的消亡、人主体性变化所内含的意义与价值，从而暗示了克服排他性人类中心主义的后人类计划的理论可行性。

一　赛博朋克的内涵

在海勒（Katherine Hayles）看来，"尽管后人类相关的表述不同，但其共同的主题是人类与智能机器的结合"，这并不是意味着机器的彻底人类化或者人的彻底机器化，而是强调不再刻意区分生物学的有机体和涵盖有机体的信息回路，强调借助计算机科学使"计算"而非"占有性"成为人类存在的根基，同时认为人与机器之间边界消弭的开始就预示着后人类时代的开始。[①] 赛博格技术与人工智能技术的迭代升级，后人类相关的话语不断产出，不断冲击着西方近代工具理性与合理性所建构的自我、主体、认同，并不断呈现由于机器的介入所导致的不确定性和身份多样性的后人类主义模型。[②]

例如，赛博格主体（Cyborg Subject）与人工智能主体（主要表现为安卓技术。2007年谷歌公司进军移动市场时，将以Linux为基础的开放型运行系统定名为Android）作为后人类时代的两大主体，体现了行为主义的多样性，暗示着人与机器边界的消弭，使主体性的再确

[①] Hayles N. K., *How We Became Posthuman: Virtual Bodies in Cybernetics, Literature, and Informatics*, Chicago: University of Chicago Press. 1999, p. 2.

[②] Ma Jungmi, *Posthuman and Post-modern Subject*, Seoul: Communications Books, 2014, pp. 2-4.

认成为后人类主义的计划之一。其中，赛博格技术是以人为中心，将人与机器结合，强调人的机械化倾向；而安卓技术是以技术为中心，将机器与人脑相似的要素相结合，强调机器的人化倾向，属于人工智能范畴。例如，AlphaGo围棋对决是谷歌公司开发的具有人类智能的数字化存在的战略性表现，同时也证实了人类主体与数字化主体之间的界限逐渐消弭。

以赛博格和人工智能主体为主角的赛博朋克（Cyberpunk）电影主要基于后人类时代人机关系矛盾演绎人的反抗与选择。本书以赛博朋克电影的话语构成为基础，分析其后人类主义之中的技术乐观主义、技术悲观主义以及批判主义视角，试图寻找超越人类中心主义价值的局限性和克服排他性人类中心主义的后人类主义计划的可行性。

从语义生成的角度来看，赛博（Cyber）一词与1948年维纳（Norbert Wiener）的著作《控制论：或关于在动物和机器中控制和通信的科学》[①]具有关联性，其使用的控制论（Cybernetics）一词源自希腊语"Kubernetes"（万能神），作为航海国家的希腊借用"万能神"作为舵手的含义，因此Cybernetics内含有"控制"之意。而赛博的含义是实现控制的特殊结构，是借用信息来控制物质、能量与信息，信息是被控制的载体，而非控制结构和机制本身，而随着1967年美国国防高级研究计划局（DARPA）在研究大型计算机通信协议之时提出了赛博空间（CYBER），并发展成今天的国际互联网，赛博与互联网便产生了关联。[②] 再结合赛博格（Cyborg = Cybernetics + Organism）的词源来看，是控制论与有机体的结合，其本质也是属于机器与有机体中控制与通信的范畴。因此，以Cyber-为前缀的词汇大体与控制、通信以及计算机（互联网）有关联性。

[①] 原著为 Cybernetics or Control and Communication in the Animal and the Machine，开创了研究系统的通信和控制的一般规律的新学科。它从控制系统的角度揭示了动物和机器、生理和心理现象的联系。

[②] 宁振波：《CPS的精义——内涵和沿革》，《卫星与网络》2016年第10期。

朋克（Punk）这一词汇早在16世纪就已经出现，不过其含义具有辱骂等贬低的意味，随着语言的使用而逐渐演化出"小人""胆小鬼"等含义。随着流行文化的抬头，文化多元性得以被普遍接受和认可，与主流文化在抗争中共生的边缘文化（亚文化）逐渐发展起来。其中，20世纪70年代，以自我意识表达、突破边界规则束缚为中心的青年文化得以发展，通过诸如朋克音乐等艺术形式展现情绪的宣泄。① 所以，"朋克"一词在音乐领域里的含义具有反主流、反权威的"反文化"倾向。"朋克文化"不是朋克音乐的延续，而是借助"朋克"精神与商业化的流行文化因素催生的一种新的审美意义与文化认同。② 换言之，朋克文化是基于"朋克音乐"的文化意蕴，在类似的时空背景下，基于商业化和技术所激发的人的异化以及社会文化混乱而生成的一种反抗文化。

而赛博朋克一词最早出现于布鲁斯·贝斯克（Bruce Bethke）的短篇小说《赛博朋克》（1983年）之中；而在威廉·吉布森（William Ford Gibson）的小说《神经漫游者》中，将赛博朋克的世界内涵界定为"高科技，低生活"③，凸显赛博朋克文化的技术悲观主义设定。赛博朋克作为朋克文化的组成部分，可以从蒸汽朋克（Steam Punk）与赛博朋克的横向对比中，考察赛博朋克的文化内涵。赛博朋克和蒸汽朋克将重点置于科学与技术之上，描绘人与技术的关系。④ 赛博朋克与蒸汽朋克同属于反抗主题，二者的区别在于赛博朋克悲观地看待人与技术的关系，而蒸汽朋克乐观地看待人与技术的关系。赛博朋克大多描述20世纪80年代后工业化社会由于技术的介入而造成人的异

---

① 吴群涛：《朋克文化身份的"三重变奏"》，《武汉理工大学学报》（社会科学版）2016年第3期。
② 吴群涛：《论外来文化本土化过程中的汉译名问题——以punk一词的汉译为例》，《云梦刊》2018年第5期。
③ 周全、周小儒：《论基于赛博朋克精神内核下的视觉艺术表现》，《大众文艺》2018年第1期。
④ 吴秋雅、杜桦：《超越不可超越的蒸汽时代——蒸汽朋克电影的世界观》，《当代电影》2019年第5期。

化现象（即由技术所造成的人的不自由），随着20世纪90年代赛博朋克衍生出蒸汽朋克，人与技术关系的哲思从悲观色彩转变为乐观色彩，但是赛博朋克的人与技术关系的悲观式设定更能引发人文关怀，从而增加情感认知的深度。① 因为，技术的发达并没有使人类社会生活更加美满幸福，反而可能导致贫富差距的加深、政府腐败的加剧、社会动荡的加大。

批判主义的话语分析是基于文化批判主义，即马克思主义的人本主义倾向，注重文化理论对社会的反作用。② 批判主义话语分析强调话语的阐释性功能。③ 其深受米歇尔·福柯的影响，注重话语本身所具有的赋权、限制以及建构的能力，注重对意识形态和权力的揭示。④ 批判性话语分析具有阐释性和反思性特征，批判是基于辩证性方法将遮蔽的东西呈现出来，其目的是改变甚至消除那些不真实或者歪曲的意识条件，最终通过阐释学框架，启动个人和群体的反思过程，从而将人的意识从禁锢之中解放出来。⑤

本书基于赛博朋克电影所呈现的文本话语，探讨后人类话语的基本构成以及体现的人与技术关系的哲思。具体而言，基于后人类主义框架，以人与技术、人机关系为内核的文化现象，分析其人机边界逐渐消弭的现状，从技术乐观主义、技术悲观主义等视角切入，探讨由商业化的推进以及技术的迭代进化所催生的异化现象。

二 后人类主义话语呈现

赛博朋克电影之中文化背景的基本设定可以描绘为"反乌托邦式

---

① 陈琳娜：《赛博朋克电影的空间意象与冲突美学》，《南京师范大学文学院学报》2019年第4期。
② 段世磊：《阿多诺论艺术的否定向度及其实践诉求》，《宁夏社会科学》2021年第3期。
③ 屈菲：《文学阐释的话语分析方法：范式与反思》，《学习与探索》2019年第6期。
④ [英]约翰·斯道雷：《文化理论与大众文化导论》，常江译，北京大学出版社2019年版，第159页。
⑤ 许力生：《话语分析面面观——反思对批评话语分析的批评》，《浙江大学学报》（人文社会科学版）2013年第1期。

的未来时代之中,人类生活并束缚于一个由技术所统治的人口过剩与都市退化的世界之中"①。在赛博朋克电影中呈现一种文化共性:在人与技术关系倒置的社会中,充满着黑暗、颓废、绝望的氛围,但是人们依旧具有满怀希望、反抗黑暗以及向往未来的自由意志,并伴随对技术伦理、人与机器关系以及自我对存在意义的反思。这体现为赛博朋克电影从悲观性的技术决定主义立场出发,悲壮地否定技术进化对人类发展的积极作用,描绘出后人类社会的阴暗面,并对此发出警告,强调技术乌托邦主义很容易忽视的社会性以及伦理价值。

例如,赛博朋克电影《攻壳机动队》所设定的时间为2029年,其技术背景设定为"编辑记忆、全身赛博格化的技术使人类的主体性已不能通过外表或者自身的记忆来断定",同时"政府滥用科技和公权力改造和利用人类",其两大主人公一是防止高科技犯罪的公安九课女警草薙素子;二是为了保障和谋取利益的日本外务省(公安六课)开发的可以入侵灵魂(Ghost——电影之中所设定的自然人和赛博格都具有的精神部分,区别于Shell——相当于身体,包括电子脑部分)并植入木马病毒的黑客程序——人工智能(AI)"傀儡师"。影片体现的人机关系是高技术水平下,技术伦理的失格与人的异化。具体表现在以下两个方面。

首先,人的赛博格化违背了通过技术来增强人类能力的初衷。将"人类简化成一台机器,甚至是视作武器",这与原本人与技术关系的"初衷"背道而驰——借助技术改造人体是出于对技术决定主义的乐观立场的信仰,即技术乐观主义者认为人类的未来由技术决定,并且人类在技术推动下,其发展的乐观前景是必然的。技术乐观主义构成的文化共性表现为,人与技术在同构的过程中,人与机器、人与信息的融合程度将不断加深,人类在技术的赋能下,能够不断克服肉体上的局限性(老化、疾病、死亡以及时空的制约等)。更为重要的是,

---

① 陈亦水:《数字媒体影像时代的未来书写——中美科幻电影的赛博空间与赛博格身体的文化想象》,《艺术评论》2017年第11期。

认为技术的进化与人类的进化属于同一种模式（Pattern），即通过人机组合使人类身体进化，同时也就克服了传统的人类软弱肉体的局限性，甚至终有一日，人类的意识也可以自由地上载至非有机性（互联网络等）的装置之上，届时，不但是人类的肉体，甚至是人类的精神亦将实现物质化（具身化）。那么人类从没有技术介入的完全有机体的存在，通过不断地进行赛博格化，终有一日，人类现有的形态会逐渐消失，而新物种——后人类便会登场。但是作为增强人类的草薙素子其存在的目的只不过是作为武器的"工具"而已。这违背了康德的"将人类作为目的而非工具"的思想。这从影片中奥特莱斯博士与制造公司主管之间的对话就能够看出。

博士：机器没有指挥能力，只能服从命令。更不能去想象（Imagine）、去关心（Care）或者发挥直觉（Intuit）能力。但当她大脑移植到混合型（Synthetic）义体之中，她就拥有了这些能力，甚至更多。

公司高管：作为第一个全身义体化（高度赛博格化）的生化人，她很快就能参加公安九课（镇压高科技犯罪的特殊部队）的执行行动了。

博士：请不要这么干。你把复杂的人类简化成了一台机器。

公司高管：我不认为她是一台机器，她是一个武器，并且也是公司的未来。

其次，草薙素子和"傀儡师"对主体性的再确认使人机边界的问题成为再反思的对象。由于编辑记忆的技术存在，所以记忆已经不能成为人之为人的依据。于是，素子开始怀疑自己的身份（Identity）。正如后人类主义在海勒看来就是承认人机边界的消弭，其共同主题便是人与智能机器的结合。但是，技术伦理的失格却容易使边界的消弭造成"人之为人"依据的消失，并造成混乱。通过草薙素子与"傀儡师"对其主体性的再确认能够凸显这一问题的严重性。

一方面是素子与同事巴特之间有关"灵魂"的对话。

素子：如果像我一样是高度的赛博格化存在，那无论是谁都会这样思考：我之前是怎么死的，现在的我是不是由电子脑和义体来构成的虚假化人格（Cyber-persona）。也许被称为"我"的这个存在根本就没有存在过。

巴特：你的头部有大脑，并且你周围的人也把你当人看待不是吗？

素子：没有人看过自己的脑内部，我们只是通过观察环境的反映然后判断自我是存在的而已。

巴特：你不相信自己的灵魂（Ghost、Mind）？

素子：如果电子脑也能制造出灵魂，并且也具有相应的记忆，那么如何证明"我就是我"呢？

另一方面，"傀儡师"本是人工制造出来的一段黑客程序，在网络中进行情报间谍工作，却逐渐具有了"自我意识"，并脱离了人类掌控。"傀儡师"自称为独立的生命体，在它看来"人类的DNA也不过是一段被设计用来自我储存的程序。生命就像诞生在信息洪流中的一个节点……当代科学还远未能准确地定义生命"。"傀儡师"的现身再次展现了后人类式思维对于"人机边界"的质疑，同时强调了人与机器关系的矛盾性，即电脑程序自称为生命，而生命系统则被当作一种程序。

傀儡师：作为一个生命体，我申请流亡。

课长：生命体？

六课课长：真可笑！你不过是一个程序而已。

傀儡师：那么，你的DNA也是为了自我保存的一段程序而已。生命就像是信息流之中所生成的决定体一样。人类通过基因这种记忆系统，依靠着记忆而成为个人。记忆可能是幻象，而人是靠着记忆来生活的。电脑能够编辑记忆，那么人类就应该真正地再思考一下记忆的意义。

六课课长：你说你是生命体的证据也不存在。

傀儡师：无论是谁也无法证明这一点。现在的科学，也无法定义生命。

九课课长：你是不会死亡的人工智能（AI）？

傀儡师：不是 AI，我的 Code 名是 Project 2501。我是在信息的海洋之中诞生的生命体。

人机边界的消失带来的不是与高科技相对应的"高生活"，而是技术伦理的失格、人的异化。影片的这种设定能够激发人们探讨与反思人与技术关系以及人之为人的条件。不过这部电影的最后，通过草薙素子点明了自我主体性确认的依据："我们执着于记忆，觉得它定义了我们。但定义我们的是我们的行为。"并且强调，"人性才是我们的美德。"这便是赛博朋克电影后人类主义话语构成的体现，基于技术悲观主义的格调，展现后人类主义时代技术滥用、误用所可能引发的人类毁灭的可能性，从而强调技术的社会性以及技术伦理的重要性。那么赛博朋克电影中，在探讨人与技术关系的设定时，只有技术悲观主义这一条线索吗？

三 技术决定主义的两条路线

一部赛博朋克电影所呈现的表象往往是借助人与机器关系的倒置，表现一种与贝尔纳·斯蒂格勒（Bernard Stiegler）所言的"人发明了机器，而机器也再次发明了人类"① 相对应的局面——"机器称王"氛围的笼罩。与技术性乌托邦主义所盼望的恰恰相反，"末日美学"之下，电影所表达的并非机器君临天下的惨淡与破败，而是人性的美德再次闪耀着光辉，势必激励觉醒者［如《银翼杀手》（*Blade*

---

① Stiegler B., *Technics and Time* 1: *The Fault of Epimetheus*, R. Beardsworth and G. Collins, (Trans.), California: Stanford University Press, 1998, p.44.

Runner）的主人公 Deckard，《攻壳机动队》的主人公草薙素子，《黑客帝国》的主人公 Neo 等］再次审视自我，审视虚拟与现实之间的边界，审视世界与生命的价值。所以，赛博朋克电影永远包含着一明一暗，并同时基于技术决定主义的两条路线：一条是技术悲观主义的人"消亡"之路；一条是技术乐观主义的人"增强"之路。

技术悲观主义的反乌托邦设定，通过"高科技、低生活"的世界图景再现，提出世界对科学与技术的过分依赖可能导致以工具理性为中心的人类异化、消亡宿命，即强调技术乌托邦主义容易忽视技术的伦理价值，并起到一种醒世效果。例如，美国著名知识分子史蒂芬·霍金（Stephen Hawking）便曾多次警告人类："人工智能是人类真正的终结者，彻底开发人工智能可能导致人类灭亡！"特斯拉（Tesla）首席执行官埃隆·马斯克（Elon Musk）也多次公开表明其对人工智能发展的悲观态度——对人工智能领域的发展需保持谨慎，否则可能导致人类和地球的毁灭。日裔美籍学者弗朗西斯·福山（Francis Fukuyama）著有《历史之终结与最后一人》《后人类未来——基因工程的人性浩劫》等作品，对生命工学技术所引起的人类本性的可能性变化提出警告，并指出后人类历史阶段（Post–human Stage of History）的到来。福山认为人类固有的某种属性具有一定的稳定性，而其变化则是危险的。特别是，福山对生物化学科技（Bio Technology）所可能引起的社会不平等十分担忧，比如，基因编辑（Gene Editing）所引发的社会不平等的可能性。因为基因编辑从基因构成上重新固化并扩大了传统由贫者和富者所构成的社会，并导致新的社会矛盾的产生。福山结论性地指出，从可预见的未来将后人类主体性与乌托邦主义的理想性相比，技术乌托邦所思考的人与技术的关系缺乏相应社会性和伦理性的考察。[1] 上述的学者都是"吹哨人"般的存在，他们是觉悟者，同时也是警醒者，其大声疾呼、振聋发聩般的呐喊是为了以

---

[1] ［美］弗朗西斯·福山：《我们的后人类未来：生物科技革命的后果》，黄立志译，广西师范大学出版社 2017 年版，第 180 页。

"人之消亡"的危险性使人觉醒,呼吁人与技术在同构的过程中,始终如一地将人当作目的,而不是使人与技术的关系倒置。

而技术乐观主义其逻辑出发点是基于对人类主体性具有崇高性的认定,而通过技术增强人类能力,将人与技术融合的正向效果公布于世,展示的是技术对人类主体性的积极作用;并且相信科技理性与合理性,虽然技术的滥用、误用会导致人与技术关系的倒置,违背了发展技术的初心,但是在科技理性与合理性的指导下,人具有纠偏的能力,所以通过某些契机激发人的觉醒,使人反思自我存在的含义与存在价值,能够重构人与技术的关系,以"人之增强"来确保人在人与技术关系之中的正确位置。

例如,美国卡米尔蒙特护理学院(Mount Carmel College of Nursing)生物伦理与化学(Bioethics and Chemistry)专业的教授奥马图纳(Dónal P. O'Mathúna)认为通过技术提升人类的肉体、头脑(Mind)以及灵魂,能够推进人类进化成新的物种——后人类,而后人类主义就是基于通过技术提升人类的方法论所形成的一系列哲学的总称。[1]所以依靠技术提升人类,实现人与科学技术的融合,是技术乐观主义所秉持的信仰,并且肯定人机同构的结果是通过人机的交互实现的,人类本身亦会发生变化,所以"我们已经变成后人类"。因为从技术乐观主义的立场来看,人与技术创造物的进化具有同时性;从后人类主义的立场来看,技术作为人类的他者(对象),已经吸收了日常性的人类功能。[2] 例如,现实生活之中我们所使用的移动电话、不断迭代的电脑技术等,这些人造之物都已经成为人类日常生活的一部分,甚至成为人的延伸。所以,作为客体的技术被造物已经不再单纯地被看作辅助人类的劳动工具,而是成为参与人类进化过程的重要因素——技术具有定义人的身份(Identity)、认同方式、生活方式以及

---

[1] O'Mathúna D. P., *Nanoethics: Big Ethical Issues with Small Technoogy*, New York: Continuum, 2009, pp. 1-3.

[2] Granham E. L., "In Whose Image? Representations of Technology and the 'ends' of Humanity", *Ecotheology*, Vol. 11, No. 2, 2006.

机制系统的能力。

但是技术被滥用、误用之后，人与机器的关系正如技术悲观主义者所预料的那样，人机关系走向了倒置，发生了"偏向"——人被置于机器之下，成为被压迫、被奴役的对象。所以如果无法实现人机关系的纠偏，那么技术乐观主义的期待则将成为泡影。在《攻壳机动队》里草薙素子通过对自我本体性的不断追问与实践，而不断地增强自我认同，最终得出的结论便是"定义我们的不是我们的记忆，而是我们的行动，人性才是我们的美德"。这给出的启示在于人机关系纠偏的力量掌握在人的手中，依赖的是人性的光辉。

所以就赛博朋克电影之中所呈现的两条主线的冲突来看，以其所呈现的人与科学技术关系的偏向与纠偏的方式来看，其逻辑起点在于人类中心主义的价值取向。技术悲观主义者认为人的主体性已经被技术所"污染"，所以其逻辑起点是认为原本的人类主体是没有被技术所介入的纯粹的主体，即现代的启蒙主义主体或自由主义人类主体。因此可以得出结论：技术悲观主义是基于人类中心主义，站在二元论的角度将人与技术对立，从而考察技术作为独立于人的主体之外的他者性存在，是被赋予了工具属性，并从否定性立场上判定有机体通过机械融合之后形成的后人类（赛博格式存在）是对纯粹人类主体性的一种威胁，其目的是"抵抗科学技术所带来的发展的不确定性以及激进性"[①]。换言之，可以将技术悲观主义视为对没有科学技术渗透的人类中心主义主体性的一种追思。

技术悲观主义的价值在于从否定立场上对科学主义进行评价，即强调不盲目顺从技术的偏向，从而摆脱技术乌托邦主义对技术的盲目信赖，将后人类主义话语进行转向——呼吁从伦理的角度对科学技术进行考察；其局限性在于过分强调技术的否定性作用，将技术与人进行二分，没有看到技术乐观主义所强调的技术的其他意图——为人机

---

① Ha Sangbok, "A Possibility of New Subject in Posthumanism and William Gibson's Neuromancer", *The New Korean Journal of English Language and Literature*, Vol. 49, No. 4, 2007.

关系的诊断与解答提供其他的契机，如肯定技术对人类的增强，肯定人性的光辉，正面推崇人的尊严，等等。但是，不可否认的问题在于技术乐观主义与技术乌托邦主义边界的模糊，即强调人机融合趋势的不可避免，过分强调科学理性与合理性，所以其理论的根源依旧是近代启蒙主义时代理性主义。[①] 启蒙时代的科学理性相信通过科学与技术可以实现人的完全性（人的完善），能够协助人类从外部的制约之中解脱出来，这成为技术增强人类能力的理论依据，即从主客二分的立场出发，以人类主体为中心，将人与自然、人与他者二分，在支配与被支配这种思维框架下，强调人类主体的优越性，而将他者（包括技术性的他者）统统纳入人的支配之下，从而进一步稳固人与非人之间的边界。[②]

如此，技术乐观主义对科学的信仰如同对宗教的狂热，容易将人类中心主义推向极端，如技术理性对人性的扭曲，使人类将自己禁锢于人类中心主义价值之中，最终将自己置于"造物主"的地位，企图奴役机器，并突破自身局限，直至永生。甚至草薙素子发现"定义我们的是我们的行动"这一思维本身依旧隐含着对人类主体"崇高"性的确信，即科学即使置换了肉身与灵魂，但是位于最高维度的仍旧是传统的理性精神。所以，从以技术乐观主义与技术悲观主义为中心的技术决定主义的两条路线来看，基于此的后人类主义价值并没有脱离近代主体所形成的自由主义的个人主义价值的藩篱，人依旧处于人类中心主义价值的禁锢之中。

四 批判主义的后人类主义计划

批判主义的后人类主义，是基于一种批判性的立场，不仅批判反乌托邦的技术悲观主义，否定技术对人类未来的积极影响，也批判乌托邦主义的技术乐观主义，将人类的未来全部交托于科学技术的发

[①] Granham E. L., "In Whose Image? Representations of Technology and the 'ends' of Humanity", *Ecotheology*, Vol. 11, No. 2, 2006.

[②] Graham E. L., "Post Human Conditions", *Theology & Sexuality*, Vol. 10, No. 2, 2004.

展,所以是一种辩证的批判主义立场。根据贺布雷希特(Stefan Herbrechter)对"批判"的阐释,这里的"批判"具有两种不同的意义。一是肯定技术变革本身,不能单方面地指认技术对人类威胁的部分,也需要肯定技术对人类有益的部分;二是需要对人类中心主义的沉疴进行批判,但是也需要肯定后人类主义的理论部分也是继承自人类中心主义的传统,因为人类思考方式具有连续性、经验性和历史性。[①]由此,在后人类主义系统中,技术乐观主义、技术悲观主义以及批判主义构成三足鼎立的局面,而批判主义的后人类主义则站在承前启后的立场上,既批判性地审视人类中心主义立场,试图超越身心二元的藩篱,将精神看作一种偶然现象;也肯定肉体具有不亚于精神的重要意义,即认为肉体与精神具有等价性。所以本节就以此为契机,将这种超越人类中心主义而试图建构新的人类主义的构想称为批判主义的后人类主义计划。

在人与数字化存在(Digital Being)所共存的后人类时代,人与机器的关系处于"后人类的困境"之中,这是由于生命工学技术与人工智能技术的发展所引起的死亡恐惧(技术对人的反压制),以及对人文科学的冲击等。因为信息技术、纳米技术、生命工学以及认知科学的发展,使有机体(人类等生命行为体)与人工智能(机器等非人类行为体)相结合的混种性存在成为可能,从而引出了对自律性、理性,以及具有自我决定性的人类思维能力的疑问,其目的在于弱化人类中心主义的自由主义理念。随着后人类技术的发展,特别是人工智能、赛博格等技术,使传统的以自然人的自律性为中心的笛卡尔式的人类中心主义难以维系——动摇了"人的本质存在于人的思维之中,人类的自我意识是与其他事物进行区别的根本所在"的理念。[②]

[①] Herbrechter S., *Posthumanism: A Critical Analysis*, London: Bloomsbury Publishing, 2013. p. 4.

[②] Kang Young an and Lee Sang hun, "Philosophical Reflections on Posthumanism", *Orbis Sapientiae*, No. 15, 2013.

海勒认为后人类这一概念是一种技术性、文化性的概念，是在特殊的历史、技术以及文化条件下所创造出的新的构成体（Formation），并且，后人类主体虽然与纯粹的启蒙性主体之间差距较远，但是后人类却未必是机器性的人类，后人类的主体是一种新的混合体，即一种由异质性的构成要素所组成的集合体，是一种物质性信息的总体，其边界在不断地组成、重构。① 所以海勒所强调的是，在人类的赛博格化过程中，起关键作用的是技术，但是不能将人类的身体单纯地看作被支配与被统治的对象，如果人类将自身精神与自身主体性看作是等价的，那么，人们依旧没有跳脱出自由主义人类中心主义的藩篱。

从海勒的观点来看，人类的赛博格化如果单纯地将身体看作支配的对象，那么作为后人类的赛博格就与主张消解肉身、高扬人类理性的人类中心主义毫无二致，所以从批判主义后人类主义的立场来看，去身化的主体性是不可取的。因为使用技术或者媒介的人类是天生的赛博格（Natural-born Cyborgs）②，人与技术的共生体（Symbiont）通过具身化体验，改变人们看待人与技术关系的方式。人与技术结合的赛博格化，并不是肉体性的消失，而需要将其看作通过具身化所实现的关系扩张，即后人类的主体性是人与新的技术环境在交互的过程中，通过具身化的体验而形成的。换言之，物质性的肉体性被去物质化的抽象性信息模式（Pattern）所替代，但是在技术的环境中，通过具身化的思维（Embodied Mind）而得以复原，并且后人类主体并不是与环境相对立（独立）的自律性自我，而是作为分散性认知系统（Distributed Cognitive System）的一部分而存在的。③

虽然海勒的批判主义后人类主义强调具身化，但是人们囿于身心二元的思维模式久矣，批判主义后人类主义继续聚焦于人类，最终仍

---

① [美]凯瑟琳·海勒：《我们何以成为后人类：文学、信息科学和控制论中的虚拟身体》，刘宇清译，北京大学出版社2017年版，第3—4页。
② Clark A., *Natural-born Cyborgs: Minds, Technologies, and the Future of Human Intelligence*, New York: Oxofrd University Press, 2003.
③ [美]凯瑟琳·海勒：《我们何以成为后人类：文学、信息科学和控制论中的虚拟身体》，刘宇清译，北京大学出版社2017年版，第33—39页。

会归结于以科技来增强人类,依旧会陷入人类中心主义的窠臼。正如,巴德明顿(Neil Badmington)关注传统的人类主义与后人类主义相混合的部分,并认为在后人类主义的话语结构中,人们无论如何改写,也无法摆脱对人类主义传统的重叠,因为无论是谁也无法置身于自己所属的话语之外进行思考,换言之,人类思维具有时代的局限性。[①] 但是即便如此,巴德明顿也认为,即使后人类主义与传统人类中心主义有所重叠,但是只要努力试图超越人类中心主义的桎梏,对其进行解构性思考,那么后人类主义也会为克服古典人类主义提供契机。因此,巴德明顿强调,后人类主义在将人类主义进行改写的时候,应注重其所呈现的矛盾性,挖掘其内在的不安定性。

而提出确切办法超越人类中心主义的是布拉伊多蒂(Rosi Braidotti),她提出建构以生机论唯物主义(Vitalist Materialism)为基础的去人类中心主义,并以此来建构后人类主义主体性。[②]布拉伊多蒂强调的是随着科学技术的进步以及全球经济问题的出现,"人类"这一概念在此双重压力之下消解了,并提出后人类主义主体性的建构,是基于批判自由性人类主义的人类中心主义,通过强调"一元论"和"非一性"(Not-Oneness),以此建构没有位阶性差异的后人类主义。

生机论唯物主义不再基于物质、世界、人类的内与外对立来建构二元论,而是继承了巴鲁赫·斯宾诺莎(Baruch Spinoza)的一元论。[③] 斯宾诺莎认为,从存在论上看,物质是一,是在自我表现的欲望推动下,具有生机性与自组织性的自由存在;从结构上看,具有关系性,与多样化的环境相关。这种一元论的观点,超越了西方长久以来的主客二元的"人类"概念,但是在传统的理性与合理性认知视域

[①] Badmington N., *Posthumanism: Readers in Cultural Criticism*, Palgrave Macmillan, 2000, pp. 76-88.
[②] [意]罗西-布拉伊多蒂:《后人类》,宋根成译,河南大学出版社2016年版,第76—78页。
[③] 单小曦:《媒介性主体性——后人类主体话语反思及其新释》,《文艺理论研究》2018年第5期。

下，这种"人类"观点并没有被认可，因为这种观点否定单一性和总体性，以及排斥他者的"一性"（Oneness，指的是与复数性或者多者性一样的基本的存在论原理）。Oneness 来源于将世界本身看作"一"的巴门尼德[1]哲学，指的是具有统一性和连续性、完结性的存在，并且排斥多者性和运动。[2] 对决定性的一（Oneness）的欲望建构了西方哲学的基础，但是现代哲学站在批判的立场上选择不是 Oneness，而是众多的、复数性的原理。而在布拉伊多蒂所提倡的后人类主义伦理则是建立在非一性基础上的后人类主义价值取向。正如茱帝斯·哈尔伯斯坦（Judith Halberstam）和伊拉·利文斯顿（Ira Livingston）所言，"后人类并不必废弃人类；它不代表人类的进化或退化，毋宁说它参与了身份与差异的再分配"[3]。

综上所述，批判主义的后人类主义对后人类主义之中所存在的传统的人类中心主义的遗产进行了清算，并且对技术的评价既不进行理想化的高扬，也不进行否定性的贬损，而是依靠人文（Humanity）原则的多样化以及碎片化，挖掘批判人类中心主义的众多可能性，最重要的是重新确认人之为人的条件、依据。批判主义的后人类主义为人与技术关系的重构提供了理论性与实践性的指导原则，对乐观主义后人类主义以及悲观主义后人类主义采取批判性的方式，试图超越人类中心主义的禁锢，为人类之外的他者存在的合理性寻找依据，这就是批判主义后人类主义的计划，但是人与技术关系的重构，人的主体性的重新确认并不能一蹴而就，特别是当今技术迭代速度日趋提升，作为人类主体如何能够在人机关系中明确自身正确的位置，则是一项艰巨的抉择与任务。

---

[1] 帕尔米尼底斯（Parmenides）是希腊哲学家，创立"埃利亚学派"的绝对的理性主义者。
[2] 张剑：《齐泽克、巴迪欧的毛泽东情结》，《马克思主义与现实》2013 年第 6 期。
[3] Halberstam J. and LivingstonI. , *Posthuman Bodies*, Bloomington and Indianapolis: Indiana University Press, 1995, p. 10.

第四节　人机关系的未来图景对人类传播的影响

新人类主义的核心价值在于确定人的肉身与心灵的同等重要性，同时确认人类主体与非人类主体的存在具有等价性，这就超越了超人类主义对人"肉身"的否定，以及后人类主义对"人本身"的否定，从而确认了未来人类传播框架下人之为人的本质依旧存在于人本身的自由自觉自主性中。本节基于此探讨基于人机关系的未来图景下人类传播的可能性发展。

一　未来已来：人机关系的变换诉求

随着媒介技术的发展，特别是NBIC（纳米技术、生化技术、信息技术、认知科学）尖端融合技术的发展，以互联网为中心的媒介社会正快速进入人与机器"共生、共发展"的时代。"未来已来"，未来已经不仅仅是在影视作品中为我们呈现的对未来的想象，而是真实地具象化、实在化了。

随着数字信息技术、电脑工学、控制论技术（Cybernetics）、生命遗传工学、认知科学等尖端技术的发展，以前只在影视作品之中可见的身体强化、人工智能等存在已经来到了我们身边。换言之，技术不仅是作为完善、增强人类的肉身、智能能力的工具化存在，而且能够超越外在于人的工具属性，实现人机一体（如赛博格化的存在），实现边界的消弭。模仿人类智能的机器化人工智能无处不在，例如科技的发展催生了各种替代人、辅助人的智能化存在，而深受"身体发肤，受之父母，不敢毁伤"古训影响的国人，亦能顺利地接受"人工生殖""人工心脏"甚至是"基因编辑"等反自然式身体改造观念。换言之，技术本体已经超越其工具性范畴，不再仅仅作为人的一部分而是将人也作为它的一部分来发挥功用。本节正是基于此问题意识，从人机关系变换的诉求开始，探讨共生、共进化的紧迫性与重要性，进而探讨超人类主义与后人类主义的本质，从而讨论人机关系的未来图景对人类传播的影响。

人类与技术的关系并不单纯是人类发明了技术，贝尔纳·斯蒂格勒（Bernard Stiegler）认为人与技术的关系应该建立在内在性与外在性，生命与物质，过去和未来等多个层面。[①] 换言之，人与技术的关系是人类发明了技术，但是技术也使人类"重生"。同样地，约瑟夫·利克莱德（J. C. R. Licklider）认为技术并不单纯是人类的延伸，即技术不是只存在于外部而为人类提供帮助的系统；而是认为机器与人类有机体在内部存在着一种有机、统合的关系，即"共生"（Symbiosis）性关系[②]。换言之，机器（技术）与人类之间的关系是共生、共进化的关系，需要从关系性、系统性的视角下对人类存在与技术存在进行关注。

所以本书认为人工智能时代人与技术关系的研究应基于人机同构的共生、共进化，探索人与技术的共生关系的可能性，即人与技术的共生对人本身的影响如何，并且如何更好地建构这种人机共生、共进化的关系。换言之，从认识论的视角应该超越传统的人类中心主义认知，不能一如既往地傲慢地奉行唯人类独尊的人类中心主义价值观，将人工智能等技术对象只作为人类的工具，置于人类之下，而应探索一种新人类主义，试图寻找人与技术共生、共发展的完美契合点。因为未来人类的生存图景必然是人类主体与技术性他者的共在，这是未来人类传播发展的必然趋势：既不抹杀人类本体的存在，又能借助技术的发展赋予人类存在新的意义，从而促使生成人机共生图景下更加合理的新人类传播、交流关系。

从人与技术关系的历史发展脉络来看，超人类主义（Trans - hu-

[①] Stiegler B., *Technics and Time 1: The Fault of Epimetheus*, R. Beardsworth and G. Collins (Trans.), Stanford, California: Stanford University Press, 1998.

[②] Licklider J. C. R., "Man - Computer Symbiosis", *IRE Transactions on Human Factors in Electronics*, Vol. HFE - 1, 1960.

manism) 和后人类主义 (Post - humanism) 占据重要的位置。① 二者共同探讨人与技术的关系，特别是人机关系中人类主体的位置所在。二者又都有自身的局限性，却又不尽相同。所以本节首先考察超人类主义以及后人类主义之中人与技术的关系面向，并在此基础上探讨未来人机关系的图景，即新人类主义价值建构的可能性，以及未来更加合理的人类传播建构的可能性。

二 超人类主义的局限性

1999 年，在牛津大学哲学家尼克·波斯特罗姆 (Nick Bostrom) 的主导下，超人类主义世界联盟成立，从而对超人类主义的核心内容发表了如下的宣言："超人类主义是应用理性来从根本上改变人类自身的条件，特别是通过使用科学技术来消除衰老、死亡、疾病与痛苦等不利于人类生存和发展的消极方面，从而强化人的智力、肉体（生理）、心理能力的国际性文化运动。"②

由此可见，超人类主义是近代科学技术与人类理性主义发展的结晶，是人类挑战并克服身体的局限，意图挖掘人类能力的更大可能性而设定的理论与目标。其立足点乃是科学成果的理性世界观，短期目的是增强人类能力，终极目的是将人从衰老以及病痛之中解救出来。但是，这给人类带来了新的问题：在未来人类传播的发展脉络中，超人类主义是否能够承担起责任，超人类主义是否是人类传播的必然主体。对这些问题的思考需要匹配相应的哲学性反思，因为，科学技术发展得越灿烂，人类对技术文明的哲学性反思也就应该越深刻。

于是，从批判的角度出发，超人类主义的局限性首先被确认。超人类主义认为从笛卡尔的精神、物质二元论出发，精神是可以从肉体

---

① 周海宁：《"后人文时代"人类主体性研究的传播学反思》，《视听》2018 年第 9 期。
② Bostrom N., *The Transhumainist FAQ*, V. 2. 1. Oxford: World Transhumanist Association, 2003.

中进行分离的信息图式（Pattern），即超人类主义继承笛卡尔的二元论，注重精神而轻视物质（肉体），因此断言人类依赖科技有实现永生的可能性，但是有的科学家认为人的认知活动依赖的是身体这种物质性基础。[1] 对肉体的摆脱或者抛弃并非人类传播发展的必然，这是一种对人的否认。并且，人工智能理论对人的认知能力的认知亦是不足的。

英国的罗杰·彭罗斯（Roger Penrose）批判超人类主义所依据的尖端 IT 技术在于将人的认知能力编辑成人工性的人工智能理论。[2] 而休伯特·德莱弗斯（Hubert Dreyfus）主张对以往人工智能研究的合理性、逻辑性模型的不足进行批判，认为人的认知绝不仅仅是以运行算法化（Algorithm）为基础形成的。[3] 因为人类的智能是不能依靠电脑等以规则为基础的符号处理认知系统来体现的，并且人工智能只能在有限的范围内对人类的智能进行模拟。

然而对超人类主义的批判并不会减小人类强化肉体的欲望，并且尖端科技的发展使批判的力度得以弱化。我们通过对技术发展的历史进行统计学的分析，可以对技术进化的几何函数级增长的速度进行确认。由此可知，虽然现在人类的认知无法摆脱对生物学身体的依赖，但是从科学技术的发展速度来看，未来某一天是有可能摆脱对生物学身体的依赖的，特别是随着 IT 和 BT（Bio – technology）技术的融合使人工生命（Artificial life）的出现成为可能，也在客观上对此种信念产生支撑作用。所以，超人类主义的目的是完美继承人类本质，是人类对肉身增强的欲望不断扩展的结果，同时也是对近代高傲的人类中心主义思想的继承与发展。这就是超人类主义的局限性所在。

---

[1] Damasio A., *Descartes' Error: Emotion, Reason, and the Human Brain*, New York: Putnam, 1994.

[2] Roger Penrose, *The Emperor's New Mind: Concerning Computers, Minds, and the Laws of Physics*, New York: Oxford University Press, 1989.

[3] Dreyfus H., *What Computers Still Can't Do*, Cambridge, Mass: MIT Press, 1992.

三 超越人类中心主义的契机

海勒的理论认为后人类是"异质性要素的混合物或者集合体，即持续构成边界从而重构物质性—信息性实体"。① 后人类主义不论依据何种传统，都共享四种假设。第一，后人类主义无论其物质性表现是什么，其首先被确认成一种信息模式，那么生物学上的具身化（肉身）便可以看作一种历史的偶然；第二，后人类主义将克服笛卡尔理论，将人类的精神看作人类的本质（identity），而将精神看作一种偶发现象（Epiphenomenon）；第三，后人类主义将肉体看作能够被编辑的基础性假体（Originary Prosthesis），那么后人类将承认肉体可以被其他假体替代，并且认为这仅仅是对出生前的一系列过程的延续；第四，后人类主义认为人类能够与智能性机器不断结合。因此，后人类主义认为肉体性存在与电脑模拟（Simulation），控制论机制（Cybernatics machanism）与生物学有机体，机器人的目的论与人类的目标之间的本质性差异是不存在的。换言之，后人类主义时代作为自然人的人类、作为人工智能的机器人，作为人与机器融合产物之赛博格，都将成为一种独立的存在方式，其存在具有等价性。

基于此，就需要对后人类主义与超人类主义进行区别。二者的区别在于其哲学基础的不同。超人类主义的哲学渊源在于近代的人类中心主义或者称之为人文主义，而后人类主义的哲学基础为后现代主义。所以，后人类主义哲学思想出现的目的超越人类主义的桎梏。后人类主义无论是否定科学技术成果而持有异托邦观点，还是站在技术决定论的立场，将人类的未来交托给科学技术发展而持有乌托邦的观点，从本质上说都是持有一种批判性观点。根据贺布雷希特（Stefan Herbrechter）对"批判"的阐释，这里的"批判"含有两种不同的意义。一是肯定技术变革本身不能说是对人类有威

---

① Hayles N. K., "Toward Embodied Virtuality", *How We Became Posthuman: Virtual Bodies in Cybernetics, Literature, and Informatics*, Chicago & London: The University of Chicago Press, 1999, p.3.

胁，因为对人类有益的部分是充分存在的；二是在对人类主义的沉疴进行批判的同时，肯定后人类主义的一部分生发于人类主义的传统之中，因为长久传承下来的思考方式是具有连续性的。[①] 所以，后人类主义是批判性地对待超人类主义，并超越了身心二元论之中精神高于肉体的见解，将精神看作一种偶然现象，肯定了肉体不亚于精神的重要意义。

所以，后人类主义并非超人类主义那样，对人的肉体进行否定，而是客观承认了肉体与精神的等价性，然而却造成主体的广泛性，即除了人类主体之外，人工智能主体等非人类主体亦产生了存在的合理性，从而是对"人本身"的变相否定。无论如何，可以肯定的是其产生了超越人类中心主义的契机，使人类传播的意义得以重构，这就为新人类主义的建构提供了契机。

四 基于新人类主义的未来人类传播

现代哲学总是呈现一种拒绝人们通过以往固有生活方式和存在方式而存在的倾向。正如后现代主义者中的法国学者福柯所言，"人"在人文学之中被抹杀了。当然这里并非说作为肉身存在的人的死亡，而是作为概念性存在的人的死亡。而英美哲学之中的分析哲学、计算主义（Computationalism）哲学世界观则将宇宙看作一台巨大的计算机，从而将计算看作具有"决定性"的存在，这是与超人类主义哲学最接近的一种哲学，而其最终也是通过将人物质化，而抹杀了人类本身的存在，使人类主义没有了人类的身影。例如，科幻电影中所呈现的具有超能力的赛博格式改造人，其对人类的启示是，这种赛博格式的存在是否真的是未来人类最好的形象。因为在超人类主义所营造的人类传播的未来图景中，人之为人的本质、人类本体的位置是模糊的。因为超人类主义者朝着向人类肉体告别的方向前进着，强调肉身

---

① Herbrechter S., *Posthumanism: A Critical Analysis*, London: Bloomsbury Publishing, 2013, p.4.

可以被数字化的存在所替代。而从后人类主义所营造的人类传播未来图景来说,"后人类"这一词汇本身就有"人类之后"的含义,换言之,其天然地含有一种"新造的人"的意蕴。因为在"人类之后",人类行为主体与非人类行为主体具有了等价性,其共存、共发展就具有了合理性。然而人类本体在人类传播的生态之中其位置依旧不明确,因为人类与非人类主体如何共存并非确定的。所以,呼唤新的人类传播图景就具有重要性和紧迫性。

首先,未来的人机关系应该呈现共生、共进化的样态。因为从人类传播的角度来看,人的本质根源于技巧、发明和工具之中。人与技术(机器)本就是共生的。

其次,新意义的赋予——人类依旧是人类传播的主体。人类对媒介(技术、机器)的发明,即表明"文化"的开始,作为文化创造的人类传播,并不是用"自然"的方式进行交流,因为人们不似鸟儿的"自然啼鸣",人们会发明工具,因此人们与世界沟通的方法,不似蜜蜂用"自然舞姿",而是一种人为的技巧,是利用"人工性"的方法。所以基于传播学视角,人与媒介的相互作用是一种人为的创造过程,通过人与作为媒介的技术的同构,人们在客观自然的基础上创造了"第二自然",也就是作为文化产物的符号化的世界,即通过新的意义的赋予使人生更加具有意义。这也就是人类传播的目的与意义所在。所以人类依旧是人类传播的主体,不过人类主体与非人类主体乃是共生、共存的关系,需要对二者的等价性再确认与肯定。

最后,超越超人类主义与后人类主义的局限。人机关系是人类传播的核心之一,是人类利用媒介与自身、与世界进行交流的关系。就目前情况而言,超人类主义的本质在于增强的肉身与高傲的人类中心主义的延长;后人类主义虽然提供了超越人类中心主义的契机,但是这种"新造的人"亦呈现对人本身的否定。概言之,人类中心主义和后人类主义都具有局限性,因为前者是否定了人的肉身,而后者是否定了"人本身"。那么新人类主义价值的建构就迫在眉睫。新人类主义价值观应该面向未来人类传播图景，指向人类心灵与肉身，使其具有等价性，同时确认其他非人类存在的合法性与合理性。而其中最重要的是，确认人类本身的意义建构主导性。换言之，等价性是说明人类存在与技术性存在在位阶上的平等，但是人类本体的创造性以及独特性却是需要保留的。因为人之为人的本质依旧在于人本身所具有的自由而自觉的自主性能力。

第三章　媒介现象：社交媒体使用与文化实践

第一节　相关概念研究

一　社会比较、主观幸福感以及共情

(一) 社交媒体使用与社会比较研究

个人对自身所拥有的稳定认知，往往是通过与他人进行能力比较，并且倾向于与自己能力和观点相似的人进行比较而获得的，因为现实中往往没有直接、客观的其他手段——这就是美国社会心理学家利昂·费斯廷格（Leon Festinger）经典社会比较理论（Classical Social Comparative Theory）① 中的"相似性假说"（Similarity Hypothesis）。如此才能获得与自身相关的稳定性认知，而且社会比较会产生认知、情感以及行为三种结果。否则，在没有客观标准，也没有相似的他人做比较时，个体对自己观点和能力的评价就是不稳定和不精确的。

---

① Festinger L., "A Theory of Social Comparison Processes", *Human Relations*, Vol. 7, No. 2, 1954.

而后，史丹利·沙赫特（Stanley Schachte）[①]扩展了社会比较的内涵，将社会比较与情绪勾连起来，认为自身情绪的状态是通过与他人进行比较而得来的。换言之，个体在将自己的处境、能力等与他人进行比较的过程中，会产生不同的情绪体验。社会比较表现为通过比较来评估和标记他人，并根据重要性与价值高低对被比较人进行分类。近年来中国社会发展进入新阶段，内部竞争加剧，于是"内卷"产生，并用来形容人与人之间竞争加剧，其表现即为通过与他人进行比较，而将自己与他人共同置于社会比较的框架之中。

社会比较行为具体而言可以分为上行比较、平行比较和下行比较，具有比较的方向性差异。[②] 并且，同一方向性的社会比较具体而言，也可以分为同化（Identification or Assimilation）和对比（Contrast）两种不同的范畴。[③] 换言之，上行比较可以分为上行同化和上行对比，并产生不同的情绪体验。其中，上行同化具有高控制感，可以产生乐观、赞美等正面的情绪；而上行对比具有低控制感，可以产生抑郁、嫉妒等负面情绪。同理，下行比较可以分为下行同化与下行对比两个不同的范畴。下行同化具有高控制感，可以产生自豪、乐观等正面情绪；而下行对比具有低控制感，可以产生害怕、焦虑等负面情绪。[④]

传播领域中早期对社会比较理论的研究也具有广泛的适用性。

[①] 史丹利·沙赫特（Stanley Schachte）是美国社会心理学家，以情绪研究和上瘾研究为主，认为人类的情绪的产生是外界环境刺激、机体生理变化以及相应的认知过程三者共同作用的结果，其中认知过程起着决定作用。1969 年沙赫特获得由美国心理学会（The American Psychological Association）颁发的杰出科学贡献奖，1983 年当选为美国国家科学院院士（Member of the National Academy of Sciences）。

[②] 邢淑芬、俞国良：《社会比较研究的现状与发展趋势》，《心理科学进展》2005 年第 1 期。

[③] Sungjoon Lee and Hyoseong Lee, "Explicating the Relationship among SNS Users' Types of Social Comparison Experience, Social Comparison Orientation and Life Satisfaction", *The Journal of the Korea Contents Association*, Vol. 16, No. 12, 2016.

[④] R. H. Smith, "Assimilative & Contrastive Emotional Reactions to Upward and Downward Social Comparisons", In J. Suls and L. Wheelers (Eds.), *Handbook of Social Comparison*, New York: Plenum, 2000, pp. 173–200.

例如，在基于电视媒介视听环境的研究中，媒介使用者（用户）与电视中的演员等媒介人物，进行上行比较而产生认知与情绪的反应。[1]近年来，随着媒介技术的迭代升级，在人类传播领域中社交网络传播逐渐成为互联网媒介使用者进行数字化生存的重要传播方式。人们使用社交网络进行社交（对话）、信息的生产与分配、自我展示从而获得相应的社会支持（Social Support），以期提升自我的肯定性情绪。

随着互联网媒介技术的升级以及移动终端的普及与扩散，在互联网"开放、分享、自由"理念的推动下，自媒体交流平台（如微信、微博等服务平台）服务成为人们生活的主流，并且人们以其灵敏的嗅觉和超强的适应能力，很快便掌握了这种新生事物的特性——共享以及对话的自由性。这种自媒体交流平台即 SNS（Social Networking Services：社交网络服务），逐渐渗透人们社会生活的每个角落，成为人们日常生活不可或缺的一部分。于是，作为"互联网原住民"[2] 的新生代，不同于从前互联网时代而来的"移民"世代，在出生之日起便生活在网络所编织的媒介化社会中，其生活也自然而然地分成两部分，即线下生活和线上生活。线下生活指的是传统的面对面的关系化社会生活；而线上生活指的是依赖互联网技术以及媒介终端所形成的

---

[1] Euna Park and Youngshin Sung, "The Effect of Consumers'Congnizance of Advertizing Model on Purchasing Intention", *Korean Psychology Journal Consumer Advertisement*, Vol. 2, No. 1, 2001, pp. 87 – 116.

[2] Z 世代作为网络流行语，特指"新时代"人群。该称谓最早出现于文章《最新人群——"Z 世代"的生存状态》（参见《中国青年研究》1999 年第 3 期），文章将 1963—1973 年出生的人称为"X 世代"；将 1974—1979 年出生的人称为"Y 世代"；将 1980—1984 年出生的人称为"Z 世代"。"Z 世代"指的是最早的一批"80 后"青年，特指"最新人群"，他们具有以下特征：全新的两性婚姻观；颠覆传统规范；十足的喜新厌旧；生活无规则；"流行！流行！"；"寻求认同"。而这一系列的变化其原因之一便是媒介技术的迅速发展所带来的媒体资讯的几何级增长。之后新"Z 世代"是指 1995—2009 年出生的一代人，这一代人一出生就与网络信息时代"无缝拼接"，并受到数字信息技术（即时通信终端，如智能手机等）的广泛影响，因而又被称为"网生代""二次元世代""数媒土著"等。基于此，本书将其称为"互联网原住民"，与之对应的是，从前互联网时代"移民"至互联网时代的既生人群——"互联网移民"。

媒介化生活，即虚拟化的网络生活。两种不同的生活将人们的生活空间分割成两种截然不同的空间，人们能以自身为媒，自由切换于网络空间和现实空间。由于互联网空间可以提供不亚于现实空间的时空体验，甚至可以提供比现实体验更为真实的体验，所以借用让·鲍德里亚（Jean Baudrillard，又译尚·布什亚）的"超现实"（Super – Reality）① 概念，这里可以称之为超现实体验。

这种超现实的体验源自社交媒体本身所具有的媒介化属性，换言之，社交化媒体既是信息生产与传达的工具，同时亦通过媒介赋权，使媒介使用者个体能够在平台上进行自我呈现，即通过社会比较而在认知与情感上产生相应的体验。具体而言，与互联网发展早期的以匿名制为基础的初级虚拟网络时代不同，社交媒体时代是基于实名制而形成的深度虚拟网络时代，媒介使用者能够在赛博空间（Cyberspace）中通过"印象整饬"实现"日常生活中的自我呈现"②。这就是欧文·戈夫曼（Erving Goffman）的"印象整饬"③ 理论，他认为每个个体的行为都会给他人留有印象，因此每个人都在有意识或无意识地运用某种技巧（媒介）从而控制自己给他人留下的印象。由此，印象整饬便与社会比较产生了接合，并且印象整饬既是社会比较的结果，同时也是社会比较的前提。

以"自拍"为例，"自拍"是个体在网络空间进行自我呈现的重要手段之一。④ 一方面体现了内向指向的"爱美之心人皆有之"；另

---

① ［法］尚·布什亚：《拟仿物与拟像》，洪浚译，台北时报文化出版企业股份有限公司1998年版。

② 欧文·戈夫曼是加拿大社会学家，美国社会学会（American Sociological Association）第73任主席，该学会现任主席为 Cecilia Menjivar（2021年，第113届主席）。戈夫曼对社会学理论的最大贡献则是其著作《日常生活中的自我呈现》（1959年），用戏剧透视法研究符号互动论。参见［美］欧文·戈夫曼《日常生活中的自我呈现》，北京大学出版社2016年版。

③ 参见彭兰《网络传播学概论》（第四版），中国人民大学出版社2017年版，第63页。

④ 冉华、刘玛钒：《理想建构抑或算法规训——年轻女性习惯性自拍编辑行为的质性考察》，《湖南大学学报》（社会科学版）2021年第6期。

一方面又体现了外向指向的人的"自我展示欲"① 催生社会比较行为，并使社会比较行为进一步发展。久而久之，通过"自拍"所呈现的"印象整饬"，在社会比较的作用下，不仅会强化个体的社交自信，往往也伴生着形象焦虑的问题，于是"媒介依赖"由此产生。并且，从媒介对个体的影响角度而言，社会比较的上行对比行为可能会产生形象焦虑、心理落差等消极的身体认知，由此产生的消极情绪可能导致不健康的身体实践；并且媒介不但会对个体产生影响，对社会亦会产生影响，从社会层面来看，以"自拍"为代表的"印象整饬"技巧的使用，表面上建构了具有独特性的"自我"，但是作为"流行"性的物化追求，往往会导致审美同质化等不良后果。

(二) 社会媒体使用与主观幸福感研究

主观幸福感的研究起源于 20 世纪 50 年代的美国，而中国相关研究的兴起主要是在 20 世纪 80 年代中后期。② 社会科学对主观幸福的关注往往偏向于心理学视角、社会学视角、伦理学视角、哲学视角，而传播学角度的直接研究较少。总结主观幸福感的研究，归纳出以下一般性特征。首先，主观幸福感是个人的主观情感（满意度），是个人对其生活质量的主观评价；其次，构成主观幸福感的个体差异主要取决于人们期待的生活状态与自身实际现实的生活状态之间的一致性程度差异；最后，影响主观幸福感的因素还包含社会支持（Social

---

① 这里可以对应心理学上的一组对立的概念——"窥视欲"和"自恋"。"窥视欲"指的是"观看的快感"，即将他人变成自己的控制性凝视（Controlling Gaze）所宰制的对象，换言之，在心理学上窥视欲是性欲所驱动的，并将"性欲客体化"（Sexual Objectification）。与"窥视欲"对应的是"自恋"（Narcissism），即与雅克·拉康（Jacques Lacan）"镜像理论"（Mirror Stage）中儿童通过"镜像"建立自我认同的机制具有高度相似性。通过想象性来建构"自我"，并产生认同与误认。参见［英］约翰·斯道雷《文化理论与大众文化导论》（第七版），常江译，北京大学出版社 2019 年版，第 131 页。而自拍则是通过美化"自我形象"，再辅之以想象，实现"自恋"的"自我呈现"，最终借助他人的认同来建构"自我"认同。但是这并非性欲的客体化，而是一种"自我"的客体化，将"自我"的认同建构在他人的评价之上。

② 吉楠、刘幼穗：《〈大学生主观幸福感量表〉的编制》，《心理与行为研究》2006 年第 1 期。

Support)、过去个人成就、个人的价值观等。[1]

从心理健康的角度切入主观幸福感研究,可以将社会比较研究与主观幸福感研究相结合;例如认为上行比较会降低主观幸福感,而下行比较会增加主观幸福感。[2] 从传播学角度切入,则将媒介使用与社会比较视角相结合,例如认为电视媒介的使用会使个体对自己生活的质量产生负面评价。[3] 换言之,过于依赖电视媒介者,通过上行对比,即与电视媒介内容所呈现的富有人群的高消费场景对比,容易产生对自身实际生活的负面认知与情绪,由此产生失落感。同样,在社交媒介时代,对社交媒体的研究中也发现,与积极的媒介使用者(主动生成文本内容的媒介使用者)相比,消极的媒介使用者(被动地接收文本信息的媒介使用者)往往生成上行对比行为,从而产生羡慕、嫉妒感,并降低对自身实际生活的满足感,由此产生负面情绪与认知。[4]

但是,社交媒体使用并非一定产生上行对比行为,换言之,负面情绪与认知的产生并非必然的。例如对大学生群体的社会比较行为进行研究发现,虽然有的大学生也对现状不满,但是他们对未来生活却是充满希望的。[5] 因为对大学生群体来说,未来充满不确定性,所以他们对自身的主观幸福感持有乐观态度。[6]

---

[1] Ha Kyoungpoon, et al., "Relationship of Participation Satisfaction, Living Satisfaction and Life Satisfaction among Elderly Participants in the Job Creation Project for the Elderly", *The Journal of the Korea Contents Association*, Vol. 14, No. 10, 2014.

[2] Wood J. V., "Theory and Research Concerning Social Comparisons of Personal Attributes", *Psychological Bulletin*, Vol. 106, No. 2, 1989.

[3] Yang H. and Oliver M. B., "Exploring the Effects of Television Viewing on Perceived Life Quality: A Combined Perspective of Material Value and Upward Social Comparison", *Mass Communication and Society*, Vol. 13, No. 2, 2010.

[4] Yang Hyeseung, et al., "Does Facebook Make Us Happy?: Examining the Relationship among College Students' Facebook Use, Upward Social Comparison and Life Satisfaction", *Korean Journal of Journalism and Communication Stuaies*, Volume. 58, No. 6, 2014.

[5] SuhKyung Hyun and LeeKyoung Soon, "Relationships between Life Stresses and Social Comparison and Subjective Well-being of College Students", *The Korean Journal of Health Psychology*, Vol. 15, No. 2, 2010.

[6] Eckersley R. M., et al., "Life in a time of Uncertainty: Optimizing the Health and Well-being of Young Australians", *Medical Journal of Australia*, Vol. 183, No. 8, 2005.

通过对大学生媒介使用与主观幸福感的研究亦发现，媒介使用主要通过三种途径影响人的主观幸福感。[1] 具体而言，首先，从使用与满足[2]的角度，发现媒介内容的主动使用与满足影响人的主观幸福感；其次，通过社会比较以及后续行为，将媒介作为中介变量，使媒介使用者建构更为广阔的主观现实（Subjective-reality），进而将社会比较与主观幸福相结合；最后，从宏观角度来看，大众传媒通过"地方认同""国家认同"等象征性隐喻进行社会统合，引导人们的认同认知与情感，从而潜移默化地影响主观幸福感。

媒介的使用与满足是根据个体心理特征以及个体需求差异而产生相应效果的。从社交媒体使用动机来看，大体可以分为社交动机、自我展示动机、信息获取动机以及娱乐消遣动机。[3] 而不同的媒介使用动机，则会产生不同的媒介效果。例如媒介使用者利用社交媒体进行自我呈现则往往会增加其主观幸福感，而使用媒介进行社会观察，则会减弱其主观幸福感。[4]

所以，社交媒体的使用可以产生积极关系，即社交媒体使用对生活满意度有积极的影响。[5] 这是因为社交媒体提供了更加广阔的交流、对话机会，通过社会支持的获取而得到积极的反馈，会提升媒介使用

---

[1] 郑恩、龚瑶：《新媒体使用对主观幸福感的影响——基于深度访谈的质化研究》，《西南交通大学学报》（社会科学版）2012年第1期。

[2] 芝加哥学派曾提出过一系列后来成为传播理论重要组成部分的假说。比如帕克就曾提出并详细论述过"把关人理论"；而赫伯特·布鲁默（Herbert Blumer）作为美国社会学家，芝加哥学派代表人物，除了最早界定了"大众"这一概念之外，还为效果理论的发展做出重要的贡献，在其撰写的《电影与行为》等书中，他先后提到了"使用—满足理论""有限效果论""社会学习理论""第三人效果理论"等多种理论假设。参见胡翼青《传播学四大奠基人神话的背后》，《国际新闻界》2007年第4期。

[3] Wang Xue and Park Sonhee, "The Influence of SNS Use Experience on SNS Avoidance", *The Journal of Humanities and Social Sciences*, Vol. 15, No. 3, 2014. 转引自王雪、周海宁《社交媒体使用方式对主观幸福感的影响》，《青年记者》2019年第23期。

[4] 韦路、陈稳：《城市新移民社交媒体使用与主观幸福感研究》，《国际新闻界》2015年第1期。

[5] P. M. Valkenburf, et al., "Friend Networking Sites and Their Relationships to Adolescents' Well-being and Social Self-esteem", *Cyber Psychology & Behavior*, Vol. 9, No. 5, 2006.

者的自尊、自信，最终增加生活满意度体验。① 相反，社交媒体的使用也可能降低生活满意度或增加负面的情感体验。如，媒介使用带来了媒介的过度使用或者媒介依赖，从而造成孤独的情感，产生技术将人类疏离的情感体验。②

除了媒介使用动机的不同，还可以从媒介使用程度入手，考察媒介使用程度与主观幸福感的关系。社交媒体的使用程度可以包含量性因素的媒介使用时间和质性因素的媒介依赖程度③，而其中影响个体主观幸福感的，更偏向于质性因素。④

(三) 共情与主观幸福感

共情（Empathy）于1909年在"关于思维过程的实验心理学讲稿"中首次被提及，之后才出现在心理学词典中。⑤ 在早期的哲学和现象学的研究中，共情被分为三种。⑥ 第一种认为共情是一种认知和情感状态。认为共情是从认知上设身处地理解他人的想法与情感状态，并据此编制了共情量表（Hogan Empathy Scale），以此来测量共情状态下个体的认知状况⑦；认为共情是从他人立场出发，认知并体验他人的情绪状态。⑧ 第二种认为共情是一种情绪性情感反应。认为

---

① Lee Sungjoon and Lee Hyoseong, "Explicating the Relationship among SNS Users'Types of Social Comparison Experience, Social Comparison Orientation and Life Satisfaction", *The Journal of the Korea Contents Association*, Vol. 16, No. 12, 2016.

② Kim Bong Seob and Park Si Hyun, "A Study on the Factors Influencing Facebook User's Loneliness", *Korean Journal of Communication Studies*, Vol. 11, No. 1, 2014.

③ 袁丰雪、周海宁：《社交媒体内容负面评价的成因探析》，《青年记者》2020年第29期。

④ Lee Kyung Tag, et al., "A Study on the Relations Among SNS Users'Loneliness, Self-discloser, Social Support and Life Satisfaction", *The Journal of Internet Electronic Commerce Research*, Vol. 13, No. 2, 2013.

⑤ Wispé L., "History of the Concept of Empathy", In Eisenberg, N. and Strayer, J. (Eds.). *Empathy and its Development*. New York: Cambridge University Press, 1987.

⑥ 郑日昌、李占宏：《共情研究的历史与现状》，《中国心理卫生杂志》2006年第4期。

⑦ Hogan D., "Development of an Empathy Scale" *Consulting and Clinical Psychology*, Vol. 33, 1969.

⑧ Hoffman M. L., *Empathy and Moral Development*, Cambridge: Cambridge University Press, 2002.

共情是理解他人的情感状态,并能产生相类似的情感反应。[1] 第三种认为共情是一种能力。认为共情包含认知能力和情感能力。认知能力是辨别他人情感状态并采择他人观点的能力;情感能力是个体的情感反应能力。[2] 或者认为共情是准确地推断他人特定的想法和感受的能力。[3]

随着研究的深入,共情研究深入其内部结构,从其构成来探讨共情的定义。如国外普遍使用的共情量表（Interpersonal Relation Inventory）[4],将共情划分为观点采择、想象、个体忧伤以及共情关注。而国内关于认知共情和情绪共情的研究则验证了共情划分的合理性。如共情研究将共情分为情绪共情和认知共情两种不同的发展轨迹和机制。情绪共情是一种与生俱来的能力,从婴儿期直到成年期呈现下降趋势,到老年阶段有所上升,呈现 U 形发展轨迹;认知共情发展较晚,从出生直到成年期呈现上升趋势,在老年阶段逐渐下降,呈现倒 U 形的发展轨迹。[5]

认知共情主要是以观点采择（Perspective-taking）为首要引发条件,并强调想象（Imagination）他人观点的认知过程。[6] 观点采择是指个体从他人或他人所处情境出发,想象或推测他人观点与态度的心理过程。观点采择能够积极或者消极地影响群际关系,因为通过想象,可以分为自己视角和他人视角,以两种不同的视

---

[1] Eisenberg N., and Strayer J., "Critical Issues in the Study of Empathy", In Eisenberg, N. and Strayer, J. (Eds.), *Empathy and its Development*, New York: Cambridge University Press, 1987, pp. 3–13.

[2] Feshback N. D., "Parental Empathy and Child Adjustment/Maladjustment", In Eisenberg, N. and Strayer, J. *Empathy and its Development*. New York: Cambridge University Press, 1987, pp. 271–290.

[3] Ickes W., "Empathy Accuracy", *Journal of Personality*, Vol. 61, 1993.

[4] Davis M. L., *Empathy: A Social Psychological Approach*, Boulder: Westview Press, 1996, pp. 1–21.

[5] 黄翯青、苏彦捷:《共情的毕生发展:一个双过程的视角》,《心理发展与教育》2012 年第 4 期。

[6] 赵显等:《观点采择:概念、操纵及其对群际关系的影响》,《心理科学进展》2012 年第 12 期。

角来觉察他人的处境。① 其中他人视角是以人观我（想象他人如何观察自己处境），而自己视角则是以己观人（自己如何去想象他人处境）。

情感共情区分为共情关注（Empathic-concern）和个体忧伤（Personal-distress）。共情关注和个体忧伤是两种不同性质的情感，但都是对同一对象所产生的情感。② 共情关注是以他人为导向，反映的是个体对他人正性情绪感同身受的程度，从而促进利他行为；而个体忧伤却是以自己为导向，反映的是个体对他人负性情绪感同身受的程度。

情绪调节的中介作用，则将共情与主观幸福接合在一起。③ 通过研究情绪调节的中介作用可以发现，共情关注与主观幸福感正相关，而个体忧伤则与主观幸福感负相关。同时亦验证了从结构上区分共情的有效性。正性情绪增强型调节在共情关注与主观幸福感间完全起中介作用。换言之，共情关注完全通过提高个体的正性情绪增强调节来提高个体的主观幸福感。负性情绪调节，无论是增强还是减弱都与主观幸福感无关。所以，共情整体上是通过对正性情绪的增强调节来提高主观幸福感。高共情的个体对自己生活的满意度更高，有更多积极的正性情绪体验，更少的负性情绪，所以患抑郁症的概率也更低。④

基于认知共情和情感共情的区分，又可以将共情区分为消极共情（Negative Empathy）和积极共情（Positive Empathy），前者是个体面对他人痛苦不幸（消极情绪状态等）时的认知及情感分享能力，后者是

---

① Batson C. D., et al., "Perspective Taking: Imagining How Another Feels Versus Imagining How You Would Feel", *Personality and Social Psychology Bulletin*, Vol. 23, No. 7, 1997.

② Davis M. H., "Measuring Individual Differences in Empathy: Evidence for a Multidimensional Approach" *Journal of Personality and Social Psychology*, Vol. 44, 1983.

③ 谭恩达等：《共情与主观幸福感：情绪调节的中介作用》，《中国临床心理学杂志》2011年第5期。

④ Grühn D, et al., "Empathy Across Theadult Lifespan: Longitudinal and Experience-sampling Findings", *Emotion*, Vol. 8, No. 6, 2008.

个体面对他人快乐、幸福（积极情绪状态等）时的认知及情感分享能力。[1] 其中的消极共情成为共情研究的主流，因为消极共情是共情主体将自我投射入他人所处情境，想象或评价共情客体的消极心理状态时产生的。

无论是早期的共情定义，还是共情研究发展到一定阶段对共情结构的细分与解读，共情都不单纯地表现在认识、情感上，而且可以作用于行为上。因此本书采纳的共情定义为"共情是个体在面对一个或者多个情绪情境时，首先从情感上与其他个体产生情绪情感共享，进而从认知上区别自我与其他个体的前提下，对其进行认知评价，并产生相应行为的情绪情感反应，最重要的是主体将这种情绪情感和行为指向对象客体"[2]。

如此，当共情这种情绪情感不仅仅是一种心理过程，而且外显为一种行为而指向对象客体之时，共情便与社会比较，与主观幸福感产生了接合。在媒介使用与社会比较的关系研究中，社会比较通过同化与对比两个不同的范畴，引起媒介使用者的肯定情绪或者否定情绪，从而影响人的社会行为，最终对人的主观幸福感产生影响。

二 制约主观幸福感提升的因素分析

在社交媒体传播中，媒介使用者是为了通过社会交流、对话来展示自我从而主动建构属于自己的社会关系网络，然后在自己建构的社会关系网之中，通过实现某种"平衡"而达到获得肯定性情绪的目的，并提升个人主观性的幸福感。但是在实际的传播中，主观幸福感的提升却存在诸多制约性因素。这些制约因素扰乱"平衡"，破坏人们主观幸福感的确立。

---

[1] 岳童、黄希庭：《认知神经研究中的积极共情》，《心理科学进展》2016年第3期。
[2] 刘聪慧、王永梅、俞国良等：《共情的相关理论评述及动态模型探新》，《心理科学进展》2009年第5期。

（一）数字化威胁（Digital Risk）制约主观幸福感的提升

人们都有将思想、感觉、经验等个人性信息展示给他人的需求。[①] 其目的是通过自我展示，使他人能够了解自己从而获得他人的肯定，即得到所谓的社会性支持，从而缓解自身压力，获得心理上的安定，最终达到提升自我主观幸福感的目的。但是过度的自我展示，却隐含过度曝光个人隐私的隐患。特别是在互联网隐私保护机制还不健全的环境下，"个人信息遗忘权利"机制，即个人有权利将自己的言论从网络后台彻底清除的权利机制尚未确立。所以在社交媒体展示自己而提供个人信息，本意是通过"自我展示"而获得相应的肯定性情绪，但是过度的信息暴露却埋下产生否定性情绪的隐患。

随着媒介化社会的深化，人们所做的一切慢慢地都无法离开媒介而独立存在。但是数字化生存需要媒介使用者明确数字化媒介的两面性。一是数字化机遇能够让我们同时进行线上和线下的双重生活，并且积极地进行线上的数字化虚拟生存是适应媒介技术发展的必要。并且，合理地进行数字化生存能够提升受众个体的主观幸福感。因为，依赖媒介进行社交，特别是通过社交媒体进行自我展示，获得肯定性的社会支持，是个人利用社交媒体进行娱乐化传播，提升自我主观幸福感的重要手段之一。这是互联网媒介的发展所带来的数字化机遇。二是数字化媒介会带给我们数字化威胁。即互联网媒介还处于发展阶段，其发展的机制并没有被完善，特别是有关个人隐私保护的机制。例如，互联网媒介的使用者没有"遗忘的权利"[②]。换言之，互联网的使用者可以利用社交媒介进行信息的生产与分配，进行"转发、评论、点赞"等对话式行为。但是当互

[①] Archer J. L., "Self-disclosure", In Wegner, D. and Vallacher, R. (Eds.), *The Self in Social Psychology*. London, Oxford University Press, 1980, pp. 183-204.

[②] 周海宁：《弗鲁塞尔的"媒介符号理论"对传播危机的反思》，《科技传播》2018年第14期。

联网的用户想要彻底删除个人在互联网上留下的"痕迹"时，互联网使用者所能删除的仅仅是表面的"痕迹"，后台删除的机制并不能为广大一般受众所拥有。因此，目前互联网媒介时代的互联网使用者并不具备"遗忘权"。

特别是，互联网传播偏重于感性传播。在信息主体呈现多元化分布的时候，人人都可以在"开放、分享、自由"的社交媒体平台上进行信息生产与传播，信息的泛滥成为常态。于是，不负责任的信息流行便也成为一种司空见惯的存在。然而，这种不负责任信息的流行，不但会对他人造成伤害，影响他人通过社交媒体传播来提升自己的主观幸福感，同时也可能伤害自己，影响自身主观幸福感的提升。其结果是"转发、评论、点赞"成为一种普遍的没有特殊约束的行为，"流言蜚语""恶性评论"也会相伴而生。比如，由于不负责言论而招致"人肉搜索"[①]便是互联网"双刃剑"的体现，其造成的伤害已经呈现于世人面前。所以，明确互联网媒介发展所具有的机遇与危机并存的特性，合理、健康地进行社交媒体传播，增强媒介使用伦理能力，那么即使在没有"遗忘权"的情况下，也可以尽可能地兼顾自己以及他人的权益。

（二）虚拟化生存的过度偏向，威胁主观幸福感的"平衡"

卡内基梅隆大学（Carnegie Mellon University，CMU）[②]曾对1200名脸书（Facebook）用户的使用行为进行研究，主要分析社交媒体上

[①] 人肉搜索区别于纯机器搜索（如百度引擎搜索），主要是通过汇集网民力量去搜索信息和资源并进行网络化呈现的一种方式，是一种包括但不限于使用机器搜索的多样化信息搜集的方式。例如，在特殊情境下对某个人的信息进行检索，可以通过"论坛"等渠道发起"人肉搜索"，在网友的助力下，关于某人的信息会在短时间内大量汇集，因此也往往会涉及个人隐私、法律与道德问题。2019年12月，中国国家互联网信息办公室发布《网络信息内容生态治理规定》。根据规定，网络信息内容服务使用者和生产者、平台不得开展网络暴力、人肉搜索、深度伪造、流量造假、操纵账号等违法活动。换言之，禁止未经他人同意就泄露其个人信息或联系方式的行为。

[②] 卡内基梅隆大学坐落于美国宾夕法尼亚州的匹兹堡，是一所拥有14800名在校学生和1483名教职及科研人员的大学，是美国25所新常春藤盟校之一。

的社会互动行为及社交媒体使用与主观幸福感、连接感的关系。① 据此，将社交媒体上的交流方式分为三类。第一，形式化的一般的赞同或是祝福式的"点赞式交流"(One - Click Communication)；第二，"蜻蜓点水"般地浏览朋友（圈）最新动态或"点到为止"，即泛泛浏览接收信息的"广播式交流"(Broadcast Communication)；第三，积极参与并反馈的"创作式交流"(Composed Communication)。另外，基于社交网络上的关系可以分为以线下实在的人际关系为基础的"强关系"联结和线上的基于媒介的虚拟性的"弱关系"联结两类。研究发现，根据交流方式和社交关系的两个维度，"强关系"的交流会提升用户的主观幸福感，"弱关系"的交流则对主观幸福感没有产生多大影响。进言之，主观幸福感与互动的强度有关，在社交媒体上当我们收到详细的正面评论则主观幸福感会提升；当仅仅收获"点赞"等礼貌性、问候性互动，主观幸福感与联结感则相对没有多大变化。

由此可见，数字化生存应该平衡虚拟化的媒介生活与线下现实的面对面生活。媒介技术的发展，一方面扩张了人类交流的空间，使线上交流空间与线下交流空间并存。但是过度的线上联系导致了线下联系的弱化，最终呈现"技术使人类疏远了"的结果，容易导致文化危机。并且线上虚拟空间的交流具有超时空特性，使人能够时刻处于联系的关系网之中，不但降低了联系的成本，而且提升了关系确立的机会。即虚拟空间的关系确立以及维护与现实空间相比更加容易，反之亦然。但是从另一方面来看，虚拟空间关系成本的低廉让人们明白，与线下的关系相比，线上的关系反而更加简单，不用像维护线下关系那样去付出，所以人们更愿意沉溺于线上虚拟空间的关系。

对于当下的青年使用者来说，作为互联网的原住民，其与虚拟空间的契合度超乎我们的想象。在网络上与朋友确立关系的频率（数量）和强度（联系频率）往往会高于现实中确立朋友的频率和强度。

---

① Burke M. and Kraut R., "The Relationship Between Facebook Use and Well - Being Depends on Communication Type and Tie Strength", *Journal of Computer - Mediated Communication*, Vol. 21, 2016.

网络生活确实已经成为人们不可或缺的一部分，所以如何正视这种"虚拟化的数字化生存"是问题的关键。虽然人们通过社交媒体与朋友进行联系、对话并且与新的朋友在虚拟空间之中见面，社交媒体使用者能够体验更多的纽带关系，能够获得更多的幸福感[1]；但是一旦沉溺于这种虚拟空间的关系所带来的幸福感，例如，大学生沉迷于虚拟游戏所建立起来的关系，而不能平衡其他重要的人际关系，甚至耽误学业，最终的结果便是通过社交媒体所获得的短暂的幸福感因为其他环节的影响而变得极其脆弱，甚至崩溃。并且以线上的关系替代线下的关系，或者说线上的关系维系剥夺了线下正常社会关系的建构，让虚拟的媒介性朋友关系替代线下的面对面的朋友关系，那么，长此以往不均衡的关系建构最终会制约主观幸福感的维系。

在互联网媒介时代，社交媒体传播成为人们进行数字化生存的重要手段。通过虚拟化的社交，进行信息的生产与分配；通过自我展示，获得更加广泛的社会性支持，扩张自己的社会网络，从而达到提升自身主观幸福感的目的，是互联网时代多元信息主体（特别是社交媒体使用者）使用社交媒介的重要目的。然而社交媒体的使用与主观幸福感的提升并不是一组正相关的存在，个人如何使用社交媒体制约着人们主观幸福感的提升。我们应该合理地、健康地使用社交媒体，认清互联网媒介的双重属性——数字机遇与数字威胁的统一体，认识到数字化生存应该平衡线下生活与媒介化的虚拟生活。

第二节 公共舆论与反向评价

《后浪》讲稿全文[2]：

---

[1] Schiffrin H., et al., "The Associations Among Computer-mediated Communication, Relationships, and Well-being", *Cyberpsychology, Behavior, and Social Networking*, Vol. 13, No. 3, 2010.

[2] 转引自哔哩哔哩《后浪》讲稿全文，https://www.bilibili.com/read/cv5901409/?ivk_sa=1024320u，2020年5月4日。

那些口口声声,一代不如一代的人,应该看着你们,像我一样。

我看着你们,满怀羡慕。人类积攒了几千年的财富,所有的知识、见识、智慧和艺术,像是专门为你们准备的礼物。科技繁荣、文化繁茂、城市繁华,现代文明的成果被层层打开,可以尽情地享用。自由学习一门语言,学习一门手艺,欣赏一部电影,去遥远的地方旅行。

很多人,从小你们就在自由探索自己的兴趣,很多人在童年就进入了"不惑之年",不惑于自己喜欢什么、不喜欢什么。人与人之间的壁垒被打破,你们只凭相同的爱好就能结交千万个值得干杯的朋友。你们拥有了我们曾经梦寐以求的权利——选择的权利,你所热爱的就是你的生活。

你们有幸遇见这样的时代,但是时代更有幸遇见这样的你们。我看着你们,满怀敬意。向你们的专业态度致敬,你们正在把传统的变成现代的,把经典的变成流行的,把学术的变成大众的,把民族的变成世界的。你们把自己的热爱变成了一个和成千上万的人分享快乐的事业。

向你们的自信致敬,弱小的人,才习惯嘲讽与否定。内心强大的人,从不吝啬赞美与鼓励。向你们的大气致敬,小人同而不和,君子美美与共,和而不同。更年轻的身体,容得下更多元的文化、审美和价值观。

有一天我终于发现,不只是我们在教你们如何生活,你们也在启发我们怎样去更好地生活。

那些抱怨一代不如一代的人,应该看看你们,就像我一样。

我看着你们,满怀感激。因为你们,这个世界会更喜欢中国,因为一个国家最好看的风景,就是这个国家的年轻人;因为你们,这世上的小说、音乐、电影所表现的青春就不再是忧伤、迷茫,而是善良、勇敢、无私、无所畏惧,是心里有火,眼里有光。

不用活成我们想象中的样子。我们这一代人的想象力不足以想象你们的未来。如果你们依然需要我们的祝福，那么，奔涌吧，后浪！我们在同一条奔涌的河流。

大学生群体作为新生代，是"互联网的原住民"，其认知、态度甚至是社会行为都会受到社会比较的影响，《后浪》宣言片所引发的互联网大讨论就是具体的案例之一，本节将对此网络事件进行分析。

视频《后浪》是商业化媒体哔哩哔哩社交平台（以下简称"B站"），于2020年"五四"青年节前夜，联合6家主流媒体——《光明日报》《中国青年报》《环球时报》《新京报》以及澎湃新闻和观察者网——联合发布的以"表达自我，拥抱世界"为主题的青年宣言片。[①] 该宣言片由国家一级演员何冰作为演讲嘉宾，编辑成两种版本，即央视演讲版（以口语符号的单一媒介视角表达为主）和B站融合版（以B站Up主的青春影像混剪方式呈现多媒介融合式的表达），并以此呈现给新时代的青年（包含B站的1.3亿多青年用户），对"新青年"表达赞赏，寄寓美好祝福。从商业平台的角度来看，以"平台宣传、流量扩充"为目的的公关活动，取得了十分优异的成果——2020年5月3日17时统计结果显示，该视频点击量为B站日排行第一名，截至6月1日统计结果来看，B站原视频25万播放量，103万转发量。[②]

从商业平台的视角来看，这一公关活动博取了关注，扩大了平台的影响范围，取得了一定的成功，但是，这一"新青年的宣言片"一经推广便引发大量评价，形成舆论狂潮，其中正向评价者往往汲取其正能量感慨虽"身在沟渠"，但仍渴望"仰望明月"；反向评价者则一边强调多元共存，一边强调现实与媒介内容呈现的差异性，甚至形

[①] 竹里：《B站青年宣言片〈后浪〉央视首发，和年轻人一起表达自我、拥抱世界》，《新民周刊》，http://www.xinminweekly.com.cn/wenhua/2020/05/04/14111.html，2020年5月4日。

[②] 《bilibili献给新一代的演讲〈后浪〉》，哔哩哔哩，https://www.bilibili.com/video/BV1FV411d7u7?from=search&seid=12946626131525728781，2020年5月3日。

成了反向的合意：虽然《后浪》所传达的话语不失鼓舞人心与铿锵有力，其画面构成与专业级水准亦是不遑多让，但是其代表反映的却并非大多数青年的生活，而是普通青年望尘莫及的少数"精英青年"的生活，所以这一部分青年批判之、审视之，并大声疾呼——呼吁重视思想的共鸣，反对物欲横流的高扬。由此可见，在互联网媒介上以该短视频内容为核心，形成了一种广泛的参与式探讨，在以互联网媒介为核心所形成的公共领域之中，一种反思式、对话式的气氛弥散开来。

从传播学的角度来看，社交媒体（SNS）是基于互联网媒介的参与、分享以及开放的属性而形成的一种新媒介形态，它支持媒介的使用者以信息的生产者以及消费者（产消者，Prosumer）的身份，以对话的形式消解中心话语，改变传统媒体单向的以话语生成为手段，以舆论生成为目的的自上而下的信息传播方式。① 社交媒体传播基于互联网媒介技术，通过"对话"呈现了传播过程之中的"说服与认同"——对话是一种工具，是克服现代性危机，重构认同与共同体的有效手段。② 因此，从媒介使用以及社会交往的层面来看，社交媒体的使用者在使用媒介的过程中往往通过对媒介内容进行评价，从而展开主体间的对话，但是对话的目的并不是彻底消除差异或者说服接受，而是求同存异，即在多元意见并存的基础上寻求认同或是寻求将不同的意义进行统一的可能性。③从以对话为手段的说服与认同层面来看，B站的新青年宣言视频的传播效果值得重新审视，因为从意义建构的统一性（认同）的过程来看，B站的视频内容引发了部分新青年"大团结式"的反击，从斯图亚特·霍尔（Stuart Hall）的阅读偏向理论来理解，这是对媒介内容编码（Encode）的协商、反抗式解

---

① 周海宁：《论互联网时代受众的数字化生存能力》，《出版发行研究》2018年第12期。
② 胡百精：《说服与认同》，中国传媒大学出版社2014年版，第270—271页。
③ 黄河、翁之颢：《移动互联网背景下政府形象建构的环境、路径及体系》，《国际新闻界》2016年第8期。

码（Decode）过程，即强调对受众文本解读的多样性、主体性能力的肯定。

传播的真正目的在于创造或者赋予意义，使人能够摆脱由向死而生的宿命带来的孤独感，并且现代文化消费主义理论亦认为创造意义是文化消费的基本功能，并且能够制造、维系社会关系。[1]但是，意义的创造过程是一种对话协商过程，而并非简单的"议程设置"过程。或许大众传媒时代媒介决定你想什么比让你怎么想更为容易（The media do not necessarily tell us what to think, but rather what to think about）[2]，传者与受者在达成"合意"上也相对容易，但是在社交媒体时代，在媒体组织与受众个体的属性与功能皆发生变化的情况下，媒介内容的设定在决定受众想什么和怎么想上都可以说并非如传统大众传媒时代一样容易。

本章以《后浪》这一现象级媒介事件为中心，首先，从情感传播、共情分析的角度对其情感化偏向进行分析；其次，以解释现象学为分析工具，考察并分析《后浪》视频的媒介本体、媒介内容、媒介受众等之间建构的关系所蕴含的意义，并对其媒介内容反向评价的意义进行阐释。

一 从共情视角解读舆论的情感化偏向

（一）公众舆论与共情解读

1. 互联网时代的公众舆论呈现

哈贝马斯指出了公众舆论"集正确性和公正性于一体"，是在遵循普遍性原则的公开讨论的原则基础之上，形成具有合理性的结

---

[1] 刘昶、张富鼎：《中国广播电视记者现状研究——基于社会学的某种观照》，《现代传播》2016年第3期。

[2] Richard J, Harry, *A Cognitive Psychology of Mass Communication*, London: Lawrence Erlbaum Associates Publishers, 2004 (Fourth Edition), p.35.

论,然后经过更有说服力的论证形成的,并具有"道德色彩极浓的合理性"①。哈贝马斯的舆论观体现了西方舆论理论的共识,即舆论作为一种政治功能性概念,是通过作为私人的个体对公共事务进行关注并讨论的结果,是一种在社会公共秩序基础上的公开的共同性的反思结果,是一种私人领域与公共领域博弈的结果,体现了公民主动参与社会治理的意志。因此哈贝马斯的舆论观天然地带有"统治者与被统治者之间的二元张力属性以及批判属性"②。

从舆论的词源(Public Opinion)上看,其含义包括"公众与意见",即体现了舆论的主体为公众,而由哈贝马斯的舆论观来看,其公众的意见是在社会公共性基础上所进行的公开性的共同的反思结果,其特征为理性、合理性以及正义性。所以哈贝马斯所谓的理想公众是理性、合理性以及正义性的化身。

但是,互联网时代,互联网媒介的使用者通过技术性媒介的赋权,能够广泛地参与以互联网媒介为中心的"全景式的公共领域"③。而从其所呈现的结果来看,在以互联网媒介为中心的舆论场域并没有出现如哈贝马斯所盼望的理性、合理的以及正义的公共舆论场域,而是呈现一种"后真相"④特性、"群体极化性"⑤"情感化、

---

① [德]哈贝马斯:《公共领域的结构转型》,曹卫东等译,学林出版社1999年版,第58页。
② 邹军:《中国网络舆情综合治理体系的建构与运作》,《南京师大学报》(社会科学版)2020年第2期。
③ 康之、向玉琼:《网络空间中的政策问题建构》,《中国社会科学》2015年第2期。
④ 后真相(Post-truth):《纽约时报》《牛津词典》等将"后真相"理解为"诉诸情感及个人信念较陈述客观事实更能影响舆论的情况",参见吴飞、龙强《新闻专业主义是媒体精英建构的乌托邦》,《新闻与传播研究》2017年第9期;朱鸿军、季诚浩、蒲晓等《后真相:民粹主义的一种社交媒体景观》,《江苏大学学报》(社会科学版)2019年第3期。
⑤ 群体极化(Group Polorization),发端于20世纪60年代的群体极化理论指出了群体的观点和态度比个体更趋向极端化。参见夏倩芳、原永涛《从群体极化到公众极化:极化研究的进路与转向》,《新闻与传播研究》2017年第6期。并且,芝加哥大学法学教授桑斯坦提出了群体极化的经典定义:"团体成员因为一开始的某些偏向,而在经过商议之后,意见继续朝着偏向的方向移动而最终形成极端的观点。"参见[美]凯斯·桑斯坦《网络共和国:网络社会中的民主问题》,黄维明译,上海人民出版社2003年版,第50—80页。

情绪化"① 特性的舆论情态。

换言之，在互联网媒介时代，媒介的使用者，即受众并没有一致性地呈现哈贝马斯所谓的公众特质，而是偏向于与之相反的后真相、群体极化、情感化、情绪化等非理性、非合理性的特质。总而言之，这就是互联网时代舆论的偏向——感性化、非理性化。但是新媒介时代舆论的情感性偏向是媒介技术迭代所形成的人机关系、人际关系的必然结果，非理性化偏向是媒介赋权所带来的舆论多样化的结果，这与哈贝马斯的理性公共舆论场域的理想具有一定差距，但是并不能据此认定非理性、非合理化的偏向就是一种错误的结果。相反，可以认为以情感化为中心的感性公共舆论场域是对理性公共舆论场域的有效补充。

互联网时代公众舆论出现情感性偏向，究其原因从媒介本体的角度来看，由于互联网媒介本身的"遍在性"（Ubiquitous）、时空的碎片化以及高速化的特征，使其开放、分享、自由的能力得到前所未有的提升，从而通过媒介赋权，使互联网媒介的使用者能够普遍性地参与议题的讨论，从而进行双向、去中心、对话性的信息生产与传播，不同于大众传媒时期，由于大众传媒作为专业的信息生产、传达的组织，往往面向不特定的大多数受众，善于通过议程设置等方式，以舆论形成为目的，进行单方向、位阶性、中心化的话语传播。② 所以，大众传媒时代，大众传媒组织作为舆论形成的媒介主体，通过信息位阶的主导权而引导舆论的形成与扩散。然而，在互联网媒介时期，受众作为舆论形成本位主体（相对于媒介主体来说，是舆论形成的下位主体），能够通过对话机制，主动地持有

---

① 情绪和情感在公众舆论的形成过程中发挥着重要的作用。情绪指个体或群体对某一特定事件的心理体验和情感反应，是一种正常的生理与心理反应。情感是人们对于客观世界中所形成的稳定的社会关系所持有的态度。情感也用来描述具有稳定而深刻社会含义的内心体验，具有社会性、历史性。参见胡百精：《危机传播管理对话范式（下）——价值路径》，《当代传播》2018 年第 3 期。

② 周海宁：《论互联网时代受众的数字化生存能力》，《出版发行研究》2018 年第 12 期。

议题并形成与大众传媒议题相博弈的议题，从而带来了议题的非一致性、多样化，但是也从反面证明了信息来源于对话的矛盾性而非一致性。

以哔哩哔哩平台的《后浪》宣言片为例，短视频平台通过视频的发布快速引发受众的广泛参与讨论，并且意见的分歧使受众意见很快分裂成两种不同的意见阵营——有人站在"前浪"（与"后浪"相对的当代青年一代的前辈）的立场，肯定视频内容对青年的期许和赞美；有人站在"后浪"的立场，挖掘视频内容与当代青年现实生活的不契合之处，指出此青年宣言片所代表的仅仅是部分"精英"青年，而非青年的大多数，从而形成与视频内容创作预期效果相反的"反向评价"结果。①

从受众研究角度来看，受众对视频内容截然相反的两种观点是以互联网媒介为中心公众舆论特征的体现，即既有大众传播时代线性传播（信息传达—信息接收）的合理性、理性特征，同时亦具有非理性、群体极化等感性、情绪性偏向的特征。这也契合公共舆论内容研究的两个维度——认知维度（Cognitive Dimension）和情感维度（Affective Dimension）。② 认知维度偏向于考察公众舆论的理性偏向，情感维度偏向于考察公众舆论的感性偏向，如此能够相对全面地考察公众舆论的多个面向，特别是互联网时代，在网络公众舆论的情感化偏向凸显的情况下，考察其情感维度便有了现实意义以及重要性。

2. 共情视角与《后浪》的解读

基于互联网时代媒介、受众接受特征以及互联网空间传播中公众舆论的情感性偏向的综合分析，本章从"共情"概念的角度出发去考察以互联网媒介为中心的公众舆论情感化偏向的出现。共情是

---

① 袁丰雪、周海宁：《社交媒体内容负面评价的成因探析》，《青年记者》2020年第29期。

② 杨击、叶柳：《情感结构：雷蒙·威廉斯文化研究的方法论遗产》，《新闻大学》2009年第1期。

指个体在认识到自身产生的感受来源于他人的前提下,通过观察、想象或推断他人的情感而产生的与之相同的情感体验状态。[1] 这种能力可以使个体快速地与他人的情绪状态形成关联,在人们的社会交往中发挥着非常重要的作用。[2] 短视频宣言片《后浪》正是基于以互联网媒介为中心的感性公论场,进行舆论的生发与扩散。本节从共情理论视角去解读感性公论场之中的《后浪》宣言片的舆论现象,以期解释其舆情生态形成的原因,并以短视频媒介为中心建构舆论引导的方法。

从共情角度审视《后浪》宣言片的两种视角——一种是与文本同一视角,肯定宣言片的视频内容;一种是与文本悖行视角,否定宣言片的视频内容。可以发现,肯定宣言片内容者可以从认知共情之中的他人视角——"以人观我"的观点采择和想象,并从情感共情角度的共情关注来探讨。而否定宣言片内容者可以从共情之中的自我视角——"以我观人"的观点采择和想象,并从个体忧伤的角度来探讨。

本书以《后浪》宣言片内容的态度认知为中心对 30 名在校大学生进行了深度访谈,其中持肯定性观点 5 人,持否定性观点 21 人,持中立观点 4 人。其具体观点见表 3-1。

表 3-1　　　　30 名在校大学生对《后浪》宣言片的观点

态度	观　　点	人数
肯定性态度	哔哩哔哩网站更多元、央视媒体更主流,每一代都有每一代的机遇和挑战;身在沟渠仍旧仰望明月;责任感督促我们活成理想里该有的样子;让视频成为激发行为的动力不是更好的选择吗	5 人

---

[1] De Vignemont F., and Singer T., "The Empathic Brain: How, When and Why?", *Trends in Cognitive Sciences*, Vol. 10, No. 10, 2006.

[2] De Waal F. B. M., "Putting the Altruism Back Into Altruism: The Evolution of Empathy", *Annual Review of Psychology*, Vol. 59, 2008.

续　表

态度	观　点	人数
否定性态度	享乐主义、诗与远方；精英主义、社会问题；平台定位、受众定位、文案问题；不符合哔哩哔哩网站"气质"；消费主义、受众商品论；物质消费高扬，思想品格不足；只涵盖了部分青年，缺少普遍性；马克思主义政治经济学批判、社会公平；语言越位审判、多元让位黑白颠倒；平台转型、角色错误、小众特色消弭；空谈误国、享乐主义；鸡汤、媒介疲劳、碎片化信息；忽悠小朋友、不接地气、中产精英；享乐主义、放纵、多元审美与价值在于思想；不关注基层社会、不脚踏实地，重激情不重内容，重感性不重理性；普通人难以企及的生活；消费主义、物质享受、精英的世界；视频过于片面和脱离现实；消费主义、"前浪"的标签化、自己的话语权；贫富差距、资源分配不均、不具备普遍性	21人
中立态度	央视主流认同、B站给用户点赞；文案争议，可能存在断章取义的嫌疑；不必拔高亦不必过于批判；立场不同、观点不同，接受要接受的即可	4人

首先，肯定性的观点采撷是站在他者立场上，采取"以人观我"的想象，并对他人的正性情绪产生共情关注的情感表现。例如，正向解读宣言片对青年们的肯定与赞许——"你们拥有了我们曾经梦寐以求的权利"，因为你有幸遇见的时代允许"你所热爱的就是你的生活"。所以站在宣言片演讲嘉宾何冰（1968年生人）老师的角度，即他者的角度来反观现代自己（青年）所处的环境。出生于20世纪60年代的何冰老师，其童年以及青年时期均处于物资相对匮乏的时代，当时的主要信息传播媒介还是大众传媒中的报纸和广播，电视媒介尚未普及，更谈不上互联网媒介。

彼时中华民族的文化正处于重生的初级阶段，从世界范围来看是被当作"小众的、边缘的"文化，谈不上"把传统的变成现代的，把经典的变成流行的；把学术的变成大众的，把民族的变成世界的；把自己的热爱变成了一个和成千上万的人分享快乐的事业"。

所以从"前浪"的角度反观现在，现在的青年能够享受科技、文化、城市繁荣的现代文明成果，并在此基础上张扬个性，进行自主性的选择。因为持有肯定性观点采择的人可以顺从宣言片的内容展开想象并产生情感的共情关注，可以感受宣言片中"前浪"的反思，并反观己身。

正如何冰老师讲到"向你们的自信致敬"，并指出"弱小的人才习惯嘲讽和否定，内心强大的人从不吝啬赞美和鼓励"，这是在对青年一代进行肯定的基础上，对作为"前浪"的一代进行反思：填鸭式的教育，不鼓励创新、墨守成规，打压式、否定式的"教化"是"前浪"们过去所经历的"痛"，是"前浪"曾经反抗过的对象，但是现代的青年一代正在逐步地享受着"前浪"反抗过后所取得的成果。所以对视频内容持肯定态度者是站在了"前浪"视角，站在他人的角度反观自身，即"以人观己"，并顺应正性的意识流动，产生积极的共情关注，使个人与他人观点合一，并强化了自己原有的相关认知，产生积极的传播效果。

其次，消极性的观点采择，是站在自己的立场上，采取"以己观人"的想象，并对他人的负性情绪产生共情性的个体忧伤表现。所以针对宣言片相同的内容，消极共情者往往善于挖掘文本内容所隐含的多样化可能性偏向进行反向认知，并进行情绪性表达，而其极端情绪表达是进行扭曲式想象，最终产生"以己度人"式的个体忧伤。

例如，谈到"把传统的变成现代的，把经典的变成流行的……把民族的变成世界的"，消极共情的人看到的是"穿着华美的汉服在上海繁华的CBD广场跳舞"，却看不见传统汉服的现代性应用，民族文化的传承以及文化自信的逐渐重构；在讲到"科技繁荣、文化繁茂、城市繁华……你们拥有了我们曾经梦寐以求的权利——选择的权利"的时候，消极共情者看到的是"手拿昂贵手办"，可以随意"海外旅行"，可以肆意享受"电子产品"等所谓"精英青年"才可以享受到的物质快乐，而从个体现状出发，消极共情的青年看到的是自己无法进行同类型"享受"的悲哀,产生自己不配做"后浪"的个体忧伤情绪表达。

因为,消极共情的青年是从横向出发,进行"同辈"的空间性类比,而不是在"前浪与后浪"之间进行纵向的时间性对比,因此他们发现不了时代进步所产生的变化,而仅仅从个体"缺失"的角度出发,感叹自身所缺失的"物质能力"而产生消极式的个体忧伤共情,并进一步使个体产生与视频制作者初衷相悖的受众接收—反馈表现,从而产生消极的传播效果。

认知共情和情感共情是从受众接收—反馈的个体角度对受众公众舆论的成因进行分析的一种方法和视角。有利于考察以互联网媒介为中心的情感公论场中公众舆论感性化、情绪化表达的呈现特征以及归因。但是,由于积极共情与消极共情同时存在,特别是互联网传播自身的媒介性特征,以及受众借助媒介赋权所获得的参与能力,使以互联网媒介为中心的感性舆论场呈现情绪化、情感化的过度偏向,使消极共情偏向正逐步超越积极共情偏向。所以建构合理化的感性舆论场便具有了现实性意义。

(二) 媒介与公众:建构合理化感性舆论场的两种路径

从宣言片《后浪》所引发的公众舆论可以看出,在以互联网媒介为中心的媒介文化所建构的感性舆论场中,公众舆论呈现典型的感性、情感化偏向,从而使传统的理性、合理性公共舆论场域的理想变得具有实现的可能性。因为,单一的感性与单一的理性舆论场域都是不完整的,不论是过度的理性诉求,还是过度的感性诉求,其结果都会走向极端化,从而可能导致媒介文化危机,只有兼顾感性与理性,即从认知与情感上兼顾、平衡才能使公共舆论场域的结果变得更为合理。鉴于此,基于以互联网媒介为中心的感性舆论场域偏向,建构纠偏路径就具有了重要性与紧迫性。

首先,正确认知文化批判主义。文化批判主义不是简单地否定、打倒一切,也不是盲目地以自我为中心建立自信,而是"扬弃、创新、文化自信"①。怀疑精神是进行文化批判的关键,没有怀疑就可能盲信、盲从,导致从众行为,而致使理性精神无从谈起。从怀疑开始,在历史唯物主义和辩证唯物主义指导下进行理性分析和批判,方能得出合理化的判断。否则,简单地否定,或者是为了否定而否定,只能起到宣泄情绪的作用,甚至陷入诡辩主义的泥潭。

继怀疑之后,批判性地"扬弃"是科学主义精神的必要程序,"扬弃"为的是"取其精华,去其糟粕",所以批判性地继承不是盲信、盲从,亦不是一味否定,而是以推动"创新"为目标,进行"破—立"的行为。只破不立的全盘否定,是主观性地以己之好恶,情绪性地批评与自己观点不一致的所有观点。其结果不足以推动新媒介文化的建构,而可能为文化危机的产生、深化助一臂之力。

所以,文化批判必须以"文化自信"为前提,文化自信是以自有文化的先进性、科学性为依托,对阻碍文化先进性、科学性的文化行为进行否定,而非盲目自信,以自我为中心对其他文化现象、文化行为进行反向评价。例如《后浪》宣言片一经发布,青年们对哔哩哔哩平台借助宣言片来营销的行为进行怀疑是具有合理性的,但是以此为依据对视频内容全盘否定,认为对青年一代的期许与赞美是"捧杀",甚至对视频内容演讲者何冰老师进行侮辱性人身攻击等就大大超出了文化批判主义的范畴,演变为一种单纯的情绪宣泄,并通过诡辩去否定一切。

其次,从媒介本体的角度来看,以社交媒体平台为中心的媒介主体需要兼顾文化的"事业功能"与"产业功能"。从媒介功能论的角度来看,媒介通过信息的传达来发挥"文化传承"以及"娱乐"功能。如果文化传承功能是对精神文明的传承与发扬,发挥着"举而措之天下之民"的"事业"性功能,那么娱乐功能在如今的媒介商品化时代便是发挥着文化产业化的媒介经济功能。

---

① 谢地坤:《文化保守主义抑或文化批判主义——对当前"国学热"的哲学思考》,《哲学动态》2010年第10期。

如果只追求文化的事业化，特别是在中国传统文化理念重视文教、轻视商贾的习惯下，文化兴国理念就成为一种形而上的理念追求，是从理念上督促人的自律性以期望实现"以文化人"的文教理想。所以，缺乏相应的文化产业支撑，文化兴国就必然先天不良，因为缺乏经济原动力的加持作用。但是，过度的文化产业化、商品化，势必造成物化倾向的过度化，精神文化的匮乏势必引发文化危机。因此，媒介本体作为媒介主体势必兼顾文化的事业化与产业化功能，如此才能正确地发挥媒介的"社会调节"功能，使媒介化的社会正常地运转，才有助于感性舆论场域的正确建构。

最后，从受众本体的角度来看，媒介的使用者需要具有符合新媒介时代需求的认知能力。经合组织（OECD）开展"未来教育和技能2030工程"[1]，并对世界各国的教育提出，如今的学生为了能够茁壮成长和塑造他们自己的世界，需要怎样的知识、技能、态度和价值观，为此应该具有怎样的教育体制（Instructional System）。[2] 当代青年一代生活在媒介加速迭代升级的时代，人与媒介的关系从主体与对象的关系，即将媒介视为对象支配的存在性关系变为人与媒介共生、共进化的关系。

相应的，人与媒介关系的变化也推动人际关系的变化。而以互联网媒介为中心的人际关系呈现一种线上与线下相结合的混合式现实关系，所以进行数字化生存就成为当代青年一代必修的通识性课程。例如，情感化的偏向体现了互联网媒介技术对媒介化社会的影响，其所对应的社会形态是"景观化的社会"，其所对应的受众是"具有碎片化阅读能力"的媒介使用者。在"景观化的社会"之中生活，理应具有"碎片化的阅读接受能力"，但是仅仅拥有适应新媒介特征的能力不足以胜任数字化生存的要求，而所应提升的能力依旧是传统的"文

---

[1] OECD, "The Future of Education and Skills 2030 Project", http://www.oecd.org/education/2030/, 2018.

[2] 周海宁、程宗宇：《论以媒介为中心的儿童教育与素养的提升》，《聊城大学学报》（社会科学版）2020年第5期。

字解读能力",即深度阅读的能力。只有兼有碎片化的阅读能力以及深度阅读能力,才能将认知的理性化与情感偏向的感性化合二为一,从而成为混合现实之中合格的"数字化存在"(Digital Being)[1]。如此,方能建构符合新媒介时代需求的认知能力,建构合理化的情感舆论场域。

综上所述,互联网时代媒介技术加速迭代升级,人类主体性也随之发生相应的变化,从单纯的自然性人类主体,变成兼具自然属性和数字化属性的混合式存在,所以以混合式的主体性存在同时进行线下的实际生活和线上的虚拟化生活是媒介发展以及媒介使用者主体性相应变化的必然结果,是人机同构、互动的结果。

所以,以互联网媒介为中心的公众舆论呈现情感化的偏向,是人机变化以及以人机变化为基础的人际关系变化的必然结果。而《后浪》宣言片所呈现的正向和反向评价结果亦是人机、人际关系重构的必然结果,体现了在媒介化的混合现实之中,理性舆论场域的理想化诉求不再是唯一的"真理";而是以多元主体为中心,由主体间的认知以及情感合力,去共同追求、建构"真理"——共同文化、共同的价值信仰。所以,以现象级短视频《后浪》的舆论偏向——情感性舆论场域的呈现为例,避免文化危机,走向文化昌盛必须考虑媒介本体与受众本体在媒介文化中的身份定位,正确认知文化批判主义,平衡文化事业与文化产业,从而形成符合媒介发展的认知能力。

二 公共舆论的解释现象学意义

(一)概念、视角、方法

1. 概念:作为反向运动内涵的反向评价

从现代社会经济与政治的发展视角来看,现代社会之中存在着

---

[1] 周海宁:《以互联网媒介为中心的听觉文化转向以及构建》,《出版发行研究》2019年第7期。

社会和市场的"双重运动"。一方面是以市场发展为核心的所谓狂飙突进的"正向运动";另一方面是社会自我的保护性"反向运动",目的是防止经济的脱嵌。换言之,人类发展过程中会自发地生成市场和社会相生、相杀的两种动力,市场动力会推动人类向前(正向)发展,而社会动力会形成一种与市场动力相反(反向)的力,试图保证将人类发展方向控制在某种确定的方向之上,而其共同作用则能够保证人类社会与经济健康有序地发展。这就是卡尔·波兰尼(Kan Polanyi)所说的"反向运动"①,是由精英驱动的国家干预主义和社会主义对自由放任市场理念的抵制,是社会主体在发挥能动性作用时的社会意识自我拯救过程。②

而本书所观照的反向评价则是基于反向运动的内涵以及"社交媒体负面评价"③的研究所提炼出的一种概念。B站作为商业化的社交媒体平台,是以市场经济为导向推动文化产业持续发展的行为主体,即从政治经济学视角考察,从"由谁传播、为谁传播"的维度切入,B站作为商业化的营利组织其"资本运营"手段的运用以及将青年亚文化进行"商业性收编"的动机便明确地显现出来。所以,新一代青年利用社交媒体平台所形成的青年共同体,从亚文化的对抗性立场出发,通过反向评价的方式进行抗争。而抗争的最终目的是通过协商与对话,达成"后浪"与"前浪"的和解,即达成共识与合意。本书所使用的分析工具便是基于"反向运动"理念以及社交媒体负面评价分析所提炼出的媒介内容反向评价理论。

其中社交媒体负面评价的形成主要可以分解为三个方面的内涵。

一是媒介经济刺激之下媒介的高度依赖所带来的社交疲劳。如信息的过载与冗余,以媒介为中心的人际交往负荷,等等。④

---

① [匈牙利]卡尔·波兰尼:《大转型:我们时代的政治与经济起源》,刘阳、冯钢译,浙江人民出版社2007年版,第35页。
② 陈人江:《新自由主义之后还是新自由主义?》,《河北经贸大学学报》2018年第1期。
③ 王雪:《社交媒体的负面评价及对策研究》,《新闻爱好者》2019年第8期。
④ Kim Kyongdal, et al., "Exploring the Concept and Determinants of SNS (Social Network Service) Fatigue", *Information and Social*, Vol. 26, 2013.

二是媒介经济加持下，媒介技术与人的异化——侵蚀个体隐私空间、降低个体注意力集中能力，甚至剥夺个体的独处能力。[1] 由于媒介技术的迭代升级，移动终端的普及以及互联网的遍在性、时空的碎片化特性，使媒介的使用者处于随时在线的状态，一方面体现了麦克卢汉所说的"媒介即信息以及媒介是人的延伸"，即强调媒介本体对人意识的建构作用，同时揭示出在以互联网媒介为中心的融媒体时代，人不但作为自然人（Human Being）处于线下空间，而且可以随时以分身的形式进入虚拟空间成为数字人（Digital Being）；而另一方面媒介与人的同构过程中，媒介技术对人的异化作用，使人成为媒介的附庸，即"捆绑的自我"（Tethered - Self），其结果表现为伴随着个体社交空间（线上与线下交融的混合空间）的扩大，导致了个体隐私（独处）空间的缩水以及个体独处能力的弱化。

三是新媒介经济催生新的媒介关系。从媒介即关系的视角来看，个体与不同的媒介发生同构作用，其媒介效果亦会千差万别。[2] 研究显示，相比传统媒体，新媒体如社交媒体上的负面评价更多。[3] 所以不同的媒介对不同的媒介使用者会产生不同的效果，与传统媒体相比，新媒体通过技术性赋能而授予媒介使用者更多的媒介内容生产与消费的权利，并且伴随而来的是更多的媒介效果反馈能力，所以社交媒体相对传统媒体来说负面评价更多。但是从权利与权力的关系[4]视角来看，前者代表着机会和资格，后者代表着能力，除了资格和能力之外，社会公平亦是一种考量因素，所以对媒介与人同构过程的考量不但需要从媒介本体角度，还应从政治经济学等多样化角度去考察。

2. 视角：解释现象学的镜鉴

本书采用解释现象学分析法（Interpretative Phenomenological Anal-

---

[1] Deresiewicz and William, "The End of Solitude", *Chronicle of Higher Education*, 2009.
[2] 袁丰雪、周海宁：《社交媒体内容负面评价的成因探析》，《青年记者》2020 年第 29 期。
[3] 张敏等：《中国制造在海外社交媒体上的形象研究——基于 Twitter 上的数据》，《现代传播》2016 年第 5 期。
[4] 胡百精：《说服与认同》，中国传媒大学出版社 2014 年版，第 152 页。

ysis，IPA）的视角对媒介内容、媒介使用者之间的关系进行分析。解释现象学研究方法将研究的本身视为一种动态的过程，将研究者、研究对象、研究问题看作一个整体，并探索研究对象本人对问题的看法以及认知，从而从内部视角获得相应的观点、看法。[1] 解释现象学兼容现象学、解释学两大学科，其中现象学以事实本身为核心面向，其理论基础是埃德蒙德·胡塞尔（Edmund Husserl）基于对日常生活现象的关注而创立的现象学；而解释学则是以理解为核心面向，基于"自然需要说明，人则必须理解"的理念，并融入了符号互动论[2]的基本观点，即人对事件所赋予的意义是事件的核心，但是这些意义只能在参与和理解事件的过程中获得。[3] 这就阐明了在解释现象学的视角下，事实本身只有经过参与者的理解，才能获得相应的意义，同时揭示出人类传播的目的在于意义的赋予。正如哲学解释学的创始者汉斯·格奥尔格·加达默尔（Gadamer Hans-Georg）对解释者存在意义的阐释——文本符号转化成相应的意义，依靠的是解释者的做功，

---

[1] Smith J., "Beyond the Divide Between Cognition and Discourse: Using Interpretative Phenomenological Analysis in Healthy Psychology", *Psychology & Health*, No. 3, 1996.

[2] 乔治·H. 米德（George Herbert Mead）作为美国的社会心理学家，是符号互动论（Symbolic Interactionism）的奠基人以及芝加哥学派的代表人物。他把传播界定为一个双向的互动过程，在这一过程中，人的心灵与社会意义被建构。这条线索对于人际传播这一学科领域的影响是具有决定意义的，而且，当前这种理论逐渐转向大众传播领域，为符号互动的大众传播理论与传播生态学的兴起提供了基础性的条件。赫伯特·布鲁默（Herbert Blumer）在米德思想的基础上再次确认"符号互动理论"。符号互动理论的主要假设有以下几种。社会现实与物质均有意义，人们对世界经验的获取是通过对象征性符号的意义进行解读的结果；基于个体与他人之间的社会性互动，符号的意义得以获得；人最终的决策和行为是基于其对环境的主观理解以及社会期待，而非仅仅是外界的刺激；自我与其他社会客体均是在社会互动中形成的。米德的代表性著作是根据生前讲课记录整理而成的《心灵、自我与社会》（*Mind, Self and Society*，赵月瑟译，上海译文出版社2018年版）。其关于人的社会化、社会角色获得以及社会自我理论对社会心理学和传播学具有很大的影响。他的主要思想有"主我—客我"理论：从传播的角度对人的自我意识及其形成过程进行研究。在与他人互动的过程中，人们学会站在他人的角度看待自我的行为与角色，这种自我的概念，米德称为"概化的他人"（Generalized Others），在此基础上，自我分为一个冲动的、充满欲望的、无约束的主我和具有约束性的、与他人的期望相一致的概化的客我（me），人的自我是在这两部分的互动下形成的动态过程的表现。

[3] Smith J. A. and Osborm M., "Interpretative Phenomenological Analysis", In Smith J. A., *Qualitative Psychology: A Practical Guide to Methods*, London: Sage (2nd ed.), 2003.

解释者将自己的思想融入文本的过程是文本意义重构的过程。①

解释现象学试图从具体的视角切入，探索人们如何理解其自身的体验与经验。② 通过对比分析个体的经验、体验、理解（认知）来获得理论性的概括。换言之，解释现象学源自主体的生活世界体验与直观检验，以受访者与采访者双方为中心，对其意义建构过程进行理解与解读。③ 所以，解释现象学所使用的分析工具便是语言媒介，通过文本语言来揭示个人体验与经验，将语言作为理解技术经验的媒介。并且在解释现象学视域下，受访者与采访者并不是孤立、对立的主客体存在关系，即不是将受访者作为被动的、他者性的存在，而是将受访者与采访者作为一体，共同视作研究的参与者，然后考察受访者对自身生活世界现象的描述、总结，最大限度地呈现现象本身与受访者本身。

而访问者作为研究主体中的一方亦需要对自身的刻板印象（Stereotype）抱有足够的警惕，通过持续的自我审视与反思，时刻提醒自身的认知与预设立场能在多大程度上影响研究本身。④ 特别是在本研究过程之中，采访者作为"80后"大学教师与受访者"'90后'末班车"的在校大学生之间以共同研究者的身份参与对《后浪》视频的考察，以解释现象学视角，以文本语言符号为分析工具，考察不同媒介介质（央视媒体与哔哩哔哩社交平台媒体）影响下，受访者与采访者双方对其媒介内容的描述、总结以及理解，并分析其对意义建构的理解与解读。

3. 方法：质化研究取向的说明

本书采用开放式半结构性访谈，选择质化的研究路径来取得第一

---

① ［德］汉斯-格奥尔格·加达默尔：《真理与方法》，洪汉鼎译，译文出版社2005年版，第502页。

② 郭本禹、崔光辉：《论解释现象学心理学》，《心理研究》2008年第1期。

③ Smith J. A, "Refleeting on Interpretative Phenomenological Analysis and its Contribution to Qualitative Research", *Qualitative Research on Psychology*, No. 1, 2004.

④ Veronika Karlsson, et al, "The Lived Experiences of Adult Intensive Care Patients Who Were Conscious During Mechanical Ventilation: A Phenomenological-hermeneutic Study", *Intensive Critical care Nursing*, Vol. 28, No. 1, 2012.

手资料。该研究方法通过对受访者生活世界的描写，促进访问者对受访者的生活世界进行定义以及理解，并获得相应的理论主题进行理论搭建。理论搭建法（Theory Building Approach）指的是通过个案分析，从个别推导普遍，推及更大的样本，通过进一步的凝练而建构相关的理论概念。[①] 其具体的实施步骤如下。首先转录并解释每一个个案文本，从而形成一系列的主题，并对主题进行关联性的陈述；其次按照关联度提取相关主题，进一步分类汇总；最后基于研究问题，选择最具代表性的主题进行深度挖掘。

本书通过如上步骤，将研究分作三个阶段进行抽样分类、汇总。在2020年春季学期[②]，一些大学采取网络授课方式，所以本研究选择某高校网络授课对象之中的大二、大三传播学专业学生进行抽样调查。但是，由于时间的限制以及面对面访谈的局限性，本研究采用书面汇报的方式收集访谈文本内容。首先，选择大二传播学专业在读生60人和大三传播学专业在读生50人，对其进行开放式半结构性访谈，并将其文本描述进行转录，提炼更为具体的研究问题。具体来说，从特定案例开始分析，提炼主题集群，之后重复第一个案例分析法以形成110个独立的、以关键词形式呈现的主题集群；随后对该110个主题集群做模式识别，以建构包含样本编号的主题列表。该过程遵循解释现象学方法模式识别原则：识别出重复模式的同时，发现差异性及问题。

具体访谈提纲如下。

第一，请描述一下《后浪》视频的内容；请描述一下你对《后浪》视频的感受；怎么看待哔哩哔哩社交媒体平台与你的关系；你怎么看待B站和央视媒体对《后浪》内容的呈现；你怎么看待你现在的生活。

第二，从110个样本中，再分层选取30个样本，对关联主题进

[①] Smith J. A. and Osborm M., "Interpretative Phenomenological Analysis", In Smith J. A., *Qualitative Psychology: A Practical Guide to Methods*, London: Sage (2nd ed.), 2003.

[②] 于2020年度春季学期进行抽样分析。

行分类汇总，提炼出对应研究问题的一级主题（选择标准：这 30 个样本既有总样本的共性信息，同时又包含不同于其他样本的个体心理特性信息）。

第三，基于研究问题，检验第二阶段所形成的一级主题，选择具有代表性的主题进行深度挖掘（具体做法为从 30 份样本中选取最具代表性的 10 个样本进行深度追踪研究），基于一级主题及其内在的关联，作出总体的理论性阐释。

具体研究问题如下。

对《后浪》的认知、态度、情感与所选择媒介存在何种关联？

媒介使用者个体特性与媒介内容负面性评价存在何种关联？

赛博空间的伦理价值多元化与媒介内容认知存在何种关联？

（二）研究发现：描述与分析

基于对调查样本的文本语言的分析以及追踪验证，本研究总结出以下主题。此主题解释了媒介内容评价与媒介使用者"先验认知图式"的关联，网络参与和主体内部动机的关联；不同媒介介质与媒介评价的关联；互联网传播特性与媒介评价的关联；以及消费主义的偏向、网络多元价值并存与媒介评价的关联。其主题结构具体呈现如下。

主题一：受众的媒介内容评价受其内部动机的驱动并受到"先验认知图式"的影响

媒介内容评价是受众网络参与行为的表现之一。网络参与行为一是因为互联网媒介的技术性赋权的结果使然，以议题为中心，双向的、去中心化的、非位阶的对话传播由于互联网本身的特性得以成为网络传播的主流。[①] 二是由于受众主体的动机推动使然。自我决定理论（Self‑Determination Theory，SDT）将动机分为内部动机、外部动

[①] 周海宁：《以互联网媒介为中心的听觉文化转向以及构建》，《出版发行研究》2019 年第 7 期。

机和无动机。① 其中内部动机是因为活动本身的兴趣而参与其中，外部动机则源于外部诱因的刺激（比如奖励机制），无动机则表现为个体的拒绝或者中止参与。而互联网媒介使用者对于 B 站视频的反馈是受众基于内部动机（兴趣）而诱发的自主行为。

受众对媒介内容物所提供信息的判断，则受到其先天认知框架，即所谓"先见"（知识谱系），也就是康德所说的先验性认知图式的影响。② 康德哲学以先验和经验为重心构成其认识论的核心，认为认识是主体运用先验性认知图式于感性对象（现象）之上，并基于各种杂乱无章的感觉经验而组织、整合、建构为新概念（知识）的过程。而让·皮亚杰（Jean Piaget）在康德先天图式论的基础上提出了后天图式建构论，即通过同化和顺应过程而生成新概念（知识）。③ 从主体与对象之间的关系来看，同化是将对象整合到一个原先就存在的结构之中，而顺应则是主体主动改变其既有的图式而适应客体的过程。所以，同化表明了主体对客体的改造，而顺应则表明主体自身因客体而改造。④ 总而言之，同化和顺应表明了主体与对象之间的同构过程。

GW01 受访者认为 B 站媒介内容充斥着享乐主义，堆砌着诗与远方的愿景，但是和我们普通青年的生活相去甚远，视频内容缺乏现实感。这展示了受众对媒介内容的判断（解读），媒介内容试图传达的意义与受众自身先验图式的认知相违背，从而导致话语的再生产，即意义的重构。

GW02 受访者认为 B 站的媒介内容过于精英主义，只能代表小部分年轻人，而大多数青年对此没有代入感。

GW04 受访者认为，B 站发迹于小众而多元化的边缘文化，但是

---

① Ryan R. M. and Deci E. L., "Self–determination Theory and the Facilitation of Intrinsic Motivation, Social Development, and Well–being", *Am Psychol*, Vol. 55, 2000.
② 刘士林：《先验批判》，上海三联书店 2001 年版，第 6 页。
③ ［瑞士］皮亚杰：《发生认识论原理》，王宪钿等译，商务印书馆 1981 年版，第 25 页。
④ ［瑞士］皮亚杰：《发生认知论述评》，雷永生等译，人民出版社 1987 年版，第 55 页。

这次宣传片却十分"主流",这更像是一种广告植入,一种正能量外衣掩饰下的广告宣传,这倒更像是一种欺骗。

对照康德与皮亚杰的图式理论,受访者对媒介的评价明显受到其先验性图式的影响,但是同化与顺应是通过同化客体或者改变主体来实现本身知识的重构,从而获得知识的增长。从受众对 B 站视频内容的负面评价来看,传者与受者在达成共识与合意的过程中受阻,这是其负面评价形成的重要原因之一。

主题二:媒介的本体属性影响媒介使用者的媒介评价

麦克卢汉曾言"媒介是人的延伸",其含义是媒介不仅仅是人感觉器官的延伸,同样也是人认知的延伸——移动短视频等媒介与传统大众传媒在与人发生同构作用之时,呈现不同的效果,所以本雅明(Walter Benjamin)言明每个媒介时代都需要与之相对应的知觉意识。视频《后浪》具有央视朗诵版本以及哔哩哔哩社交平台的视频融合版本。媒介属性的不同导致人与媒介同构的结果不同。

GW08 认为 B 站版受众比较偏年轻化,并且 B 站的媒介内容所呈现的画面是众多知名"Up 主"的人气视频混剪的画面,并以演员何冰的演讲画面为辅。所以 B 站版内容更显朝气,符合年轻人的审美特性。而央视版内容延续了传统媒体稳重的风格,形式上更为简洁大方,视频内容以演员何冰的演讲画面为主,主要通过语言的魅力唤起受众的听觉感知,从而引发共情、共鸣,甚至思考。

GW10 认为,央视版只有演讲画面,把意义空间控制在文字符号之上,而 B 站版则通过外景画面,刻意突出了文字之外的意义指向。如此,央视版给人的感觉类似社会主流的长辈意识引导、评价晚辈,所以突出的是寻求主流认同;而 B 站则是给人一种认同青年亚文化的"开明"长辈在为晚辈点赞,或者说是 B 站经营者在对自己的用户表达"善意"。

由此可见,不同的媒介对受众体验的影响具有差异,从而进一步影响受众对媒介内容的评价。央视朗诵版刺激受众听觉器官引发受众的联想能力,使主体通过想象主动寻找与媒介内容的契合点从而形成对媒介内容的评价；而社交媒体平台基于视频画面的具象化呈现，使媒介使用者无力发挥想象，并且通过将现实与媒介内容直接比对的方式，从差异性角度发掘二者间的不契合点，从而对媒介内容进行评价。所以央视版给人的感觉是寻求主流认同，而社交平台版则给人以"讨好"用户的感觉，这也是社交平台版负面评价生成的主要原因之一。

主题三：虚拟空间的情感传播倾向影响媒介使用者的媒介评价

虚拟空间以超时空的特性，建构了一种"全景式的公共领域"①。不同于哈贝马斯理想型的资产阶级公共领域，是建构在极具道德色彩的，具有自律性、合理性的原则之上的②，虚拟空间的传播呈现一种非理性化、情绪化的情感传播倾向。而虚拟空间的情感传播极易形成一种群体极化现象（Group Polorization），即共同体成员的初始意见偏向，在经过商议（发酵）之后，往往继续偏向而形成极端观点。③ 但并不是说情感传播就必然导致真相的缺失，而是真相的出现可能历经多次"反转"，方能越来越接近真实，这也是后真相时代的传播特点之一，所以情感传播往往容易伴随着言语的"误杀"。

GW12认为，这一宣言片成为一个现象级的视频事件，但也是一场"大型翻车"事件，体现了新旧媒介时代，两代人之间"传播不通"的实际。但我想说的是受众的反馈问题。视频出现之后，各种所谓独立思考的人极具煽情地发声，造成越位审判的后果。这体现了互联网传播的一个乱象：把美的标榜为丑的，把好的说成坏的，把不好的拼命改写成好的。其目的就是彰显"独立"而标榜独立，但其后果无非是助燃互联网的喧嚣而已。对于《后浪》，众多的批判者并没有看到文本之外的期盼，只看到具象化的物质呈现。青年们大言不惭地

---

① 康之、向玉琼：《网络空间中的政策问题建构》，《中国社会科学》2015年第2期。
② [德]哈贝马斯：《公共领域的结构转型》，曹卫东等译，学林出版社1999年版，第58页。
③ 夏倩芳、原永涛：《从群体极化到公众极化：极化研究的进路与转向》，《新闻与传播研究》2017年第6期。

批判"值得宣传的不是物质消费活动,而是精神性的思想品格",但是大多的批判者不正是只看到了视频画面里的具象化物质呈现了吗?

GW15认为碎片化时代接受过于碎片化的信息,使受众产生一种疲劳感。

GW30认为视频内容呈现过于感性,理性思考部分不足。视频中没有一个角色是在学知识、搞技术,而是充满各种感官刺激——潜水、攀岩等。

GW22认为重激情不重内容,重感受不重理性是互联网传播的一大特点,这也是该视频惹争议的地方。当看第一遍的时候,你的直观感受就是振奋人心;可是看第二遍、第三遍的时候,你就会发现振奋人心之外的,一些被隐藏的、深层次的东西。

综合上述内容,可以看出虚拟空间的情感化传播偏向,不能兼顾理性与感性的平衡,导致了传播内容过于碎片化,充斥的感官刺激导致受众无暇深度思考,从而造成一种媒介疲劳感,并最终成为媒介负面评价的原因之一。

主题四:消费主义偏向与多元价值并存视域下普遍性的公平原则影响媒介内容评价

全球消费主义思潮以娱乐至上的理念将大众推向了及时行乐、讲究快感式体验的潮流,其结果之一便是以后现代的多元化和虚无主义否定了法兰克福学派在批判与反思基础上所重构的启蒙精神。[①] 特别是互联网技术迭代的加速进行,碎片化的时间带来了碎片化的阅读习惯,形成了与深度思考不同的碎片化思考习惯,并且愈演愈烈形成过度的碎片化倾向,从而使青年人群沉浸其中而自得其乐。但是,《后浪》视频的出现却让人看到了当代青年在追求多元价值并存的情况下,对反思以及深度思考的追求。

GW17认为这片子忽悠小朋友,不接地气,造成了极为不真实的

---

① 曾一果:《批判理论、文化工业与媒体发展——从法兰克福学派到今日批判理论》,《新闻与传播研究》2016年第1期。

感觉，就如在知乎 App 上，所谓代表底层发声的，没有谁真正来自底层；拍给青年看的视频，也没有听到青年的声音。

GW20 认为视频演讲过程中所穿插的一些镜头令人感到十分突兀，给人一种享乐和放纵感，所以认为这就是大多数年轻人唱衰此视频的原因所在。并且文案之中的那句话也是有问题的，因为能容得下多元文化审美和价值观的并不是更为年轻的身体，而是先进的思想。

GW23 认为《后浪》之所以被惨骂，是因为缺乏共鸣，并不能让青年产生共情认知或者共情感受。因为视频更加夸大表现现实与理想之间的差异，现实生活之中，并不是所有青年人都能像视频中的青年人一样，开赛车、玩潜水，这与我们的现实生活差距甚远。那句"心中有火，眼里有光"就很打动我，但是这些具象的物质性的呈现，却使人生厌。

青年基于反思，提出了与娱乐至死相反的认知，认识到消费主义过度偏向与多元价值的并存并不能解决深层次的普遍性公平问题，这也是该媒介内容得到负面评价的原因之一。

(三) 研究结论与讨论：以互联网媒介为中心的现代性反思以及调试路径的建构

社交媒体时代，互联网媒介技术的赋权以及受众的主动参与，使媒介内容物的传达并不能如传统大众传媒时代一样，通过议程设置等手段使主体认知与媒介内容达到完美的"合一"。因为双向互动是以平等对话为基础实现的，而对话并非源自"同一性"而是源自"矛盾性"。因此社交媒体时代的虚拟空间之中的对话往往充斥着观点的交锋与言语的喧嚣，也是基于此，对于媒介行为、媒介内容的反向评价发挥着对媒介经济脱嵌的导向控制力。

基于解释现象学理论，从社会以及经济双向运动视角来看，对 B 站青年宣言片的批判性反思，是新青年通过参与式对话，积极在社交媒体平台所建构的共同体内，积极地参与社会生活，并表达自己的观点和态度，以期能够在社会范围内达成认同与合意。这体现了以互联网媒介为中心的青年亚文化的积极参与式对抗，从而促进了从政治经济角度对中国现代性的反思。对现代性的反思最终目的是在文化危机产生之前通过抵抗而进行纠偏。

由此，可以从四个方面去解读新青年积极参与社会政治的意义。第一，媒介使用者在媒介技术赋权以及自我内部动机驱使下，能够积极地参与网络活动，但是其认知受到其主体的"先验性认知图式"的影响，新知识只有通过同化或顺从而融入既有的知识图谱（先见）方可形成，否则对抗与拒绝便顺理成章，而《后浪》视频内容的呈现与大部分青年的既有认知相左，为使自己的认知与主流认知达成"合意"，新青年们积极参与，通过反向评价，主动地促成认同与合意。

第二，人与媒介之间不同的同构关系呈现不同的传播效果，所以媒介的本体属性直接影响媒介使用者的评价，社交媒体平台的多媒体融合式的视听觉刺激，直接以具象呈现的方式影响着受众的认知形成，而非如传统的单一感觉器官（如听觉）的刺激能够激起更多的想象空间，具象细致的呈现往往会导致想象空间的缺位，而青年自认当下自身所处现实与视频呈现内容相去甚远。所以社会认同和合意的建构需要考虑媒介选择因素。

第三，互联网媒介时代是一个感性的时代，其传播倾向主要表现为情感传播，即情感裹挟式的传播。但是碎片式的煽情内容，能够引起一时的共情与共鸣，却难以避免网络事件的反转与再反转，于是"误杀"便可能成为常态。而网络版《后浪》视频内容的煽情式表现便是因为情感传播的过度偏向使青年产生媒介疲劳感，从而使说服与认同消散。

第四，以批判与反思为核心的批判学派的"再启蒙"思想在于互联网时代的价值依旧在于其对现代性的反思价值。碎片化的阅读与思考，符合以互联网媒介为中心的新媒体时代的特色，是新媒体时代媒介使用者所应有的媒介素养——与媒介进化相适应的人的知觉意识的进化，但是深度思考能力所对应的"整体化"思维却让青年发现了消费主义过度偏向以及多元价值并存所掩盖的普遍性公平的缺失，于是青年们以"公平"为名,以为自己"正名"为名,通过社会参与形成反向评价以纠正媒介经济的偏向。

　　基于以上论述,在社交媒体时代,以说服和认同为目标的传播意义建构需要重新考量。媒介经济的单方向拉动并不能保证方向的正确性,而社会性参与,特别是通过媒介使用、媒介内容评价等手段参与社会政治实践,能够以反向评价为核心,形成反向运动的纠偏力量,保证社会、经济按照一定的方向正确发展。为此,社交媒体时代的媒介经济以及个体之间需要建构一定的调试路径——情感传播时代要兼顾理性传播的平衡,回归理性与感性的平衡;读图时代的碎片化阅读与思考要兼顾深度阅读与思考的平衡,回归碎片化与整体性的平衡;消费主义的过度偏向是工具理性泛滥的结果,价值理性以及交往理性的平衡与纠偏作用在互联网时代依旧不容忽视,所以在多元价值并存的前提下,主流价值的内嵌仍然是不可忽视的重中之重。因为对媒介经济的反向评价所引发的互联网舆论狂潮可能只是一时的舆论喧嚣现象,但是其反映的文化内涵则是对文化危机以及社会危机的潜在警示。所以,不仅技术决定主义是考察当今中国媒介文化现象的重要方法论依据,批判主义学派以反思为核心的启蒙思想亦是考察当今中国媒介文化的关键性理论工具。只有兼顾平衡,在向前奔涌的同时,亦不忘回归"初心",方能预见危机而使文化以及社会走向昌盛。

　　但是,由于时间以及篇幅所限,该研究需要后续的持续研究来弥补不足。首先,需要从人类学视角考察不同性别对媒介经济、媒介内容反向评价的差异性以及意义所在;其次,由于样本数量的限制,以及问题呈现的同质化倾向,对研究结论的说服力具有一定影响。所以扩大样本数量,从政治经济学等多视角进行考察就十分具有必要性;最后,认知的演变具有一定的规律可循,综合人类学视角对不同年级、不同性别大学生媒介评价等的考察,便有可能对其认知演变规律进行总结与再认知,这将从实践以及理论上对社会、政治、经济、意识形态领域的研究提供支撑。

第三节　作为流行与反流行的文化实践

一　问题的提出

2021年9月，一件"jnby by JNBY"童装引发了网络舆论风暴，随着社交媒体上负面新闻的频出以及网民的批评、评论，事件持续升温——这就是"江南布衣童装事件"。该舆论事件的发酵过程，综合呈现技术图像时代的时代精神：反流行的力量，以及文化实践的两面性（精神性与物质性），同时体现了文化实践的精神层面能够作为反向运动的力量，并推动人类传播进行意义的赋予与建构。

技术图像与传统的图像（绘画）不同，指的是依靠技术性装置（Apparatus）[①]所生产的一种新平面，如照片、电影、视频、互联网动画等。如果说传统图像源于对场面的描写[②]，是依靠想象力将现实中三维的事物投射至二维平面，删除空间之中的时间与深度；那么技术图像则是发挥技术想象力[③]（Techno-imagination），将线性的文本投射为无维度（零维）的像素，从而组合成新平面，换言之，技术图像并不是对现实场面的再现，而是对文本的阐释。根据沃尔特·本雅明（Walter Benjamin）的媒介理论，媒介能够影响人的认知能力，不同的媒介时代具有不同的媒介认知能力。如果说在传统图像时代，图像作为崇拜的对象，并且由于"气韵"（Aura）[④]的存在而使图像发挥权威性作用，那么在技术图像时代，随着"气韵的消逝"，新图像通过媒介性赋权而使人获得了"政治参与"的能力，从而使人作为实

[①] ［巴西］威廉·弗卢塞尔：《摄影哲学的思考》，毛卫东、丁君君译，中国民族摄影艺术出版社2017年版，第15页。

[②] 周海宁：《弗鲁塞尔的"媒介符号理论"对传播危机的反思》，《科技传播》2018年第14期。

[③] 周海宁：《论互联网时代受众的数字化生存能力》，《出版发行研究》2018年第12期。

[④] 周海宁：《从本雅明提出的aura（气韵）媒介观看对象与主体关系的演化》，《新闻传播》2018年第21期。

践主体参与社会活动。

卡尔·波兰尼指出现代社会中存在着"双重运动",一是以市场发展为中心的"正向运动";二是社会自发的保护性"反向运动",用以对经济发展的过度偏向进行纠偏。① 换言之,人类传播过程中会自发地生成市场和社会两种合力,从而使人类传播沿着正确的方向发展,避免传播危机的出现。② 波兰尼的"反向运动"是社会主体社会意识的自我拯救,而本书则将舆论的社会批判与反思所引发的对经济发展偏向进行纠偏的能力看作其反向运动的表现之一。

从文化研究学派所界定的"文化含义"③ 的角度出发,"文化"作为人们日常生活的经历和体验,强调了文化的社会性和记录性功能,肯定了文化是日常生活实践的产物,这改变了以往仅仅将文化作为"教化工具"的单一观念,也验证了马克思的文化实践观:"哲学家们只是以不同的方式解释世界,而问题在于改变世界。"④ 强调了文化实践作为人本质力量的外化,是作为主体的人发挥能动性去改造世界。

"江南布衣童装事件"折射出文化的两个层面:一是江南布衣品牌作为文化产业的一分子,利用文化要素增加商品的"符号价值",引领"流行"并从中获取商业利润;二是民众利用互联网媒介对其认

---

① [匈牙利]卡尔·波兰尼:《大转型:我们时代的政治与经济起源》,刘阳、冯钢译,浙江人民出版社2007年版,第35页。

② 周海宁:《〈后浪〉青年宣言片反向评价的解释现象学分析》,《鲁东大学学报》(哲学社会科学版)2021年第1期。

③ 在《文化分析》(The Analysis of Culture)一文中,雷蒙德·威廉斯(Raymond Williams)概括了文化的三种定义。第一,文化是理想的,指的是人类的某种尽善尽美的过程,并以真理或者某种普世的价值而存在;第二,文化的记录功能,指文化是现存的文本与实践,将文化视为知识性和想象性的作品;第三,强调文化的"社会性",即"文化是对特定的生活方式的描述"。而第三种文化的定义则涵盖了前两种定义。如果说文化是某种特定的生活方式,那么文化分析则是对某种生活方式的重构。同时,威廉斯还提出"情感结构"(Structure of Feeling),即某一特定群体或社会所共享的价值观,是文化的集体无意识和意识形态的混合物。而这种情感结构则体现在"活的文化"中,所谓活文化指的是人们在日常生活中经历和体验到的文化。参见[英]约翰·斯道雷《文化理论与大众文化导论》,常江译,北京大学出版社2019年版,第53—57页。

④ 参见衣俊卿等《20世纪的新马克思主义》,黑龙江教育出版社2007年版,第115页。

为不合理的商业文化活动现象进行批判而引发舆论运动，从而引发"反流行"，号召商业伦理。所以在技术图像时代文化本身具有双重属性——物质上的"流行性"与精神上的"反流行性"，二者共同依赖于物质文化实践，同时也依赖于文化的意指实践（意义生产）。本节从这一问题意识出发，对技术图像时代的网络事件"江南布衣童装事件"的文化实践进行分析与把握。

二 流行与反流行：文化实践的问题面向

（一）流行：作为文化产业发展的推力

流行是"人类在追求社会性均一化倾向和个人性的差别化倾向之中所形塑的一种妥协性结果，从而形成了日常生活样式之中的特殊情况"①。因为，人类心理往往呈现两种特征：一是追求"变化之中不变的一般性"；二是追求"不变之中变化的特殊性"。换言之，人类同时具有两种对立矛盾的心理特征：一是将自身融入他人之一般性中的模仿心理；二是将自己从他人之中差别化出来的抵抗性心理。流行正是诞生于这种矛盾对立的"合"（Synthese）之中。而人的这种流行心理被商业机构所洞悉，就成为其谋取利益的机会。江南布衣服装之所以能够引领"潮流"是基于对消费者流行心理的认知，并且也确实取得了商业性的成功。据报道②，2021财年，江南布衣集团拥有会员账号超过490万个，会员所贡献的零售额占总额的约70%。所以江南布衣已经获得了极高的知名度以及辨识度。足见，流行是文化产业发展的重要推动力。

然而江南布衣童装事件所折射出的问题在于其文化产业工具属性的过度偏向，挤压了公共性，由此引发了人们以公共之善为目标的舆论运动。因为童年是儿童认知与价值观形成的关键时期，而此

---

① Kim Seongjae, *Communication of Imagination*, Seoul：Bogosabooks, 2010, p. 225.
② 周惠宁：《江南布衣全年利润大涨近87%》，环球网，https：//fashion.huanqiu.com/article/44ahvXl1Pbj, 2021年9月1日。

时期通过媒介所接收的信息将直接影响儿童的价值认知与价值观念的确立。① 特别是从传播理论的角度切入，媒介的功能不仅在于传递信息，而且能够通过媒介建构共同的价值理念，换言之，媒介能够改变个体的认知、态度与行为。这也就是媒介学者麦克卢汉的名言"媒介即信息"②的核心理念。例如，如今校园暴力并没有因为人们社会生活水平的提高而大幅度减少，而是通过软暴力和硬暴力组合的方式，甚至使用超出公众一般性预期的残忍手段，呈现愈演愈烈的趋势，而导致校园暴力的因素之一可能跟"儿童邪典作品"③有关。

"儿童邪典"这一词的使用，是由于技术图像时代，影像文化逐渐成为逐利的工具，动画制作公司通过改编儿童熟悉的卡通人物和故事，并将其包装成血腥暴力或者软色情内容，甚至是虐待儿童的动画、真人短片。这种影片往往打着教育的幌子，制作不适宜儿童观看的视频，进而扭曲儿童的价值观、世界观。"儿童邪典"走入人们的视野是因为"艾莎门"（Elsa Gate）所引发的社会关注，艾莎作为影片《冰雪奇缘》的角色，被嫁接、组合、编辑成新的视频，并形成一种套路：其底色是不符合人伦常理的荒谬剧情，含有软色情、暴力、恐怖、惊悚等剧情。④例如，艾莎被开喉咙、开颅。长此以往，通过视觉的刺激，辅之以背景音乐等音效氛围渲染，儿童通过反复的"操练"而习惯并吸收着剧中的动作、行为，并不断巩固这种危险的认知。而在中国，迅速处置"邪典"视频事件则入选 2018 年"扫黄打

---

① 周海宁：《论从大众传媒时代到数字媒介时代的童年变化》，《新闻传播》2018 年第 17 期。
② ［加］马歇尔·麦克卢汉：《理解媒介：论人的延伸》，何道宽译，译林出版社 2011 年版，第 1 页。
③ 陈禹衡：《分类与预防：儿童邪典作品的刑法规制研究》，《预防青少年犯罪研究》2020 年第 6 期。
④ PINGWEST 品玩：《不上幼儿园就没事么？你的小孩可能正在被邪典儿童视频摧残》，凤凰网科技，https：//tech.ifeng.com/a/20180118/44850238_0.shtml，2018 年 1 月 8 日。

非"工作十件大事①，从而引发广泛的关注。

2021年9月引爆舆论的"江南布衣童装事件"，经过舆论的曝光，亦被定性为"邪典"事件②，并引起民众广泛的讨论。而舆论则聚焦于童装的图片以及文字符号：童装图片呈现了性、暴力、种族歧视、恋童、邪教等内容，并进行了全国大规模销售。例如"Welcome to hell"（欢迎来到地狱），"Let me touch you!"（让我来摸你），"The whole place is full of Indians. I will take this gun and blow them to pieces."（到处都是印第安人，我要用枪将其炸成稀巴烂），"I'm afraid! I wish they would stop! I don't want to land. NO!!!"（我好害怕！我希望他们能停下来，我不要落地，不要！！！），等等。除了怪异的文字，还有异样的图片。如童装上面面目流血的兔子、孩子脸庞上不明的液体、仿佛魔鬼的大嘴巴、有着长指甲并妖娆地捏着针的断手，不一而足。

以上种种，最终导致了民众的言论抨击。

首先，"真善美"是人类共同的追求，因此江南布衣也将"自由、想象力、快乐、真实"等美好词汇作为理念，将其设定为品牌的"符号价值"③。但是正如有网友指出的，童装上出现死亡、血腥、暴力等"儿童邪典"元素，它代表不了"酷"，也无法将其定义为"品牌风格"。因为技术图像时代，虽然传统图像的祭祀功能已经被展示功能

---

① 刘声：《2018年我国"扫黄打非"工作十件大事公布》，新华网，https://baijiahao.baidu.com/s?id=1621613736063800248&wfr=spider&for=pc，2019年1月3日。
② 时尚有March：《性暗示？X虐！邪典！江南布衣事件，轰动全网!!》，搜狐网，https://www.sohu.com/a/491959370_121124626，2021年9月25日。
③ 鲍德里亚在其著作《消费社会》中指出，在物质丰富的时代，消费者进行商品选择之时，不仅关注商品的实用价值（使用价值），而且关注商品在其用途以外的意义，即"符号价值"。"如今，消费恰恰说明了这样一个发展阶段，即商品完全被当作符号，被当作符号价值，而符号（文化）则被当作商品……消费是享乐主义的，它的过程不再是劳动和超越的过程，而是吸收符号和被符号吸收的过程。"并指出，如今随着商品的富足，人与人的关系被人与物的关系所替代。参见［法］鲍德里亚《消费社会》，刘成富、全志钢译，南京大学出版社2000年版。鲍德里亚的消费社会理论，是以马克思主义《资本论》之中的价值理论为切入点，认为除了使用价值和价值之外，商品还有符号价值，符号价值产生于包装与宣传阶段。符号价值的功能在于区分社会等级，并确立了消费社会和生产社会的区别，从而最终确立了消费文化。

所替代，但是图像依然具有"意识形态"功能。正向的理念不但能形成"符号价值"而获得经济价值，亦能导向正确的态度与行为。所以作为反向理念存在的"儿童邪典"，通过呈现错误的展示价值，经过长期的"教化"与"固化"，儿童的态度、行为势必受到影响。

其次，拼接、组合作为后现代的"风格"，是约翰·费斯克（John Fiske）[1]从肯定的意义上对大众文化现象的总结。但是后现代主义肯定个性的张扬，却并非无视共同价值与认同的作用。[2] 所以有网友指出："阴间的、血红的嘴巴，配色也怪异，要么暗戳戳的，要么各种荧光色，这就变成了哗众取宠，是没有底线的。"如此所谓的"后现代风格"是否是文化多样性发展的必然，是否是人类文化发展的未来？

造成如此对立结果的原因在于，江南布衣集团欲增加商品的文化"符号价值"从而获得更多的经济价值，但是过犹不及。无论是文化产业还是文化事业其最终目的都在于"以文化人"——使人发生变化，而且是向着有利于人类共生、共发展的方向变化，向着有利于共同体健康发展的方向变化，而一旦文化产业工具属性过度偏向，挤压了公共性，那么所谓的流行之于人，不论是一般性的"模仿"，还是

---

[1] 约翰·费斯克既是大众文化研究者，亦是大众文化的参与者（大众文化迷），他从乐观主义视角强调大众文化的创造性、娱乐性和叛逆功能。他将商品是意识形态的物质形式，而快感则是在文化中被理论化的：快感在共享的过程之中被分为两个范畴，一是弹冠相庆，二是痛加谴责。这种二分法有时候是"美学意义上的"（高雅、崇高的快感并反对低俗的享乐）；有时候是"政治意义上的"（反动的快感与革命的快感）；有时候是"话语意义上的"（创造意义的快感和接受陈腐意义的快感）；有时候是"心理学意义上的"（精神的快感和身体的快感）；有时候是"规训意义上的"（施加权力的快感和规避权力的快感）。他认为报偿原则由工作领域扩展到休闲领域，认为节假日的大众意义是狂欢节的意义，换言之，使人们从工作的规训中解脱出来并合法地沉溺于那些被日常生活所压抑的快感之上。二者之间的差异在于，一个是身心调剂，一个是身心解脱（Release）。参见［美］约翰·费斯克《理解大众文化》，王晓珏、宋伟杰译，中央编译出版社 2006 年版，第 19、60、92 页。

[2] 约翰·费斯克指出："社会变革的动力，只能来自基于利益冲突的社会差异感，而非自由的多元主义，因为在这种多元主义里，差异感始终要服从一种共识，而这种共识的功能，便是使这些差异保持原状。"参见［美］约翰·费斯克《理解大众文化》，王晓珏、宋伟杰译，中央编译出版社 2006 年版，第 25 页。

特殊性的"抵抗",都将缺失根本。

(二)反流行:作为精神批判的社会功用

上文提到波兰尼的理论假设——社会的"反向运动",指的是社会主体社会意识的自我拯救,是通过社会批判与反思对经济发展偏向进行纠正的反向运动的表现之一。①"江南布衣童装事件"所引发的民众舆论关注则凸显了舆论作为纠正经济发展偏向的反向作用力所发挥的社会功用。而对以"流行"为推手的文化产业进行纠偏,舆论批判所发挥的精神批判的社会功用则可以称为"反流行"。

从媒介功能的角度来看,媒介具有文化传承的功能以及娱乐的功能,这是媒介功能论的内涵之一。而文化传统功能与娱乐功能从今天的媒介状况来看,特别是在中国,可以分为文化的事业功能和文化的产业功能。② 换言之,文化的精神层面功能对应着文化的事业性,而文化的物质层面功能对应着文化的产业性。如果说文化产业对应着"流行",那么文化事业就对应着"反流行"。

从中国传统文化角度来看,文化的事业功能体现在"举而措之天下之民谓之事业",是《周易》等传统文化经典所建构的"精神",并使之传承而流传;从西方文化的角度来看,文化产业功能之中"文化产业"一词出自《启蒙辩证法》,其从批判的角度指出了文化的物质性偏向,而过度的物质性偏向造成了人主体性的弱化甚至丧失,使人之为人的根本发生了变化——人从主体变成了客体,换言之,人成为"异化"的存在。③ 换言之,文化产业的偏向性挤压了文化精神性的空间,所以文化事业与文化产业只有共生才能共发展,文化事业是文化产业的基础,而文化产业能够刺激文化事业的发展,文化事业与文化产业具有等价性,但是文化事业具有第一位属性。进言之,"反

---

① 陈人江:《新自由主义之后还是新自由主义?》,《河北经贸大学学报》2018年第1期。
② 李世澳、周海宁:《论互联网媒介时代文化昌盛的关键》,《今传媒》2021年第4期。
③ 周海宁:《互联网时代中国媒介文化的嬗变以及人的主体性重构》,延边大学出版社2019年版,第111页。

流行"的社会批判功能应置于"首位"。

如果将"江南布衣童装事件"作为一场文化实践所导致的文化事件（媒介事件），那么就可以从文化的精神层面和文化的物质层面对其进行分析。这需要从具有文化传承功能的文化事业（精神）功能入手进行分析。在"江南布衣"舆论风波之中，热点话题之一就是西方文艺复兴时期的经典作品被"拼接"到童装上。荷兰大师希罗尼穆斯·波希（又译为耶罗尼米斯·博斯，Hieronymus Bosch 1450－1516）在尼德兰文艺复兴的作品《人间乐园》（*The Garden of Delights Central Panel*，1504，木版油画220cm×195cm）① 三联画如图3－1所示。

图3－1 希罗尼穆斯·波希《人间乐园》三联画

这幅画作为虚幻性想象的描绘，表现的是基督教传统认知中，从人类始祖亚当夏娃的原罪时期，历经人类地上生活的纵欲（性与饮食等），最后是地狱受苦的情景。左图表达岁月静好，万物（包括亚当与夏娃）围绕着上帝，一片祥和。中图表达上帝"缺席"人间，人类处于一种集体无意识的"狂欢"中而集体"堕落"，放纵而无知。右

---

① 全球艺术人文：《名画赏析：〈人间乐园〉》，搜狐网，https：//www.sohu.com/a/199398169_99908727，2017年10月21日。

图表达地狱中的各种"异化情景",如:夹着利刃的大耳朵;拟人化的动植物——树人、鸟人(引诱人类、惩罚人类);代表着享乐的乐器(竖琴);甚至是未来元素,如机械人、金属躯壳、"异形"怪物。

作为波希艺术成熟期的画作,这幅画作展现了人们犯下的罪孽以及其心中萦绕着的恐惧。画作的本质是借古讽今,反映了画家对当时动荡不安社会的焦虑,并使其成为今后超现实主义①的先驱。因为,在文艺复兴期间其他画家的画作多半是关于宗教人物、历史故事的,如耶稣、圣母等,抑或天使的柔光面庞与蒙娜丽莎的神秘微笑。然而波希却搞起了"怪诞艺术"②——画风诡谲、情节离奇、幽默与恐怖并存。尽管如此,其本质上依旧发挥着传统文化的精神批判功能,换言之,与中国美学的传统概念"反常合道"有着异曲同工之妙,所以波希的这一画作是对传统经典的一种"扬弃"——表面上荒诞而怪异但本质上依旧发挥图像的传统功能,即崇高与警示的批判性功能。换言之,这依旧发挥着本雅明所言的艺术作品的"宗教崇拜"功能。③因为在传统的认知中,图像空间中的位置是不变的,而现实生活是不断变化的,现实生活之中的变化被视为因脱离图像中的正确位置而受到的"惩罚"或者"报复"。所以传统图画之中的世界是"应然"的世界,现实生活世界是被"惩罚"的结果。图像之中的世界是"真

---

① 超现实主义是20世纪上半叶的艺术流派,取自达达主义的部分观念,基于弗洛伊德精神分析学说中的"潜意识"假说,追求艺术意义的"美"而非科学意义的"真",换言之,人的本能、梦幻以及下意识领域是其创造的源泉,从而将梦幻与现实结合起来。超现实主义艺术作品呈现"神秘、恐怖、荒诞、怪异"的特点。这符合中国传统美学之"反常合道",即"出乎意表之外,合乎情理之中",或者说"反乎生活常理而合乎艺术之道"——在艺术表面上是对现实的"扭曲",而在艺术本质上造就艺术的惊奇效果。这一艺术的产生是根植于20世纪上半叶世界大战所造就的现实土壤。基于此,可以说波希是现实主义的先驱。

② 网易:《江南布衣的"邪典"设计,到底来自什么古典画作?》,https://www.163.com/dy/article/GKVJGVUR051285EO.html,2021年9月28日。

③ 沃尔特·本雅明(Walter Benjamin)在其著作《机械复制时代的艺术作品》之中将艺术作品的功能分成传统图像(传统艺术作品)的宗教崇拜功能和技术图像(机械复制时代的艺术作品)的展示功能,从而肯定了艺术作品的政治解放功能。其中,其著名的假说为"气韵的消逝"。参见周海宁《从本雅明提出的aura(气韵)媒介观看对象与主体关系的演化》,《新闻传播》2018年第21期。

实"的,而现实生活却是"虚妄"的。这也是波希画作《人间乐园》能够发挥批判功能的根源所在。

这样一幅传统经典的画作,在文化产业时代被作为"流行"服装的设计"灵感",而被"拼接""嫁接"到童装之上,提升其"符号价值"①,以便从中取得更多的商业价值,这本无可厚非。因为,从文化功能的物质层面而言,这是发挥文化的"工具性"作用,挖掘文化物质性"最大"价值的结果。然而从跨文化传播以及文化产业伦理角度来看,过度的工具性偏向必将导致"异化"的产生,从而产生文化危机,即文化产业的偏向性挤压了文化精神性的空间。而"反流行"作为反抗精神而发挥社会功用的目的就是纠正以"流行"为基础的文化产业的过度偏向。

三　建构合理的文化实践

如果说产业革命之后,商品的生产是人类传播的主流,那么消费主义时代,商品的消费则成为人类传播的主流。前者注重商品的使用价值,而后者注重商品的符号价值。② 而如今在技术图像时代,随着商品经济的加速发展,对物的追逐使文化产业逐步兴盛,作为文化传统的事业性(精神)功能仿佛已经受制于文化产业的发展,使二者的关系发生了倒置。但是社会与经济作为人类传播的两个要素,二者的关系需要从平衡的角度出发,如果经济是向前的推动力,那么社会(文化)就必须是向后的拉力,在"推拉"(Pull – push)之中,实现经济、社会的均衡发展,使人类传播能够健康发展。因此建构合理的文化产业生态,就必须使其意指实践(意义生产实践)符合正确的时

---

① 法国哲学家让·鲍德里亚(Jean Baudrillard),在"消费社会理论"和"后现代性"等理论方面颇有建树。以马克思主义《资本论》之中的价值理论为切入点,认为除了使用价值和价值之外,商品还有符号价值,符号价值产生于包装与宣传阶段。符号价值的功能在于区分社会等级,基于此,确立了消费社会和生产社会的区别,并最终确立了消费文化。

② [法]让·鲍德里亚:《消费主义》,刘成富、全志钢译,南京大学出版社2014年版,第1页。

代精神,即共生、共进、和谐、至善。为此本书提出两点合理化建议。

一是文化产业发展首先考虑公共之善,将真(知识、知觉)与美(体验、感觉)融合为公共之善。自17世纪起,科学与技术的发展使科技理性成为"真理",求知成为人之为人的标准。而对知识的过度追求使人与自然、人与他人的关系紧张,使人类中心主义膨胀。例如,在自然科技的加持之下对自然的过度开发;在工具主义的推波助澜之下,人与人之间以竞争关系取代相互依存的关系;等等。随着媒介技术的迭代升级,特别是在互联网时代,人们对"体验"的追求逐渐得以高扬,如对虚拟体验的追求逐渐胜过对"真实"的追求。如果说技术理性时代,人们是通过"求知"不断接近一个永远无法达到的"真理",那么如今技术图像时代,人们则通过"体验式的互动、参与和体验"而共同走在创造"真理"的路上。然而虚拟体验的泛滥势必成为人与人交流的障碍,造成对线上虚拟关系的沉溺,却忽视对线下实在的人际关系的维系,导致在技术理性抑或技术图像(感性)的加持下,人们对物的追求与沉浸将愈演愈烈。最终人们会逐渐从对公共性的关注过渡到对私人性的重视,于是公共性逐渐萎缩。所以融合真、美以及公共之善就具有时代的重要性和紧迫性。同时,"江南布衣童装事件"之所以引发公众"喧嚣",亦体现了公共之善的无法忽视。

二是具有后现代性特征的文化产业繁荣的背后,凸显了后现代性应该是现代性的一种未完成的方案。"剪贴""拼接"是后现代性的一种表现,突出表明了对个体"私人性"与"个性"的重视,后现代的叙事注重的是打破"宏大叙事"的框架束缚,注重个体的自由表达,呈现一种多元价值共存的局面。而作为人类传播之中的活跃因素——经济活动,其主动引领社会前进,在实践中体现时代发展的要求——自由、个性、快乐、真实并且具有想象力。这不正是对个性追求的最好表达吗?这也是文化产业意指实践(意义生产)的表现,并在经济上表现为"符号价值"的创造。但是多样化的价值认同并非没有共同价值，也不是将一小部分人的价值作为公众的共同价值，因为共同价值的创造应该体现"举而措之天下之民"。因此，后现代性是基于对现代性的纠偏而提出的完善"方案"，二者并非非此即彼的关系，而是"一而二""二而一"的关系。换言之，现代性与后现代性是具有差异性的，前者追求"宏大叙事"，后者追求"个性书写"；二者又是具有互补性的，是一种共生、共存的关系，现代性关注宏观目标的方向性，而后现代性关注具体个人的现实感受性，二者缺一不可。

综上所述，技术图像时代，文化产业推动物质文化实践发展。这符合文化作为"日常生活方式"，关注人们日常生活实践、突出个人特色、注重个人参与、体现个人价值，从而引领"流行"的功能。然而过度的物化追求，使人沦为文化生产和消费的附属（对象），扭曲了文化产业发展以人为本的出发点和归宿，最终可能丢失"以文化人"的人文目标。而作为民意的舆论则以"反流行"的"反向运动"对文化产业过度偏向的"异化"现象进行纠正，从而发挥作为时代精神的文化的功用，即批评、反思以及纠偏。所以文化产业的兴盛必须依靠文化精神（事业）与产业（物质）的共同效力，才能使作为主体的人获得益处。

第四章　媒介转向：听觉文化的建构与文化昌盛

第一节　以互联网媒介为中心的听觉文化的建构

从西方哲学的发展路径来看，古代希腊哲学是以"存在论"①为中心而展开的，主要探究的是事物的本源是什么。到了17世纪，近代西方哲学则发生了"认识论"②的转向，开始探究意识的本质，即人类知识的来源是什么。进入20世纪，哲学的传统则发生了"语言学"的转向，探讨的是语言和思考到底孰先孰后的问题。并且，语言哲学家维特根斯坦（Wittgenstein）提出了"我语言的局限就意味着我人生的局限"这一命题。即，我们对于世界的认知受到了

---

①　存在论（Ontology）作为哲学的核心领域，是关于"存在"——存在是什么，存在是如何存在的学问。最早见于17世纪德意志哲学家鲁道夫斯·郭克兰纽（Rudolphus Goclenius）用拉丁文编纂的《哲学词典》中。作为创造的新词Ontologia指的是"存在学、存在论"或者"是论"，是希腊词On（即Being）的复数Onta（存在者、存在、是者）与Logos（学问、道理、理性）结合而成的。

②　"认识论"（Epistemology），是研究知识的本质、起源、依据、局限的学问，是关于人们如何认识的哲学思想，如何认识的问题属于方法论领域。这一词是现代的产物，最早出自卡尔·莱因霍尔德（K. L. Reinhold）的《人类表象能力新论》（1789年），提出德语词"Erkenntnistheorie"。英语的"epistemology"来源于希腊语的"epistemele（知识、认识）+ logos（学问、道理）"。在古代或者中世纪认知哲学的考察是作为神的认知进行的，作为人类主体的认识问题则处于现代哲学的中心。认识论领域中有两大对立的传统——经验论和唯理论。

"先验性①的"语言结构的影响。

如果说20世纪按照本雅明（Walter Bejamin）的理论"我们不是通过语言而是在语言之中认识自身的本质"，那么21世纪，我们可以说我们不是通过媒介而是在媒介之中认识我们生活的本质的。因为，在21世纪，媒介的存在已经"先验性"地规定了我们认知世界的方式。特别是从《黑客帝国》、*Her* 等影片中，我们能够发现，媒介属性的变化使我们感受世界、认知世界的方式发生了深刻的变化。

《黑客帝国》为我们展现了媒介的变化，特别是人与媒介在"同构"过程中，人类本身的"赛博格"（Cyborg）②化，让人们能够同时进行虚拟生存和现实生存两种不同的生活体验，从而带来的"离身化"（Disembodied）③认知，诸如此类的影片还有《阿凡达》（*Avatar*）④之中出现的这种"身外化身"式的"离身化"体验，以及《阿丽塔战斗天使》（*Alita：Battle Angle*）⑤中出现的人的"赛博格"化，以及"机器人"的"具身化"（Embodied）⑥。

---

① 先验论认为知识是先于感觉经验与社会实践的，是先天就存在的，属于唯心主义认识论的一种表现形式，与唯物主义反映论对立。19世纪30年代和40年代出现于美国年轻知识分子中的运动，强调人善良的品质、创造力以及自我发展潜力。

② 赛博格（Cyborg = Cybernetics + Organism），是控制论与有机体的结合，其本质属于在机器与有机体中控制与通信的范畴。

③ 离身化（Disembodied）又被称为离身认知，可以从笛卡尔著名的"我思，故我在"的话语之中看出其内涵，规定了身体与心灵的二元性，认为心灵和肉体从属于不同的独立实体，而心灵的位阶要高于身体。所以从离身化认知的实践中可以看出，人工智能的发展或者赛博格的发展都是逐渐用机器代替人的肉体（克服人肉体的弱点），由此产生的困境是"没有肉体的人类还是不是人类"，或者，你是否能接受未来的人类图景是"将人的心灵上载到机器之中，用机器替代人的肉体，然后替代人类继续生活"。

④ 科幻电影 *Avatar* 由詹姆斯·卡姆隆（James Cameron）执导，二十世纪福克斯出品。其中"Avatar"有化身的含义。

⑤ 科幻电影 *Alita：Battle Angle* 由日本漫画家木城雪户（Kishiro Yukito）的漫画《铳梦》改编，由二十世纪福克斯出品，由罗伯特·罗德里格兹（Robert Rodriguez）执导。

⑥ 具身化（Embodiment）又称为具身认知（Embodied Cognition），是心理学中的一个研究领域。具身认知理论认为生理体验与心理状态之间有着强烈的联系。参见叶浩生《具身认知：认知心理学的新取向》，《心理科学进展》2010年第5期。进而，从传播学角度来看，具身性认为身体和心智（Mind）具有等价性，强调身体在信息传播中的重要作用。从媒介即人的延伸角度来看，人工智能技术本质上即是一种对人的延伸，是人身体的外化，或者是人本质力量的外化。如果说第一代认知科学被定性为"离身性"（Disembodied），那么第二代认知科学则被定性为"具身性"。

而电影 Her 之中，则通过人类与人工智能（没有形体的存在）声音之间所建构的关系（伴侣式），为我们描绘了未来人类口语性传播以及听觉文化的建构图景。本章正是从这一问题意识出发来考察互联网时代，以媒介为中心的传播方式的变化所带来的听觉感官的回归以及听觉文化建构的可能性。换言之，在以媒介为中心的世界之中，考察口语传播的回归与听觉的转向所带来的人机关系的变化，以及恢复人类感觉器官的均衡，打破视觉文化的独占霸权，建构听觉文化的现实可能性。具体而言，本章需要探讨多伦多学派（Toronto School of Communication）口语传播研究对互联网时代听觉文化转向（Auditory Culture Turn）的启示。

一 第二口语时代的开始

多伦多学派是以伊尼斯（Harold Innis）为先导开创，而以麦克卢汉（Marshall McLuhan）以及翁（Walter Ong）为主力传承发展的。他们共同研究的是传统口语文化、文字文化以及电子时代开启的新的口语文化。其中，伊尼斯通过将媒介分类为"时间偏向"和"空间偏向"，从而指出了"通过纸媒和印刷产业所形成的传播偏向被广播（Radio）带来的新偏向所抵消"[1]。所以对伊尼斯来说，由印刷媒体形成的文本是通过视觉器官来传达的，所以属于空间偏向的媒介；而电子媒介通过听觉器官来传达口语，所以是时间偏向的媒介。于是，伊尼斯指出了以时间偏向为主，电子媒介所代表的新口语文化能够克服印刷媒介所带来的以空间偏向为主的文本文化。所以，伊尼斯乐观地认为，在20世纪随着广播文化的发展，西方文明逐渐有形成时间和空间均衡的可能，因为以广播为主的电子文化，将人类文明带入了第二口语时代。

鉴于以文字为基础的文本文化产生了知识以及权力的垄断，伊尼

---

[1] Harold A. Innis, *The Bias of Communication*, Toronto: University of Toronto Press, 1982, p. 60.

斯才认为第二口语时代的出现让人类文明产生了回归传统口语时代的可能性，能够矫正文字文化所产生的视觉独占性的空间偏向，最终能通过视觉和听觉器官的均衡来实现时间和空间的均衡。但是第二次世界大战中广播的使用，证明了广播所带来的并不是真正的口语的回归，而是空间偏向的再扩大，人类社会仍处于危机之中，因为大众媒介是单向传达而非双向的对话式传播。

以伊尼斯口语传统回归研究为发端，麦克卢汉提出了"媒介即信息"以及"冷媒介和热媒介"[①] 等理论，指出了媒介的形式本身比媒介所承载的内容更具有意义，因为媒介的内容是另外的媒介，例如，文本所承载的内容是口语媒介。而使用不同的媒介，所需要运用的感觉器官是不同的，从媒介发展来看，新媒介的发展方向带来的是以感觉的均衡替代或者说矫正了原本感觉的偏向。其中，冷媒介有电话、电视、漫画、座谈等，而热媒介有报纸、广播、电影等。麦克卢汉的分类标准是媒介是否能够矫正感觉器官的偏向，促进感觉的平衡。换言之，媒介的使用所能激发受众参与（使用）媒介的程度。凡是缺少对话、容易造成感觉偏向（单一感觉独占），或导致传播霸权的媒介便是热媒介；凡是能够激发受众参与积极性，能够带来对话可能性的媒介便是冷媒介。所以在当时，对于麦克卢汉来说电视媒介是新媒介，因其具有恢复口语传统、打破单一感官偏向的可能性而被定性为冷媒介；但是广播、电影由于第二次世界大战时期成为话语独占的工具，其使口语恢复的能力因其本身所具有的局限性而被放弃，所以被归于热媒介一类。

翁对口语回归的研究，特别是对视觉和听觉对比的研究主要体现在其著作《口语文化和文字文化》（*Orality and Literacy*）中对口语性以及文字性的对比研究。翁的研究也聚焦于广播（Radio）和电视媒介，并指出了第二口语性这一概念，更重要的是指出了第一口语性与

[①] Marshall Mcluhan, *Understanding Media: The Extensions of Man*, West Benga: Signet, 1969, pp. 1 – 20.

第二口语性根源的不同,即第二口语性是以文字和文字文化的存在为前提的。翁指出:"电话、广播、电视以及多样化的音响记录机器等电子技术将我们带入'第二口语性'的时代,这种新的口语性在参与的神秘性、共同体感觉的促进、瞬间的集中等方面与传统的口语性具有惊人的相似点,但是这一新口语性却是以书写以及印刷为基础的。"①

文字时代由书写和阅读所形成的人类特性是孤独的个体以视觉为中心的感官体验,但是电子时代口语性的转向,即以听觉为中心的感官转向,带来的是以观众、听众为基础的共同体扩张。但是以大众传媒为代表的垂直型传播体系,并没有真正使受众参与人与媒介同构的互动,受众仅仅是被动接收信息的一方,依旧同文字媒介时代的阅读者一样,人与人之间缺少真正的交流。

综上所述,多伦多学派提出"第二口语时代"时期的代表性媒介是广播(Radio)和电视。但真正的问题是,这些媒介并不是具备真正的对话性的媒介。因为从属于大众传媒的广播、电视媒介都是单向的、中心化的、等级性的信息传播媒介,受众作为被动接收者,只能听别人让你听的,看别人让你看的,因为大众传媒所反映的世界是由"议程设置"的"筛选"功能所设定的拟态化的世界。

换言之,大众传媒所传达的信息并不是世界的本来模样,而是对客观世界的描写。所以大众传媒时代,受众与媒介之间的相互作用是十分有限的,"人机同构"的传播体系并没有确立。换言之,在以广播和电视为代表的所谓的第二口语时代,在"听觉"回归下的"听众"和文字时代孤独的读者一样,只是孤立性的存在而已,在大众传媒的作用下,人与人之间的对话式交流并没有真正展开。

总而言之,伊尼斯、麦克卢汉以及翁所期待的第二口语时代(大众传媒时代)是限制面对面交流的不完善的第二口语时代。而真正的

---

① Walter J. Ong, *Orality and Literacy*: *The Technologizing of the World*, New York: Routledge, 1982, p. 133.

第二口语时代，是以计算机技术为基础形成的互联网时代，即允许双向互动交流的，去中心、去等级的视听觉均衡发展的新口语传播时代。在这里，受众能够真正参与其中，不是以旁观者的身份，而是以"主人"的身份从客观世界的主体变成彼岸世界（赛博空间或者虚拟空间）的策划者。

所以在互联网时代，在"开放、分享、自由"理念之下，第二口语时代才真正展开，因为此时，说者与听者才真正地以对话的方式，平等地、水平地进行交流，听觉才会真正地回归，与视觉一起为感官世界的平衡贡献力量，才能缓解因视觉文化的过度偏向而导致的文化危机。

二　听觉文化的回归

移动音频大体可以区分为移动广播以及网络音频，媒介技术的迭代升级推动听觉数字化，从而以互联网媒介为中心，推动听觉数字叙事在空间上的扩张，形成"三层空间"① 格局，即以文本内容为中心的声音叙事的"叙事空间"，听众主体在收听过程中形成的以媒介为中心的"传播空间"，听众内心所建构的关于声音叙事内容的"想象空间"。

进而言之，这三大空间呈现了听觉传播的三个场域，即以听觉文本为中心的文本空间场域，以受众主体与声音媒介为中心的人与媒介互动的现实（虚拟和实际现实）空间场域，以及受众主体认知范畴的想象空间场域。文本空间、现实空间以及想象空间相"结合"共同构成了以声音符号传播为中心的听觉文化空间。

音频随着互联网媒介的发展而再次呈现复兴状态，特别是随着社交服务网络（SNS）的发展，受众参与的深化、对话式交流的普遍化使听觉文化回归，打破了长期以来视觉文化一家独大的格局，有利于

---

① 叶思成、何梦凡：《冬奥主题听觉创意设计与声音创作探析——基于〈冬奥·这一刻〉的分析和探讨》，《中国广播》2020年第8期。

促进"感觉器官的均衡"发展,使文化更加多元化、更具生命力,能够突破文化的危机,走向文化的再次昌盛。

以伊尼斯、麦克卢汉以及翁为代表的多伦多学派的口语文化研究者提出了"第二口语时代"这一概念。其口语研究共同指向了大众传媒时代广播、电视的发展,并分析了人与媒介的关系建构。最终提出了不同于文字时代的传统口语时代,广播电视媒介的出现,以其口语性的回归,打破了 15 世纪之后"谷登堡的银河系"(Gutenberg's Glalexy)所带来的以文字媒介为中心的视觉偏向的局面。

但是,由于大众传媒的单向性、中心化以及自上而下传播的位阶性,使其传播缺乏受众的参与,没有形成广泛的对话性,所以多伦多学派以广播和电视媒介为中心的第二口语时代的界定是有局限性的。而以电脑为基础的互联网媒介技术的发展与移动终端的普及,特别是以 Web 2.0 技术为基础的社交服务网络的发展,为受众的广泛参与、普遍对话提供了技术上的可能性。所以本章界定真正的第二口语时代肇始于互联网时代。

从媒介技术决定论的立场来看,移动音频的发展是媒介技术推动人与社会同发展、共进化的表征化呈现。从网络音频元年(2011 年)伊始,各种音频媒介平台便层出不穷、不胜枚举。按照业界的惯例进行分类,移动音频市场通常可以分成移动电台和移动听书两种体系。前者移动电台以专业调频广播内容为核心,即大众传媒时代专业广播内容的制作者,在互联网时代依旧作为重要主体存在着;后者移动听书也并不是凭空出现的媒介技术产物,而是由传统的民间说书艺术在互联网媒介技术的支持下实现的形式化变迁。纵观历史,隋朝的"杂说",唐朝的"俗讲",宋朝的"讲史",元朝的"平话",以及清朝的"说书"等均是"听书"形式在不同时代的变迁。

而以互联网媒介为平台,新的"听书"形式发展为移动音频式,这是听觉文化演化的表征,同时也表明在以视觉文化为中心的印刷文本文化出现以来,听觉文化虽然一直没有占据中心地位,却也没有放弃其存在的机会,而不断地进化着。特别是互联网时代,社交媒体的发展促进了移动音频形式的变革,同时媒介技术的赋权使音频内容的制作从专业人员手中解放,成为普通大众亦可以参与的活动,即与专业内容生产(PGC)相对应的用户内容生产(UGC)模式大范围出现。

从媒介哲学的立场来看,现代性的主体关系从主体与对象间的主客二元位阶式与对立式关系秩序,转变为主体与主体彼此平等、相互依存的关系秩序。前者的主体与对象呈现竞争与征服的特征,后者的主体与主体呈现共在与交往的关系。[①] 从互联网时代音频内容生产与分配的关系来看,制作者与受众之间已并非传统大众传媒时代线性的信息发送与信息接收的关系,而是平等、对话、共在的多元共存关系。

例如,在"懒人听书"移动音频平台,平台作品的"说书人"不仅能将自己制作的音频分享给线上的听众,同时也可以通过线上的其他平台(社交媒体平台)建构自己的"粉丝"交流群进行在线交流、对话。这便呈现与视觉传播以图像为中心的传播交流场域所不同的听觉文化场域,亦可以看作听觉文化自发地对视觉文化的一家独大进行纠偏。如此,麦克卢汉所呼吁的"感官的平衡"正在通过媒介技术的持续迭代升级而变得愈来愈有实现的可能性。

三 听觉文化推动消费主义的进阶

"读图时代"是随着技术性媒介(照片、电影、电视等)的出现与发展而到来的。媒介复制技术的发展,使纸媒阅读逐渐过渡为屏幕阅读,即通过技术性媒介的"屏幕",依靠视觉器官的信息捕捉能力,使以印刷媒介为中心所形成的视觉性偏向进一步被巩固和强化。从媒介技术决定论的角度来看,媒介技术的迭代升级不但使信息传播媒介从文字文本媒介变成视听影像媒介,而且信息接收者的阅读习惯亦随

[①] 常媛媛、曾庆香:《新型主流媒体新闻身份建构:主体间性与道德共识》,《西南民族大学学报》(人文社科版)2020年第3期。

之变化，即由文字文本媒介时代的信息阅读，转变为电子媒介时代的视听信息的收看与收听。

"读图时代"视觉文化形式是人类文化传播的主流形式，影像泛滥，视觉偏向愈演愈烈。2006年微视频概念首次出现；2011年"快手"短视频应用上线，是中国短视频行业发展的开端；2013年"秒拍"应用内置于新浪微博之中，开始上线；2014年"美拍""微信小视频"相继登场；2016年"抖音"应用上线，从而一举成为业界前三，短视频元年正式开启，刺激文化产业的大发展。据中国互联网络信息中心2019年第43次《中国互联网络发展状况统计报告》显示，截至2018年12月，我国网民规模为8.29亿，其中，短视频使用者达到6.48亿，占总体网民规模的78.2%。并且，移动短视频已经成为网民消费的重要场景，成为拉动经济增长的重要力量，移动短视频的传播意义已经涵盖人们生活的各个领域。从短视频传播内容的指数级增量，以及相关学者对短视频大流行造成传统文化基因"文字解读能力"弱化的担忧便可见一斑，并且对"抖音""快手"的批判性审视大都出自这一认知。①

美国的媒介文化研究学者丹尼尔·贝尔（Daniel Bell），德国法兰克福学派的马克斯·霍克海默（Max Horkheimer）与西奥多·阿多诺（Theodor Adorno），法国的媒介哲学研究者让·鲍德里亚分别从不同的视角对媒介文化的视觉化偏向进行了考察与批评。如，丹尼尔·贝尔指出当代文化呈现视觉文化的偏向，即"当代文化正在变成一种视觉文化"②，并进一步指出以图像媒介为中心的视觉义化是通过图像符号的表征、再现的功能，满足人们感性化、物欲化的诉求。换言之，将"非视觉性的东西予以视觉化"③。

---

① 周海宁、程宗宇：《论以媒介为中心的儿童教育与素养的提升》，《聊城大学学报》（社会科学版）2020年第5期。
② [美]丹尼尔·贝尔：《资本主义文化矛盾》，赵一凡等译，生活·读书·新知三联书店1992年版，第156页。
③ [美]尼古拉斯·米尔佐夫：《视觉文化导论》，倪伟译，江苏人民出版社2006年版，第5页。

因为新媒介的出现不但是对媒介技术本身的升级与进化,而且改变了人与媒介的关系,最终通过媒介的使用而规训人的媒介实践,即通过感性化与形象化的媒介,使媒介使用者习惯"眼见为实",从而沉溺于视觉文化的"吸睛""吸金"特性,日用而不自知。法兰克福批判学派的霍克海默与阿多诺在其重要著作《启蒙辩证法》之中,通过揭示"文化工业"[①] 对"大众文化"的替代,从而揭露视觉文化的强势"殖民"使大众沉溺于文化工业的幻影之中无法自拔,并且大众无法看破大众传媒以及其背后的动力机制对大众"欺瞒"的本质,因此其最终的文化结果产生"人的异化",即强调视觉文化过度偏向造成了文化危机的可能性。

在媒介与人的关系建构中,当媒介发挥桥梁作用之时,媒介文化的昌盛便指日可待;而媒介表现出障碍(深渊)功能之时,文化的危机便"正在路上"。[②] 因为媒介之于人是桥梁还是障碍表征着人之于媒介是主人还是附庸。换言之,媒介作为人的发明物,在使用媒介的过程中,人是媒介的一部分还是媒介是人的一部分。在互联网社会,媒介技术作用于消费主义社会,人位于媒介以及由媒介所影响的欲望物质的裹挟之中,人为物役已经是不争的事实。过度的娱乐化、过度的经济化使互联网媒介的使用者往往沉溺于媒介所营造的温床之中而熟视无睹。一方面,各种"网红"经济、"主播"经济使文化产业不断增值,挖掘"眼球经济"最大的剩余价值,而且制作者与观赏者都乐此不疲;另一方面,人与媒介的关系倒置,人成为媒介的奴隶。

正如鲍德里亚所指出的"媒介现实",即在以"拟象与仿真"为图景的"读图世界"中,媒介的使用者获得比真实世界更为真实的"超真实"体验。[③] 其文化本质可以总结为视觉文化的一家独大导致

---

① [德]霍克海默、阿多诺:《启蒙辩证法》,渠敬东、曹卫东译,上海人民出版社2006年版,第107页。
② 周海宁:《互联网时代中国媒介文化的嬗变以及人的主体性重构》,延边大学出版社2019年版,第28页。
③ Jean Baudrillard, *Simulacra and Simulation*, Ann Arbor: University of Michigan Press, 1994.

第四章 媒介转向：听觉文化的建构与文化昌盛

了"消费霸权和技术霸权"[1]，即以图像为主导的视觉文化强势左右着人类文化的格局，视觉独占的偏向，使人依附于媒介，人与媒介的关系再次失衡了。例如，哔哩哔哩商业媒体平台与6家主流媒体——《光明日报》《中国青年报》《环球时报》《新京报》以及澎湃新闻和观察者网——所联合发布的以"表达自我，拥抱世界"为主题的青年宣言片，其原意是祝愿"青年一代"争做新媒介文化时代的"新青年"，但是平台媒介所推送的以画面影像呈现的版本与央视平台所推送的朗诵版本却引发了极其不一致的社会反响。

其中，影像版本由于其画面被青年定性为"消费主义"泛滥，使青年群体在以互联网媒介为中心的"情感舆论场域"[2]中，形成了"大团结式"的"共情反应"，并形成了"反向评价"[3]，甚至"负面评价"[4]。所以，"后浪事件"所展现的是一场由视觉文化现象所引发的媒介文化大讨论事件，而央视平台的嘉宾朗诵版（听觉、口语文化）与商业媒体平台的影像剪辑版（视听文化并以视觉刺激为主）则成为讨论的中心，并且受众深深诟病的对象是商业主义平台所呈现的影像画面版本。

如果说视觉文化偏向所造就的消费社会文化现象处于消费主义社会的第一阶段，那么听觉文化的复兴与回归则促进了消费主义社会进入第二阶段，消费主义社会的进阶可以看作对现代性危机的一次补救。在以文字文本媒介为中心的视觉文化中，视觉文化的一家独大使其文化呈现概念性与理性的偏向，通过计算性与合理性，其结果导致以文字文本为中心的概念越来越抽象，于是文化发展便产生了瓶颈。以图像为中心的视觉文化，注重感性，能够激发人的直观感受力，所

---

[1] 肖建华：《当代审美教育：听觉文化的转向》，《中国文学研究》2017年第3期。
[2] 具香美、周海宁：《基于共情理论探讨现象级短视频〈后浪〉的情感舆论场域》，《东南传播》2021年第1期。
[3] 周海宁：《〈后浪〉青年宣言片反向评价的解释现象学分析》，《鲁东大学学报》（哲学社会科学版）2021年第1期。
[4] 袁丰雪、周海宁：《社交媒体内容负面评价的成因探析》，《青年记者》2020年第29期。

以矫正了以往印刷媒介时代视觉文化的过度理性偏向。所以一些后现代理论家认为"图像优于概念,感觉优于意义"①。

但是沉溺于感性偏向的感官世界,人的视觉感受依托以互联网媒介技术为中心的时空碎片,会使人沉浸于碎片化的浅阅读中无法自拔。② 于是视觉文化的过度偏向造就了以视觉为中心的"注意力经济",图像禁锢了人们的双眼,同时使双手亦无法获得解放,随之,人成为图像的附庸。从目前以"抖音""快手"为中心的短视频经济、"网红"经济、直播经济的如火如荼便可见一斑。其结果是人成为消费社会中的异化主体,并造成个体自律性的缺失,最终成为"文化殖民"的对象。

但是,听觉文化是以口语文化为中心的文化代表,苏格拉底、耶稣、孔子三者都具有读写能力,但是他们却都拒绝将其学说诉诸文字,而是以口语诉诸人的听觉。苏格拉底借助思考、记忆力将洞察到的事物本质与人交谈,耶稣通过"聆听之力"明白来自天父的意愿,孔子则通过口述将思想传达。③ 而在消费主义泛滥的现代社会,听觉文化的复兴与重构,却能为人的主体性异化纠偏或救赎提供力量。

感官偏向的再平衡,即通过听觉对视觉独大所造成的感官失衡进行纠偏,能够抵消图像的过度泛滥,娱乐传播的过度视觉化,以及人消费欲望的过度膨胀,能够使反思能力得以再回归,使被视觉化媒介所捆绑的双眼与双手得以解放,从而使文化危机得以消解。由此,消费社会将步入第二阶段,即由居伊·德波所说的"景观社会"④,以及鲍德里亚的"拟象与仿真"假说中意义消解的消费主义社会,再次步入意义重构的消费社会进阶阶段。换言之,由感性符号化消费主义

---

① [美]道格拉斯·凯尔纳、斯蒂文·贝斯特:《后现代理论:批判性的质疑》,张志斌译,中央编译出版社2001年版,第197页。
② 周海宁:《论互联网时代受众的数字化生存能力》,《出版发行研究》2018年第12期。
③ [美]约翰·杜翰姆·彼得斯:《对空言说》,邓建国译,上海译文出版社2017年版,第2—3页。
④ [法]居伊·德波:《景观社会》,张新木译,南京大学出版社2017年版,第1页。

阶段上升为意义建构消费主义阶段。

四 新媒介时代听觉文化的建构

第一，为促进听觉文化回归，以"政社民协力"的新型社会治理思路来建构"慢生活"式日常生活节奏。中国共产党第十九届四中全会提出了"共建共治共享"社会治理制度建构模式[①]理念，以"政社民协力"为基础的"共建共治共享"社会治理模式亦需文化的繁荣来鼎力相助。而文化即人的日常生活，所以促进听觉文化的回归亦应成为以文化为中心的社会治理模式建构的重心。政府的制度完善、媒介化社会认同的形塑以及受众个体与媒介时代相适应的媒介化素养的养成则是文化领域"共建共治共享"的决定性因素。

科学技术的迭代升级速度远超媒介使用者个体的媒介素养提升速度，"日用而不自知"或者"知其然而不知其所以然"是媒介化社会碎片化的时空情境和媒介使用习惯所形塑的人类媒介化生存常态，科技更新的加速度倒逼人类自身，使其因自己的创造物而被迫形塑己身，人们生活亦呈现"高速状态"[②]，于是，"人的异化"即人从精神和肉体两方面均受制于自己的发明物的状况随之产生。

---

① 龚廷泰：《以社会治理创新促进国家治理现代化》，《新华日报》2020年4月7日。
② 法国哲学家、文化理论家保罗·维利里奥（Paul Virilio）以文化、理性、合理性、大众传媒为对象，进行批判性研究，以速度、身体以及城市空间为研究对象而闻名于世，在媒介理论方面重点提出了媒介的速度以及破坏性。他并不是从"速度"的概念性定义入手，而是利用"速度"作为分析工具，分析"速度"所建构的社会环境，考察速度在当今社会所具有的价值和意义。而对速度的关注并非始于维利里奥。19世纪末，交通工具，如火车、汽车等的普及，都是对速度追求的结果。随着现代媒介技术的发展，人们对速度的追求有过之而无不及，"速度"仿佛具有了优先的地位。如从最初的2G信号，到如今的5G信号，通信技术的每一次升级，都伴随着速度的升级。对速度的考察，就是研究速度如何影响人们的日常生活。综观现代媒介生活，媒介技术加速迭代升级，以及新媒体环境下互联网媒介的发展，使时空变异、无远弗届，碎片化的时空使"连接一切""随时在线""时空脱域"成为日常，而随之媒介使用者作为主体亦发生着变化：碎片化阅读能力凸显、生活节奏更加快速、将所有之物拉到"我"身边的欲望变得更加强烈、无批判之主体特性更加明显，等等。所以对速度的观照，亦是对媒介、媒介使用者以及人与媒介的互动关系的研究。

这成为媒介化生存状态下制约人的主观幸福感①提升的主要因素，而"慢生活"的状态则成为人们回忆中仿佛永远再也回不去的"美好生活"图景。也因此，"慢生活"成为媒介化生存状态下人们反抗"高速生活"，以及"消费社会"和"拟像社会"对人异化的重要方法。《人民日报》作为主流媒体，早在2016年就开辟了"人民日报夜读"栏目，一般作为其微信公众号的最后一篇推送内容，由专业主播进行配乐朗读，用温柔的声音读温暖人心的文章，以此来消解积累于人心的忙碌与焦灼。

　　第二，加速传统广播的转型升级，促进移动电台与移动听书平台的融合发展。互联网上自发生成的移动音频服务较之传统广播组织来说，在创作团队的专业性、内容资源的稳定性以及资金扶持上都具有不同程度的弱点。所以整个移动音频服务结构的优化升级，传统专业广播组织突破自身体制局限，积极进行市场化转化，通过移动电台以及移动听书节目的创作实现结构优化升级，是促进整个移动音频市场合理、有序发展的关键。例如，在学习强国平台上出现了"电台"这一全新栏目，众多传统广播电台纷纷入驻，用户在点击后可一站式在线收听各类电台节目直播，有效化解了过去因收音设备的缺失导致的无节目可听的矛盾，曾经飘浮于空中的电波被转为移动数据在手机客户端生成并输出自己的声音。

　　第三，注重用户的参与性以及对话性，满足不同用户的需求，是移动音频发展的关键。互联网市场的原生类移动音频服务，在传播模式上以其广泛的参与性以及普遍的对话性，通过双向的、去中心的、去位阶的水平传播模式，较之传统大众传媒的单向的、中心化的、阶级性的垂直传播模式，更加具有活力，能够满足受众对节目的多样化需求。例如，可以以更加有针对性的个性化服务来提升用户的黏性。在喜马拉雅App上每一条音频都设置了"评论"和"找相似"功能，

---

① 周海宁、王雪：《互联网时代社交媒体网络传播与受众主观幸福感的提升》，《东南传播》2019年第5期。

用户可以在听音频的过程中发表个人的看法或者寻找与自己兴趣相关的其他内容。在这样的使用过程中，移动音频平台通过用户参与和算法推送，能够不断提升用户黏着度。

第四，以优质的内容提升听觉文化的品质，促进感官的再平衡。移动音频的发展促进了听觉文化的回归，能够对以图像为中心的视觉文化的过度偏向产生纠正的作用。以图像为媒介的传播取代以文字为媒介的传播，成为21世纪主要的传播方式。文字过度追求理性化、合理化，造成了人们对概念以及数量的过分追逐，形成了文化危机。但是同样，以图像媒介为中心的传播偏向却造成了过度的娱乐化与感性化，导致娱乐传播与感性传播大行于天下，同样引发了传播危机。这就是听觉文化回归的背景，而听觉文化能够对视觉文化独大的局面进行纠偏，能够帮助感觉器官恢复"平衡"。

正如《庄子·天地篇》所言："失性有五。一曰，五色乱目，使目不明；二曰，五音乱耳，使耳不聪；三曰，五臭熏鼻，困惾中颡；四曰，五味浊口，使口厉爽；五曰，趣舍滑心，使性飞扬。此五者，皆生之害也。"所以，视觉文化的纠偏只是感觉器官恢复平衡的一部分，只有"五感平衡"才可能实现麦克卢汉对"再部落化"[①]的愿景。接受过播音专业训练的人员成为主播，用个人的专业水准去播读优秀作品在一些移动音频平台上已成为主要内容，众多经典的文化书籍或文学作品被诵读并上传至平台，如《红楼梦》一书在喜马拉雅上已有数十名主播进行原文播读或讲解，这些优质内容的出现和发展为听觉文化对视觉文化"一家独大"的纠偏具有相当积极的意义，同时也在一定程度上为增强"文化自信"做出了有力贡献。

第五，听觉教育的完善才是听觉文化恢复的根本。视觉能力的提升，需要配之以相关的视觉美学以及视觉传播的教育，例如影像传播

---

① 麦克卢汉认为人类文化进程表现为三个阶段：部落化、非部落化、再部落化。对应的媒介分别为口语、书面语和印刷媒介、电子媒介。从口语时代全感官均衡发展，到以文字文本为主要媒介时代的线性传播，衍生了视觉偏向；再到电子媒介时代由于电子媒介发挥了中枢神经般作用而"联结一切"，从而使感官的平衡得以恢复，形成所谓的再部落化。

教育。听觉能力的提升，不是指单纯的听觉物理能力的提高，而是指与听觉相关的审美能力以及交流能力的提升。那么相关的教育体系则需要建立，即传统的广播时代，由专业的媒体组织培训相关的广播知识，但是互联网时代，真正的源泉在于大众的知识共享。换言之，以新媒体为中心，通过知识的共享而使大众的听觉感受力和传播力得以提升，进而提升受众对声音美的感受力。

那么，大众听觉审美教育就应该建立与完善。特别是大众"声优"的培养，让人人都参与"声音"的制作与传播，而不是仅仅作为观赏者去"旁听"。所以完善整个社会的"听觉"教育体系，让每个人都有能力参与听觉文化的建构，才能促进听觉文化的回归，实现整个文化的均衡发展，避免文化危机的产生。例如，各类移动音频平台为打造"主播个体"，即为受众个体变成"个媒体"[①] 提供了便利，使受众拥有了移动短视频时代的"入场"能力，即作为获得性资格的权利赋予得以实现。

但许多普通大众并未接受过专业的播音训练，畏难情绪尚存在于想成为主播的普通人群中，这属于能力范畴的问题，其解决路径是媒介的使用者主动发挥主体性能力，获得与媒介能力相匹配的知觉力与行动力。并且，从"事业性"以及"产业性"均衡的角度来看，举办具有文化事业性特征的公益性活动或者发扬文化产业功能的付费型播音培训或可在一定程度上助力更多人参与"成为主播"的行动。如此，听觉文化领域也可以创造"举而措之天下之民"的文化昌盛之功。

综上所述，以图像为中心的视觉文化的一家独大是技术性媒介发展的必然，因为图像的感性、抽象性能够对以文字为中心的视觉文化

[①] 个媒体是经由自媒体发展而成的，是自媒体传播模式下的一种传播形态。个媒体传播的目的是扩大传播效能，减少自媒体传播带来的噪声和干扰，是自媒体发展由无序到有序的表征。这里不是为强调受众个性的表达而是强调个体的集合性，故使用"个媒体"一词。参见工光照、吕晓峰《个媒体：自媒体传播模式的新形态》，《传媒观察》2019年第8期。

一家独大所带来的理性、合理性偏向进行纠正，这是技术图像对文化危机进行纠偏的结果。但是技术图像的泛滥造成了社会过度"景观化""拟像化"以及"消费化"，从而将人类文明再次带入文化危机的深渊。但是移动音频的流行，启动了听觉文化的回归，为文化危机的破解带来了一种新的方法。所以本章立足于此来探讨以移动音频为代表的听觉文化的回归现象，探寻意义阐释的新途径，并建构相应的理论依据，最后为听觉文化的重构进行必要的反思。

促进听觉文化回归，以"政社民协力"的新型社会治理思路来建构"慢生活"式日常生活文化，培养受众"慢生活"理念以对抗媒介技术的加速迭代升级对人主体性所造成的异化，形成"抵抗文化"来纠偏视觉文化的强势独大；尊重媒介文化的发展规律，即顺应互联网媒介广泛的参与性以及普遍的对话性特征，并进一步通过移动音频的发展强化这一特性；注重传统广播产业与互联网移动音频的融合发展，相互取长补短，以促进移动音频结构升级；注重以"内容为王"的发展理念，以多感官的文化满足人们的多样化的需求；积极发展听觉文化教育，提升广大受众的"听觉能力"，为听觉文化的发展不断增添新的受众基础。只有以文化昌盛之功助力社会治理，才能纠正文化现代性建设过程中的文化危机偏向，建构以文化自信为中心的新媒介文化繁盛图景。

第二节　文化昌盛的关键

互联网时代的文化既彰显其公共性，即"举而措之天下之民"，以文化的社会效益为原则，又彰显其商品属性，即将文化纳入商品经济规律，以经济效益为原则。在互联网时代，文化既承担了"文以载道""以文化人"的教育功能，维护了文化的社会效益；又需要满足受众对文化多样性的需求，解决人们日益增长的文化需求与文化发展不平衡、不充分之间的矛盾，以经济效益提升社会效益。本节从这一问题意识出发，论证互联网时代文化昌盛的关键。

数字媒介理论家威廉·弗卢塞尔（Vilém Flusser）把人类文化传播的历史看成一种符号系统不断生成、变化的过程，即以媒介符号的变化对人类文化发展的历程进行划分。按照弗卢塞尔的文化观，他把人类传播文化的进程分成三部分。一是先史时代，其代表性媒介符号为传统图像符号；二是历史时期，其代表性媒介符号为文字、文本；三是后历史时代，即以技术性图像符号为代表的技术性媒介时代。[1] 每一个媒介符号的转化都代表着新文化危机的出现，同时也预示着文化繁荣机遇到来的可能性。

例如，技术性媒介时代的到来源于 19 世纪末"历史终结"的到来——以线性的文字、文本符号为代表的历史时代，由于理性与合理性为中心的科学语言和抽象性概念的泛滥，文本的信息变得越来越不透明，人们无法通过文本得到更多的信息来进行有效的传播。为了对文化传播赋予新的意义，技术性媒介[2]应运而生——新的文化转机出现。[3] 在互联网时代，技术性媒介的代表之一便是智能手机，据此我们可以完成一整套的信息生产与传达。这改变了传统媒介时代以精英传播为主，信息由上而下单方向、等级性流动的传播方式，而是使广大普通的互联网媒介使用者，亦能通过媒介赋权而依靠信息生产工具，以对话的方式进行横向的信息生产与传播。[4] 如此，在互联网时代媒介技术的迭代升级扩张了文化传播的深度与广度。在互联网时

---

[1] 周海宁：《弗卢塞尔的"媒介符号理论"对传播危机的反思》，《科技传播》2018 年第 14 期。

[2] 技术性媒介指的是依靠技术性装置（Apparatus）进行技术性形象的生产，如照片、电影、视频、互联网动画等。参见［巴西］威廉·弗卢塞尔《摄影哲学的思考》，毛卫东、丁君君译，中国民族摄影艺术出版社 2017 年版，第 15 页。新形象即技术图像，其与传统的图像（绘画）不同。如果说传统图像源于对场面的描写，是依靠想象力将现实中三维的事物投射至二维平面，删除空间之中的时间与深度；那么技术图像则是发挥技术想象力将线性的文本投射为无维度（零维）的像素，从而组合成新平面，换言之，技术图像并不是对现实场面的再现，而是对文本的阐释。

[3] 周海宁：《互联网时代中国媒介文化嬗变以及人的主体性重构》，延边大学出版社 2019 年版，第 114 页。

[4] 周海宁：《以互联网媒介为中心的听觉文化转向以及构建》，《出版发行研究》2019 年第 7 期。

代，文化借技术的"东风"实现其自身的繁荣，但是文化繁荣却成就了娱乐产业的发展，即文化与产业的结合反而成为文化发展的目的，文化的发展造成了文化可能性的增加，同时亦造成了自身异化的可能性。本节从这一问题意识出发，探讨在互联网时代文化发展出现偏向的可能性，以及纠偏和促进文化昌盛的可能性。

一 概念辨析

中国传统上就有"崇德广业"的古训，《周易·系辞上》曰："夫《易》，圣人所以崇德而广业也。"指的是古之圣人依靠《易经》的道理来提高思想境界，开拓事业。这里的事业的含义，早在孔子时代就已经确定，在《周易·系辞上》中"举而措之天下之民，谓之事业"，即明确了事业的内涵：事业具有公共性，能够惠泽天下民众。

在中国，文化事业是被作为一项"国策"提出来的，是站在国家的高度来推动整个国家和民族的文化发展，促进文化的昌盛，这里的"事业"必须是"举而措之天下之民"。文化事业有推动文化昌盛之功，具体表现为"继承和弘扬优秀传统文化，吸收和同化优秀域外文化，丰富和提高人们的审美水平、思想觉悟、道德素养和才智能力，纯化和优化社会风气、生产秩序、行为规范与价值取向，并能给人的全面发展和社会的全面进步提供精神动力与智力支持"。如此，由国家从政策上在整个社会范围内推动文化事业的建设，将文化事业产生出来的精神动力和智力支持惠及每个个体，从而促进个人素质的全面提高。而个人素质的全面提高反过来又会推动整个社会精神文化水平的提高。

文化与产业的结合使科学技术迭代升级，进一步推动了市场经济的发展。文化产业（Culture Industry）也可译为文化工业，这一概念最早在法兰克福学派的霍克海默和阿多诺合著的《启蒙辩证法》[①]一

[①] ［德］霍克海默、阿多诺：《启蒙辩证法》，渠敬东、曹卫东译，上海人民出版社2006年版，第107页。

书中被提及。该书之所以使用"文化工业"而不使用"大众文化"一词，是因为作者认识到工业化大生产时代的文化生产主体并非位于生产链条下方的大众，而是操作大众、对大众进行"欺瞒"的媒介组织以及其背后的经济垄断组织，并且书中将文化工业定义为凭借现代科技手段大规模地复制、传播和消费文化产品的产业体系。由此可以看出，受众并非文化的主体，而是商业化的客体，受众并非文化生产的目的，而是实现商业价值的手段，本应具有自觉而自由主体性的民众成为技术的他者而被异化。

对产业（Industry）一词的考察则无法忽略人类历史上的工业革命现象。从时间上看产业出现于事业之后。阿尔文·托夫勒（Alvin Toffler）主张人类历经农耕社会、产业社会，于20世纪末最终达到信息化社会阶段，即所谓的"第三次浪潮"。[①] 人类历史上由农耕文明向工业文明的过渡发生于18世纪中叶以后，即第一次产业革命开创的"蒸汽时代"——机器代替人力，开启了"机器时代"（the Age of Machines）。19世纪中叶到20世纪初第二次产业革命兴起，人类社会进入了"电气时代"——经济也逐渐走向全球化。20世纪中叶开始的第三次产业革命是以电子工业为基础而开创的"信息时代"——信息技术通过与通信技术的融合，在全球范围内形成了信息通信体系从而进一步推动了全球经济的融合。而进入21世纪，第四次产业革命以数字化、网络化、智能化为核心，实现信息技术、生物技术、新材料技术、新能源技术的广泛渗透与融合。第四次产业革命的标志性特征为"大数据"，大数据"连接一切"，"随时在线"。

综上所述，事业与产业的概念并非同时出现，而是在人类历史的不同发展时期相应出现的。但是其对人类的作用却无法简单地从概念上进行衡量。要想了解事业与产业的不同偏向对文化以及人类的影响如何，就需要具体探讨文化事业与文化产业的历史性呈现。

---

① ［美］阿尔温·托夫勒：《第三次浪潮》，朱志焱等译，生活·读书·新知三联书店1984年版，第1页。

二 "事业"与"产业"

文化产业在文化考察中是作为被批判的对象而存在的。《启蒙辩证法》一书中指出，随着传播技术的发展，特别是媒介技术的不断进化，媒介的所有者利用媒介技术大规模地复制、生产标准化的商业化文化产品，而非文化艺术品。并且，在大众传媒的强大传播效果下，受众不得不被动地接受这些文化产品，被同质化的商业化大众文化商品"异化"了受众，失去了"自律"的能力，只能被动地接受这些产品，从而失去了自由选择的权利。所以《启蒙辩证法》是从四个方面批判了大众文化——商业化、技术化、标准化以及强制愚民化。[1]对文化产业造成的文化危机，批判性学者都是从文化产业的消极方面进行批判，同样站在批判性立场的还有赫伯特·马尔库塞（Herbert Marcuse），他在《单向度的人》[2]一书中，从受众接受的角度指出大众媒介的单方向传播特性使受众丧失了批判的能力，成了只能被动接受的、单方向思考的人；还有尼尔·波兹曼（Neil Postman）对大众产业造成的文化危机进行批判的"三部曲"——《童年的消逝》[3]《娱乐至死》[4]《技术垄断》[5]，描绘了技术媒介的发展给人类文化带来的负面影响。

但是与此不同，沃尔特·本雅明（Walter Benjamin）对媒介技术的发展给人类认知以及艺术作品带来的变化持有肯定的态度。在其著作《机械复制时代的艺术作品》中，他指出媒介技术的发展，使艺术作品的功能由原来的宗教崇拜功能转移到展示功能上，并指明了艺术作品从宗教附庸之中首次被解放出来，其社会功能也发生了相应的变

---

[1] 刘放桐：《新编现代西方哲学》，人民出版社2000年版，第23—30页。
[2] [美] 赫伯特·马尔库塞：《单向度的人：发达工业社会意识形态研究》，刘继译，上海译文出版2006年版，第1页。
[3] [美] 尼尔·波兹曼：《童年的消逝》，吴燕莛译，中信出版社2015年版，第1页。
[4] [美] 尼尔·波兹曼：《娱乐至死》，章艳译，广西师范大学出版社2004年版，第1页。
[5] [美] 尼尔·波兹曼：《技术垄断》，何道宽译，北京大学出版社2007年版，第1页。

化——由"宗教仪式功能转化为政治服务功能"。而媒介的变化为艺术作品的欣赏者（受众）的知觉带来了新的任务。例如，欣赏传统艺术作品（绘画）时欣赏者需要"集中精神"，只有在"凝视"艺术作品的时候，艺术欣赏者与艺术作品达到一种"物我两忘"的境界，艺术欣赏者才能确切地感受到艺术作品的"气韵"（Aura）；而在电影的"震惊效果"（Shock Effect）的作用下，欣赏者不需要"集中精神"，而是以"分散的"意识，随着电影画面的流动而进行意识流动即可。在这两种状态下，作为主体的观赏者和作为对象的艺术作品之间的关系是不同的。而主要的不同是由媒介技术的变化所带来的艺术欣赏者主体知觉意识的变化。而本雅明肯定不同时代的艺术作品欣赏者应该具有不同的"知觉任务"，即站在积极的立场上肯定媒介技术的变化带给人类以及人类社会的正面影响。

在资本主义社会，对文化产业的存在，批评者有之，肯定者亦有之。而批评与肯定大都是站在接受者的角度去分析文化产业对受众的影响。批评者认为文化产业商业化的、逐利的特性客观上对受众的认知能力造成了负面的影响，使其成为不会独立思考的"他律性"主体；而肯定者如本雅明也是站在受众的角度指出大众媒介使艺术作品的社会功能发生了变化，使民众更多地参与政治生活，这无疑提高了大众对民主政治的参与能力。

但是在中国，对文化的事业性和产业性的区分，则不仅仅是从受众接受的角度来看，而且更多地需要从文化的社会功能来分析。本雅明认为艺术作品因为媒介技术的发展而第一次从"宗教附庸"之中解放。但是在中国，文化的社会功能却被定义为"文以载道"[①]，即更

---

① "文以载道"是中国古代文论的一种观念，最初的说法是"文以明道"。"文以载道"出自宋代周敦颐《通书·文辞》，"文所以载道也。轮辕饰而人弗庸，徒饰也，况虚车乎"。文章是用来说明道理并表达思想的。周敦颐所阐明的"文与道"的关系是将"文"作为载体、中介。而唐宋古文家则不同。唐代的古文运动以"文以明道"为理论纲领，反对六朝文学的"绮靡文风"。其中韩愈认为"道"除了仁义之外就是《大学》里的"格物致知、正心诚意、齐家治国平天下"；欧阳修认为"舍近取远，务高言而鲜事实"，主张从日常百事处着眼"履之以身，施之于事，而又见于文章"，强调"文与道俱"，反对重"道"而轻"文"。

多地从文化作品的"教化"功能来看待文化所起的作用。唐代的韩愈提出"文以明道",宋代的周敦颐又提出"文以载道",他们都强调尊重传统文化精神,使其承载起社会的教化功能,即达到"以文化人"①的效果。这里的"化"应当作为动词"变化"来用。即通过文化艺术作品的传播来"化育人心,化成天下"。因为"天之变化谓之天文,地之变化谓之地文,人之变化谓之人文"。

《周易》的《贲卦·象传》里有"观乎天文以察时变,观乎人文以化成天下",指的就是观察天道的运行规律能够认识世界的变化,而观察人事伦理道德的变化能用教化推广于天下。所以"文化"一词在中国传统的认知里,就是"以文化人",换言之,通过文化艺术作品启蒙世人,推动人的变化,使之趋向"完人"。文化作品在传统中国的作用就是"文以载道""以文化人"。所以,追求真善美是文艺的永恒价值。艺术的最高境界就是让人动心,让人们的灵魂经受洗礼,让人们发现自然的美、生活的美、心灵的美。文艺在中国传统理念中,能够引导、带动、升华人的精神世界,使人不断升华,甚至到达"完人"的境界。

在《论语·子路》中有记载:"子适卫,冉有仆。子曰:'庶矣哉。'冉有曰:'既庶矣,又何加焉?'曰:'富之。'曰:'既富矣,又何加焉?'曰:'教之。'"②在这里孔子为我们指出,一个政权的发展要经历"国强、民富、文昌"的过程。这里的"文昌"指的就是文化昌盛,从某一方面来说文化昌盛靠的就是文艺作品的教化功能。

在中国传统文化中,文化的功能是"载道",是"化人",是参与天地造化之功。在中国人的传统意识之中文化是"阳春白雪"的,是"精英智慧"的,是"形而上"的,是精神层面的。文化与商业之间并没有产生必要的联系,因为商业的目的是"以最少的付出获得

---

① 《易经》有言,"观乎天文以察时变,观乎人文以化成天下","文化"两字便由此处得出,是古人对文化一词最有深度的阐释。

② 邓立:《人格、人伦与风尚——儒家"贵"观念的伦理维度析论》,《孔子研究》2020年第4期。

最大的利润"，以"最大"的价值观为原则将艺术作品变成商品，然后通过"取悦消费者""迎合消费者"来实现"艺术商品价值"而获得相应的利润。

如此，"文艺成了市场的奴隶""艺术成为商业的附庸"。"为艺术而艺术"就成为一种似乎从来没有存在过的艺术价值观。所以文化产业自出现之日一直遭到不同程度的批评。这是因为艺术作品在与市场经济接轨之后，其自身变为"商品"，在商品经济大潮下，要遵守市场的一般规律，作为文化产品原本的功能——教化的"文化事业"功能则大大减弱了。

由此观之，在中国传统文化中，文化的事业属性使文化的功能体现为主动地引导、教化、提升民众的智慧与文化欣赏水平，是居于首位的，而非第二位，成为商业的附庸，一味迎合受众的口味。但批判学者对文化产业的批判，其目的在于反思，而非否定文化产业的积极作用。

如今的中国，"文化产业"与"文化事业"被提升到同等重要的地位，即确认"文化产业"同"文化事业"的存在各自具有其必然性与合理性。那么在当今应该如何处理好"文化产业"和"文化事业"之间的关系，即如何处理好文化与"商业"之间的关系就成为关系中国文化是否能够"昌盛"的大事。

文化作为事业自古以来一直在中华文明中发挥着传承教化的功能，这种功能的定位就为文化的发展规划了格局，具有指明方向的重要意义。而文化产业是在媒介技术以及商品经济高度发达的今天为了解决"人民日益增长的美好生活需要和不平衡不充分的发展之间的矛盾"而提供的"化解"之道。既尊重"事物是不断变化发展"的发展观，同时又尊重市场经济发展的一般规律，将文化的商品化纳入促进"文化昌盛"的轨道，使"文化事业"和"文化产业"能够像促进"文化昌盛"的两翼，为促进中国文化的昌盛"锦上添花"。

但是在商品经济的逻辑下，文化与商业的简单的结合造就了文化产业的"过度繁荣"景象。文化与产业的简单相加，不但削减了文化作为事业的传承教化之功,同时对广大的消费者(受众)也是极其不负责任的。通过文化产业促进大众文化的繁荣,将精英独享文化转化为普通大众共享文化。从文化发展的历史角度来说,这确实是文化的进步,但是人们却可能"日用而不自知",自觉将自己从文化欣赏者转化为"文化消费者",从而在资本市场利益最大化的驱使下,深陷文化产业所造就的刺激性、娱乐性文化泥淖之中不可自拔。

三 文化昌盛的根本之路

在现代中国,文化处于事业与产业之间。一方面,文化要发挥其事业性功能——"举而措之天下之民";另一方面,要想适应商品经济发展的需求并解决人民日益增长的美好生活需要和不平衡不充分的发展之间的矛盾,就要发挥文化的产业性功能,实现经济效益。所以文化的昌盛需要兼顾经济效益和社会效益的统一。不注重文化产业的发展,就不能激发商品经济的活力,增加文化的多样性。不注重文化产业的发展就是不重视科学技术在促进生产力发展中的作用,不利于满足民众对多样性文化的需求。但是过于注重文化产业的发展,而忽视文化事业的教育功能,势必造成文化市场的放任自流,一切以"资本"为尊,导致文化危机,对民众的精神文化建设不能提高反而造成限制。那么文化产业和文化事业的协演如何实现呢?

首先,文化事业与文化产业相互兼顾。文化产业应该以文化事业为基础,文化产业应将文化理念转化为经济效益,满足人民日益增长的多样性文化需求。文化产业促进文化事业的发展,文化事业应借助文化产业的灵活多样的传播形式,将本身优秀的文化理念以文化产业为载体,利用市场机制广泛地传播出去。"我中有你,你中有我,不可或缺",走出一条融合发展的创新之路,才有利于社会主义文化昌盛。在当今社会,文化事业和文化产业是文化传播的一体两面。在具体的传播过程中,文化在"事业"和"产业"之间过分偏颇于一方,都将不利于优化社会效益和经济效益,实现文化的繁荣昌盛。文化事业为文化产业提供优良的"内容资源",文化产业能够刺激文化事业的良性传承，使优秀的文化不断满足人民群众日益增长的需求，促进文化资源的多样性以及受众体验的多样性。文化事业和文化产业是文化建设的一体两面，不可或缺。所以争论文化的"事业性"和"产业性"孰高孰低毫无意义。但是，文化建设上有一个前提是不能忽视的，即文化事业和文化产业都应该以社会效益为最高准则。

其次，文化事业与文化产业应该有主次之分。文化事业应该高于文化产业，文化产业辅助文化事业。因为优秀的文化作品其作用是教育传承，以"以文载道""以文化人"为价值取向。所以优秀的文化作品能鼓舞人、造就人，提高人的道德情操，满足人的精神文化需求。而文化产业以营利为价值取向，目的是通过将文化作品商品化，满足受众对文化产品的需求，促进文化产品的消费，最终实现文化产品的经济效益。所以文化事业和文化产业之间的关系犹如"义与利"的关系。《论语·宪问》之中指出"见利思义""义然后取"，明确了将义作为谋利的指导准则。这里的"义"，就是孟子"四端说"[1] 中的"羞恶之心，义之端也"。"义即合于正者"，即做正确的事情，对恶的事情有天然的排斥。所以，如果文化不能在事业和产业之间取得平衡，如果文化过分偏向产业，那么势必造成文艺创作者对文化市场的曲意逢迎，导致"娱乐至死"的现象出现。而文化以"事业"为导向，通过"产业"刺激文化作品的消费，文化市场才能防止"过度娱乐化"，从而返璞归真，做到"以内容质量为王"。换言之，不是抛弃传统，而是超越传统。通过增强文化自身的魅力，以本身的优势取胜，而非刻意逢迎，降低文化品位，以错误的"流行"引导受众消费。只有文化取得"事业"与"产业"的平衡，以"事业"引导"产业"，靠产业拉动事业，方能既发挥文化事业的社会效益又取得文化产业的经济效益，从而实现文化昌盛。

综上所述，互联网媒介时代的文化亦可以称为媒介文化，因为人

---

[1] 张再林：《论中国式"心"的内涵》，《苏州大学学报》（哲学社会科学版）2020年第5期。

们生活在媒介的包围中,社会的媒介化与媒介化的社会成为人们日常生活的媒介化环境。特别是媒介技术的迭代升级推动消费化社会的进一步深化,从而进一步高扬文化的产业化偏向——短视频直播、移动支付、虚拟化消费、混合式的线上与线下杂糅式生活进一步彰显了麦克卢汉"媒介即信息"的隐喻,从而亦证明了媒介技术决定主义对媒介本体的肯定,即媒介技术的发展不但表明媒介的形式本身比媒介所承载的内容物更加重要,同时肯定了媒介对人的认知以及由此而产生的实践行为具有重要的影响力。

所以,在互联网媒介时代再次强调文化的事业化功能,即教育与引导功能是有其合理性与紧迫性的。因为文化本身即具有公共性,即"举而措之天下之民",以文化的社会效益为原则;文化产业则彰显其商品属性,即将文化纳入商品经济规律之中,以经济效益为原则。所以文化既承担了"载道""化人"的教育功能,维护了文化的社会效益;又需要满足受众对文化多样性的需求,解决人们日益增长的文化需求与文化发展不平衡、不充分之间的矛盾,以经济效益提升社会效益。那么,文化昌盛的关键必然在于文化事业与文化产业的合一。

第五章　媒介教育：人的主体性重构

第一节　技术复制时代主体的变化

本雅明（Walter Benjamin）用"Aura 的消逝"这一命题阐明了媒介之于人（主体）与对象（艺术作品）之间关系的变化。本节从 Aura 一词的翻译入手，根据 Aura 与中国古典美学范畴的"气"与"韵"的相关性将 Aura 翻译为"气韵"。据此，本节先后分析本雅明所处的大众传媒时代以及现在的数字媒介时代媒介变化引起的对象（客观形式）与主体（主观感受）之间关系的变化，从而得出结论：媒介的发展促使对象形式不断变化的同时，使主体的认知功能也不断生成新的任务（知觉的新任务），并且随着媒介的进一步发展，主体与对象的关系将逐渐超越"二元对立"，不断实现"二而一"的完美融合。

本雅明将 Aura 一词上升到哲学思辨的高度，从而引发人们关注媒介、艺术品（对象）以及主体（人类）之间的关系。本雅明以其对 Aura 的独特见解，阐述了 Aura 的产生、变化，同时断言了大众传媒时代"Aura 的消逝"，即技术媒介的发展对艺术作品本身的意义，观赏者的主观观赏感受——主观认知结构，以及社会政治变革所发挥的影响作用。而在数字媒介时代，我们每一个人都生活在由数字媒体编织的巨大网状结构中。新的媒介环境将会带来新的艺术作品形式，从而也影响着观赏者的主观观赏感受。那么本节将探讨从大众传媒时代到数字媒介时代，媒介、对象与主体的变化，以此来探讨本雅明的 Aura 理论的现实意义。

一　学界对 Aura 概念的界定

本雅明关于 Aura 的概念主要源自其著作《技术复制时代的艺术作品》，描写的是在技术复制时代媒介本身的变化使艺术作品（对象）以及观赏艺术作品的受众（主体）都受到了影响，并且本雅明通过艺术作品形式的现代性转变，观察到现代艺术作品变化的背后隐藏着社会物质生产水平的变化，以及人类精神世界的变化，于是他提出了"Aura 的消逝"这一理论，以此表明复制技术的发展导致了艺术作品本身价值的变化，以及观赏者观赏感受的变化。因此有关 Aura 的研究一言以蔽之，是媒介之于对象和主体之间关系的研究。

有关 Aura 一词的翻译问题颇具争议[1]，例如张玉能[2]主张翻译为"光晕"，王才勇[3]主张翻译为"灵韵"，赵千帆[4]主张翻译为"气息"，此外还有翻译为灵气、灵氛、灵光、辉光、气韵、神韵、神晕、氛围、魔法等[5]。从这些中译名称来看，有的把握了 Aura 词义之中与"光"相关的部分，有的融入了中国古典美学特征如"韵""韵味""意""味""气"等。其中具有代表性的翻译，笔者认为是"光晕""灵韵"和"气息"，这些翻译在抓住"Aura"原有特色的同

---

[1] 由于照相机和电影等新的技术媒介的产生，本雅明从机械复制时代的文学艺术出发，研究新媒介带给文学艺术的影响，即 19 世纪到 20 世纪文学领域里的本质性变化。参见本雅明《本雅明文选》，陈永国等译，中国社会科学出版社 1999 年版。

[2] 张玉能：《关于本雅明的"Aura"一词中译的思索》，《外国文学研究》2007 年第 5 期。

[3] 王才勇：《灵韵、人群与现代性批判——本雅明的现代性经验》，《社会科学》2012 年第 8 期。

[4] 赵千帆：《本雅明气息（Aura）理论新诠》，《同济大学学报》（社会科学版）2012 年第 5 期。

[5] 赵勇：《整合与颠覆：大众文化的辩证法——法兰克福学派的大众文化理论》，北京大学出版社 2005 年版。

时，还兼顾了中国古典美学的意味。

按照张玉能①中对Aura这一翻译的理解，"光"在西方中世纪基督教教义中具有特殊的含义，"光运用到绘画上就是每个基督教故事主人公在头顶或者全身周围围绕着一个灵光圈，表现为神像的一种光晕，这种象征性表现手法一直延续到文艺复兴"。而这种象征性的传统源自基督教经典《圣经》，在《创世记》（1章3节）中记载："神说，要有光，就有了光。"以神创论为基础，上帝话语的力量使世间有了光，所以光的存在也就具有了和上帝的话语相同的权威性。所以Aura的中译名称一般与"光"有关。

而"灵韵"和"气息"源自中国古典美学范畴之中的"韵"和"气"。范温《潜溪诗眼》："韵者，美之极。凡事既尽其美，必有其韵。"②韵是艺术作品的形态所散发出来的能够引起欣赏者审美想象的一种感受，所以能引起欣赏者审美想象力的事物可以称为有"韵味"。而气则属于中国美学的元范畴③。《周易·系辞传》中"一阴一阳之谓道，继之者善也，成之者性也"，讲的就是阴阳二气的对待与流行关系。"对待者一而二也，流行者二而一也"，即从空间角度来看阴阳二气相交各司其位是"一而二"的关系，而从时间的角度来看阴阳二气不断变化，是一个循环往复的"二而一"的关系。所以阴阳二气"对待""流行"④不断生发——"易有太极，是生两仪（阴阳二气），两仪生四象（少阳、老阳、少阴、老阴），四象生八卦"，循环往复，形成了中国哲学的宇宙本体论。所以气属于中国古典美学的元范畴。

---

① 张玉能：《关于本雅明的"Aura"一词中译的思索》，《外国文学研究》2007年第5期。
② 林同华：《中华美学大词典》，安徽教育出版社2002年版。
③ 齐海英：《"气"——中国古代美学的元范畴》，《社会科学辑刊》2004年第3期。
④ 南宋理学家朱熹和蔡渊认为《周易》有两个基本原则："流行"与"对待"。"一阴一阳之谓道，继之者善也，成之者性也""立天之道，曰阴与阳；立地之道，曰柔与刚；立人之道，曰仁与义"。易学将整个宇宙简化为简单的两种可能性：势均力敌就是"对待"，"对待"通过交感而变化；平衡被打破就是"流行"，通过流行来观察事物的变化。所以流行与对待是一种哲学范畴，明确了矛盾的对立统一，所以"对待者一而二也，流行者二而一也"。

为了让 Aura 理论更好被中国人对照理解，引入中国古典元素建构中译名称无可厚非。毕竟中文是表意文字，不同于表音文字。表音文字直接把 Aura 音译成相应"音"，所以不会由于本土语言的杂糅而产生误会；而作为表意语言的中文在翻译 Aura 的时候，由于语言的能指功能发生变化，则可能将本来就意味模糊的 Aura 概念更加抽象化。而本书从 Aura 理论与中国传统美学的意蕴相融合的角度出发，将 Aura 翻译为气韵。这主要从 Aura 本身的特性考虑：一方面 Aura 与对象（物质）的本身属性有关；另一方面 Aura 与主体的主观感受有关（后文将详细介绍）。所以结合中国古典美学意蕴之中"气"与"韵"与 Aura 的相关性，本书将 Aura 翻译为"气韵"。

本雅明从气韵的生发论述到气韵的消逝，其目的是从艺术经验的角度出发[①]，去分析艺术经验（艺术作品的价值）与生活经验（艺术接受者的主观感受）之间的关系。即媒介技术（复制技术）的发展引起了对象艺术品艺术价值的变化和主体欣赏者认知领域的主观观赏感受的变化。由此，本雅明肯定了媒介复制技术的发展引起了艺术对象和欣赏主体的变化，并且促进了社会政治领域里的变革。本书将逐层剖析本雅明如何论述媒介、对象、主体之间的变化。

二　本雅明论著中"气韵"的概念

（一）气韵是对象具有的客观属性

本雅明在《技术复制时代的艺术作品》中指出："艺术作品起源于礼仪，起初是巫术礼仪，后来是宗教礼仪。"本雅明强调传统艺术作品的独一无二性（Uniqueness）的现存性（Representation）、真品性或真实性（Authentic），以及距离感（Distance）。这些都是对对象艺术作品具有的客观属性的要求。

[①] 本雅明从三个维度，即艺术经验维度（灵韵）、生活经验维度（人群），以及思想经验维度（现代性批判），对文艺作品的现代性转化进行了反思。参见王才勇《灵韵，人群与现代性批判——本雅明的现代性经验》，《社会科学》2012 年第 8 期。

气韵源于崇拜价值（Cult Value）①，生发于巫术，之后转移到宗教。在宗教性仪式（Ritual）之中，气韵得到了显现。独一无二性的现存性（存在性）指的是在不同的历史语境中，一些象征性的传统认知是鲜活的、可变的。例如"维纳斯的古代雕像，在希腊人的眼中，视其为应该崇拜的对象；但是在中世界神父的眼中，则视其为邪恶的偶像"②。随着时代的变迁，人们对同一艺术作品的认知会发生变化，但是古典艺术作品之中不变的要素就是其独一无二的现存性。与独一无二的现存性同等重要的是艺术作品的真品性或真实性，艺术作品的真品性同样根源于宗教崇拜的价值。

宗教崇拜的关键在于其不可触及性（Unapproachability），比如中世纪对基督教、对神明的膜拜，神明是摸不着的，但是人们却仿佛处处能感受其存在，这是崇拜之像（Image）的本质。虽然崇拜之像似乎近在眼前，却始终与膜拜者保持一定的距离，所以艺术作品与主体观赏者之间存在一种距离感，这种距离感也是气韵存在的客观要素之一，即"似远还近"（Distant, However Close It May Be）。③ 远（Distance）的含义与近（Closeness）的含义正好相反，但是用在表现艺术作品的宗教崇拜价值上却有"二而一"的效果，即近的感觉源自崇拜偶像之远。宗教神明之于人是高高在上的，是遥远的，但是给人的感觉却又是近在咫尺的。把这种对于崇高神明的敬畏之感移情于艺术作品，就会产生这种"似远还近"的感觉。所以随着中世纪的结束和文艺复兴的到来，手工绘画的宗教崇拜价值逐渐世俗化，宗教崇拜的独一无二性也就显得没那么重要了，但此时这种独一无二性却没有消失，通过观察者的想象，独一无二性从宗教崇拜上转移到对艺术家及其作品的体验上。并且评价艺术作品的价值依旧依赖于艺术作品的真

---

① Walter Benjamin, *Illuminations*, Harry Zohn (Trans.), New York: Schocken Books, 1986, p. 224.
② Walter Benjamin, *Illuminations*, Harry Zohn (Trans.), New York: Schocken Books, 1986, p. 223.
③ Walter Benjamin, *Illuminations*, Harry Zohn (Trans.), New York: Schocken Books, 1986, p. 243.

品性，因为随着艺术世俗化的不断加深，艺术作品的宗教崇拜价值被其真品性（世俗化美的崇拜）价值所代替。所以这种由艺术家带来的独一无二的真品性依旧是气韵存在的客观要素之一。

虽然艺术作品的宗教性崇拜转变为世俗化的美的崇拜（艺术崇拜），但是艺术作品的价值依旧存在于崇拜价值之中，这一根本没有发生变化，所以气韵依旧存在。由艺术作品的世俗化引发的艺术崇拜始于文艺复兴，向后延续了3个世纪，最终由于复制技术——摄影术（Photography）的出现而出现了危机。依靠复制技术，任何人都能够制造出很多的复制品，那么艺术作品的"真品性"的权威地位就受到了挑战，但是也因此艺术才第一次从宗教仪式中解放出来，其社会功能也发生了相应的变化，即由"宗教仪式功能转化为政治服务功能"①。本雅明并不赞成"为艺术而艺术"或者所谓的"纯（Pure）艺术"理论，而在本雅明当时所处的社会背景下，学界部分人反对"任何的以表征内容为艺术定义"或者反对艺术具有"社会功能性"。②

本雅明按照艺术的不同社会功能，将艺术作品的价值分为崇拜价值和展示价值。③ 前者表明具有崇拜价值的艺术作品，由于其独一无二性、真品性以及距离感，为 Aura 的出现提供了物质基础；而后者由于复制技术的诞生，艺术作品可以被大量地复制，复制后的艺术作品不再只是贵族或者特权阶层可以欣赏的玩物，普通大众也可以进行集体性观赏。自此，艺术第一次走下神坛，走进大众的视野，通过展示发挥其作为艺术品的使用价值，同时使大众获得了解放。艺术作品的价值成功地由崇拜价值转变为展示价值，不但是自身社会功能的重大变化，对观赏者的主观体验也产生了重大的影响。

---

① Walter *Benjamin*, *Illuminations*, Harry Zohn (Trans.), New York: Schocken Books, 1986, p. 244.
② Walter *Benjamin*, *Illuminations*, Harry Zohn (Trans.), New York: Schocken Books, 1986, p. 244.
③ Walter *Benjamin*, *Illuminations*, Harry Zohn (Trans.), New York: Schocken Books, 1986, p. 224.

(二) 气韵是对象和主体间的交感

作为艺术作品客观属性的气韵，其特征为独一无二的现存性、真品性以及距离感，而这些特征能够成为艺术品的价值所在，没有观赏者（主体）的欣赏与评价是无法实现的。因此艺术品的价值实现依靠的是对象与主体间的相互作用。因为，独一无二的现存性既是艺术作品原作品的真品性、唯一性，同时也要求艺术创作者创作艺术品经验的独一无二性（即美感的独一无二性），而且，距离感要求观赏者与艺术品之间保持"似远还近"的关系，这些不仅仅是对艺术作品本身形式的要求，同时也是对艺术创作者或者观赏者（主体）的要求，即艺术作品的价值实现依赖于对象与主体之间的相互作用。因此气韵不仅反映了对象艺术品的客观属性，同时还反映了对象与主体间的相互作用关系——交感。这一点从本雅明对气韵的定义之中便可见一斑。

气韵是什么呢？是时间和空间相互交织产生的一种"似远还近"的、独一无二的现象。

一个夏日的午后，在休息的状态下，在观照者（Beholder）目光（视线）所及之处，看到蜿蜒于地平线的一座山或者一根树枝投射的倒影（Shadow）——这就表明观照者在呼吸山和树枝的气韵。[①]

这两段话，前一段体现了气韵的客观物质属性，指出了对象艺术作品的"时空"限制：气韵是时空相互交织产生的，说明了气韵存在需要满足"此时此处"（Here and Now）的时空要求。换言之，作为主体的观赏者（观照者）和作为对象的艺术作品必须处于同一时空，主体缺失（观众不在现场）或者对象缺失（对象本身不在，如复制品）的情况下，气韵是无法显现的。然后本雅明继续指出"似远还近"的、独一无二的现象，表明气韵存在的条件还包括对象与主体间的距离感以及对象原作的真品性。即对象艺术作品与主体欣赏者之间

[①] Michael William Jenning, et al., *The Work of Art in the Age of Its Technological Reproducibility, and Ohter Writings on Media*, Cambridge: Belknap Press, 2008, p. 255.

在满足"此时与此地"的时空要求的前提下,对象艺术品与主体之间还必须保持一种"似远还近"的距离感,同时需要保证艺术作品是创作者独一无二创作体验(即美感)的结晶——艺术作品必须是真品,只有如此对象艺术作品才具备了气韵出现的物质条件。

后一段继续对气韵进行描述,指出了气韵存在的其他条件:"一个夏日的午后""树枝的投影"表明了气韵出现的环境条件是有光;"休息的状态"是要求观照者(欣赏者)的内心必须保持安静的状态;"视线所及之处"强调了观赏者眼睛(视觉)注视的重要性,即主体与对象的相互作用依靠的是视觉感受,需要一种"集中入神"(Concentrated Immersion)式的凝神注视、物我两忘的精神状态;"蜿蜒于地平线的一座山"是指对象与主体之间需要具备距离感,同时对象与主体须满足"此时此地"的时空要求。这些共同的要求便是对象艺术作品与主体观赏者之间的相互作用——交感能够形成的前提,并且,交感形成之时便是主体感受到对象的气韵之时。

对象与主体之间交感形成之时也是一种物我(对象与主体)交融的状态。这种关系与中国古代哲学的"感"和"应"的关系有异曲同工之妙。"感应"是表示物与我、心与物的关系的一个概念。"感应"指的是精神世界在外物的刺激下产生的反应。人通过五感(视觉、听觉、嗅觉、味觉、触觉)接触外界事物,之后将得到的感觉信息返回大脑进行处理,形成认知,然后再对外界事物进行回应,这一过程被称为感应过程。感应说源于中国儒家经典《易经》三十一卦——泽山咸卦,其中对卦象的解释为"咸,感也""二气感应以相与""天地感而万物化生,圣人感人心而天下和平,观其所感,而天地万物之情可见矣"。需要强调的是,这里的"感"是无心之感,所以被称为"咸卦",无"心"反而能真正地去感受。《易经》的《系辞上》又提出了"寂然不动,感而遂通",再次强调了感应关系发生的前提为"寂然不动",结果为"感而后通"。所以"无心之感""寂然不动""感而后通"说明了感应的前提正好与本雅明提出的对象与主体交感的气韵产生的前提相对应,"夏日午后"对应"寂然不动",

"休息的状态"对应"无心之感"。

而气韵出现的条件还有光。对光的要求表现了基督教崇拜对西方社会的影响,即《圣经》中记载上帝话语的崇高性,"上帝说,要有光,就有了光"。对视线的要求,强调主体在观照艺术作品的时候依靠的是"裸眼"(Unarmed Eye)而不是之后技术复制时代的"电子眼"。而利用裸眼进行观赏的时候,主观精神的状态必须达到集中、入神的境界,最终才能感受对象的气韵。

综上所述,气韵不但是对对象艺术作品本身具有的客观物质属性方面有要求,即独一无二的现存性、真品性、距离感;对观照者的主体也是有相应的要求,即观照对象艺术品时,主体所在位置必须有适当的光线,主体必须用裸眼观照——集中入神、物我两忘;同时,还要求主体观照者和对象艺术作品必须在同一个时空。只有对象艺术品具备相应客观属性,并且观照者主体和对象之间形成交感的前提下,对象艺术作品的气韵才能够被主体观照者感知。

三 气韵的消逝:对象艺术作品形式的变化

(一)气韵的消逝

随着复制技术的发展,艺术作品的价值由崇拜价值逐渐转化为展示价值。艺术存在的客观物质条件发生了变化,那么相应地艺术的形式也就发生了变化,最终艺术作品观赏者的认知结构也会跟着发生变化。随着复制技术媒介的发展,"艺术作品的展示价值开始在各方面击退宗教崇拜价值"[1]。

复制后的艺术作品改变了独一无二的现存性和"此时与此地"的时空秩序。在石器时代人们进行巫术崇拜,在中世纪人们进行宗教崇拜,文艺复兴时期人们跟随艺术大师进行的是一种世俗的美的崇拜。因为当时的艺术品都局限于具体的、固定的场所之内,只有在"特定

---

[1] Walter Benjamin, *Illuminations*, Harry Zohn (Trans.), New York: Schocken Books, 1986, p. 245.

的时空"之内，观赏原创者的原作真品才能感受气韵的存在。但是随着复制技术的发展，艺术品不断地被复制，复制品摆脱了时空限制，可以被随处展示，这样就使气韵的客观物质属性发生了改变。

同时，随着复制技术的发展，艺术的主体也发生了变化。比如电影演员不能像舞台演员一样直接将他们的表演行为呈现于观众面前，并且他们的表演行为受制于摄影机，他们必须听从摄像师的指导。[①]如此，在电影表演中演员只能在摄影棚面对机器进行表演，而不能与观众进行交流，观众的位置被摄像机所取代，电影演员的表演就不具备统一性，而是由多组单个的表演组成。观众最后观看的电影是人为地将演员的参组表演，通过蒙太奇的手法，进行编辑和重新组合后呈现在观众面前的。所以演员与观众的分离，导致"此时此地"的时空性消失，观众没法感受演员表演所带来的气韵，因为演员与观众之间的交感被机器（摄像头）切断了，演员的表演通过摄像机的复制呈现于大众面前，但"气韵是不能够被复制（Facsimile）的"，"演员塑造的人物的气韵，不能够复制给观众，所以气韵消逝了"。[②] 换言之，电影表演行为无法具备"此时此地"（Here and Now）的现存性，主体观赏者和对象艺术作品不能够出现在同一时空，并且对象与主体之间由于缺少集中入神式的"视线"交流而无法具备气韵存在的条件——对象与主体的交感，当气韵存在的主客观条件同时不具备的情况下，气韵就不可避免地逐渐消逝了。

不过，本雅明所强调的气韵的消逝，并不是指气韵本身消逝了。演员在摄影棚里进行人物刻画的时候，能够正常地刻画出人物形象的气韵，但这仅仅满足了气韵出现的客观物质条件，作为气韵出现的对象与主体的交感条件，却由于电影艺术不是舞台艺术而无法实现。舞台艺术的表演是在现场，演员与观众进行"眼神"的交流，演员刻画

---

① Walter Benjamin, *Illuminations*, Harry Zohn (Trans.), New York: Schocken Books, 1986, p. 228.
② Walter Benjamin, *Illuminations*, Harry Zohn (Trans.), New York: Schocken Books, 1986, p. 229.

的气韵才会通过交感被观众感知；但是经过技术媒介传达后的电影图像，无法对气韵进行复制，自然地，观众也无法感受气韵的存在。所以，这里气韵的消逝强调的是通过技术媒介传达的影视艺术无法复制演员在刻画人物形象时出现的气韵，从而导致气韵的消逝。

总而言之，在复制技术媒介介入之前，艺术的价值体现为崇拜价值——巫术崇拜、宗教崇拜、文艺复兴时期的艺术家美感崇拜，而在复制技术媒介介入之后，艺术的价值转变为产品展示价值。艺术作品展示价值的凸显表明艺术品第一次从宗教的附属品转变为具有自由特性的艺术展示品，是艺术解放的表现。同时，艺术的观赏者也由少数的权力阶层转变为普通的大众，这是艺术作品的复制为艺术品的解放奠定的群众基础。而本雅明正是洞察了复制技术媒介的这一艺术解放功能，从而肯定气韵消逝的积极意义。但是，本雅明所说的气韵的消逝并不是艺术作品的气韵本身消逝，而是艺术作品形式的变化，即艺术作品通过技术复制，复制品不断呈现于观众面前，而艺术作品的气韵只存在于原作品中，气韵本身并不能被复制，所以要明确本雅明"气韵消逝"所强调的本意。

(二) 主体的变化："集中入神"的主体到"分散散漫"的主体

气韵存在于对象与主体的交感之中，交感形成的条件是观赏者以"裸眼"对对象艺术作品进行"观照"，进入一种集中、沉思的入神状态[1]，即"物中有我，我中有物"。在复制媒介出现之前，主体以"观照、集中入神"的方法，与对象同处于一个时空——"此时此地"，感受艺术作品表现出来的独一无二的现存性，通过交感而感应到对象的气韵。但是随着复制技术的发展，特别是电影技术的不断发展，艺术的形式发生了变化：演员在摄像机镜头面前展示自己，在摄影棚里完成对电影中人物的刻画，而观众则是在电影院中对完成后的

---

[1] Walter Benjamin, *Illuminations*, Harry Zohn (Trans.), New York: Schocken Books, 1986, p. 250.

影片进行观赏,于是观赏者与对象艺术作品被分离了。不同于舞台表演,演员和观众可以同时、实地地进行交流,而电影艺术作品的演员和观众不同处于一个时空,他们之间没法直接交流,所以艺术形式发生了变化,相应地,主体观赏者也发生了变化。

在电影中"我不再能够思考我想要思考的,我的想法已经被流动的画面所替代",这是电影带来的"震惊性效果"(Shock Effect)。[①] 而这种震惊性的效果针对的是人的主观感受。因为在技术复制时代之前,面对绘画等艺术作品,人们能够使自己通过沉思而融入艺术作品,然后开展自己的联想;但是面对电影艺术作品,人们无法"集中入神",因为"一旦你看到它(电影画面),它就发生了变化,它不是固定的"。这种媒介的特点决定了主体欣赏者无法对艺术品进行"入神沉思"。于是电影等复制技术媒介的"分散性要素"(Distracting Element)造成了人们在观赏艺术作品时主观感受方式的分散性和散漫性。如果将技术复制时代之前的观赏者主体称为"集中入神"的主体,那么技术复制时代之后的观赏主体就可以称为"分散散漫"的主体。同时,技术复制时代之前人们通过沉思、入神,能够主动进入艺术作品进行观赏,这时候的主体是"自律的主体";而技术复制时代之后,不但艺术创作者要受限于"镜头"等设备,而且观赏者的观赏行为也受到电影媒介的限制。换言之,不是主体主动通过思考而进入艺术作品,而是电影等艺术作品进入主体,所以这时候的主体是"他律的主体"。但是这种新的观赏方式被本雅明称为"知觉的新任务"(New Tasks of Apperception)[②]

知觉的新任务指的是分散性、散漫的观赏者(Distracted Viewers)需要形成新的观赏习惯。[③] 每一种艺术形式都有其自己的观赏规则

[①] Walter Benjamin, *Illuminations*, Harry Zohn (Trans.), New York: Schocken Books, 1986, p. 250.

[②] Walter Benjamin, *Illuminations*, Harry Zohn (Trans.), New York: Schocken Books, 1986, p. 240.

[③] Walter Benjamin, *Illuminations*, Harry Zohn (Trans.), New York: Schocken Books, 1986, p. 240.

(Rules)，"悲剧是随着希腊文化诞生的；史诗起源于人类早期文化，结束于欧洲文艺复兴的晚期；欧洲绘画始于中世纪，也是随着时代的变化而变化的"。而本雅明认为"建筑是始终伴随着人类的，其重要性没有随着时代的变迁而弱化，相反，每个时代人们都需要房屋居住"。因为"房屋的两种功能，一是居住，一是感知。前者靠的是触觉，而后者靠的是视觉"。本雅明认为很多人都没有很好地区分房屋的这两种功能，因为人们对房屋的感知是"分散式"的，而分散式的感知方式往往来源于人的习惯，不是来源于人的"关注"（即，集中入神），所以在复制技术时代，相对于视觉的"集中入神"功能，人们的新的感知方式更倾向于"视觉性触觉"感知能力[1]。由此，本雅明肯定了新的复制媒介给人带来的认知结构的改变。

以电影为代表的复制技术媒介，由于镜头的快速转换使观赏者无法依靠视觉进入"集中入神"的状态，因此观赏者无法对艺术作品进行沉思，但是这并不影响观赏者对艺术作品的"价值评价"（Value Evaluating）[2]。即电影图像不停地进行着变换，导致观赏者无法集中精神去思考，但是并不影响观赏者评价，因为观赏者的评价并不需要"入神关注"，而观赏者只作为一个"散漫式的审查者"（Examiner）即可[3]。电影的"震惊性效果"使电影在快速切换镜头的同时，仍旧能够有效地吸引观众的注意力。而在欣赏静态绘画的时候，人们需要入神屏息进行专注的思考，观赏者也有时间去进行这样的入神感知。可是对于动态的电影镜头来说，人们没有时间去进行入神思考，即使人们准备去深度思考，随着镜头的转换，人们的思考也会被打断。于是，人们不得不紧跟镜头的切换，让自己"关注"画面的变化，从而只对画面进行评价。长此以往，人们就会习惯这种随着镜头切换而不

---

[1] Walter Benjamin, *Illuminations*, Harry Zohn (Trans.), New York: Schocken Books, 1986, p. 240.
[2] Walter Benjamin, *Illuminations*, Harry Zohn (Trans.), New York: Schocken Books, 1986, p. 240.
[3] Walter Benjamin, *Illuminations*, Harry Zohn (Trans.), New York: Schocken Books, 1986, p. 241.

断转移"视线"的分散性感知方式,这样的视觉关注其实是一种"触觉"性感知,即视觉性触觉。不同于绘画时代的集中入神式视觉感知,复制技术时代需要的感知方式是散漫式、触觉性的。随着时间的变化,这种触觉性感知就会变成一种习惯,一种分散式—散漫式感知方式的习惯,这也就是本雅明所说的"知觉的新任务"。

四 对象与主体合演的"新的知觉任务"

本雅明认为艺术是社会的产物。传统艺术是艺术所处的具体的时空"此时与此地"的产物,而以电影为代表的复制艺术可以根据电影的编辑功能,即电影的蒙太奇手法,改变自然界的时空顺序,而以电影需要为目的任意改变时空顺序。因此,这种错乱时空的方式给电影的观众带来了"震惊"的体验。自此,观众改变了观赏传统艺术作品的习惯——"精神集中、入神"观赏,而转变为"分散、散漫"的"视觉性触觉"——新的感知习惯,来观赏艺术作品。换言之,人们从习惯性的"视觉"性观照转变为习惯性的"视觉性触觉"式感知。按照本雅明的理解,"新的艺术作品形式必然带来新的艺术作品知觉方式",那么在数字媒介时代对象与客体的变化又有哪些呢?

(一) 数字化媒介带来了对象艺术作品形式的新变化

本雅明所处时代的复制媒介为摄像机和电影。通过摄像机和电影的复制功能,艺术作品走下神坛,被一般大众所接触,从而使艺术的社会功能由崇拜功能转变为政治解放功能。而数字化时代,由于数字化技术的发展,数字复制功能为艺术的社会功能带来了新的变化——数字复制继续改变着客体艺术的形式以及主体与艺术的交感作用。

数字化时代所有的东西都随着数字媒介的变化而在快速地变化着。数字化时代并不是随着电脑的发明而开始的,而是随着个人用电脑的普及而开始的。随着个人用电脑的普及,媒介技术就不仅仅是一种特殊的工具和手段,而是一种普遍化的系统工具。在个人电脑普及之前,电脑仅仅是科学家为了研究等目的而使用的、辅助实现某种具体目的的特殊工具而已；而进入个人电脑时代，随着电脑的普及，它变成了一种大众可以普遍使用的、具有广泛意义的系统化工具。所以随着数字媒介的不断发展，现在我们能接触的范围从五感所及之处扩展到了全球。

例如数字媒介使我们的感知经验发生了巨大变化，不但能感知实际的环境，也能感知大众媒介制造的拟态环境，还能感知数字媒介制造的虚拟环境等。可以说，随着数字媒介的使用，主体和对象之间的界限不断地被侵蚀：个人电脑的使用使我们的私人空间向外部不断扩张；移动手机、移动网络普及后，好像所有的空间都变成了我们的私人空间。现在人们利用一部移动智能手机，通过社交媒介（SNS）就可以把整个世界作为自己的私人空间——来去自由，畅通无阻。未来随着物联网、大数据、人工智能的普及，相信人的经验世界将会不断被改变。现在我们正生活在这样一个快速变化的世界之中——一个万物互联，沟通与分享并存的艺术世界。

(二) 数字复制时代，从"分散散漫"的大众集体接受，到"实践参与"的主体个体创作

数字复制时代，随着复制媒介的发展，"分散式、散漫的"主体们已经适应了复制技术带给人们的改变——对艺术作品进行触觉性的感知。人们利用手机在移动互联网中对复制后的艺术作品进行欣赏，相对于"视觉"给人们带来的"震惊"而言，人们更加熟悉"触觉"带来的习惯性感受——通过手指接触手机界面并通过视觉进行感知。在这种新的"触觉习惯"的知觉认知下，艺术作品是否是原作品，对人们来说已经没有很大的意义了。因为媒介技术的进步，给人们带来一种新的艺术感受——不同于实际存在的虚拟艺术的感受。

由于互联网技术的发展，人们利用互联网技术能够随时随地离开实际的空间进入网络虚拟空间。比如，一起在会议室里进行会议的人们，由于会议没有限制使用手机，所以有的人就能够一边听取会议内容，一边使用手机进入虚拟空间。虽然他的个体本身依旧处于会议所

在的实际空间与同事进行会议,但是通过移动手机另一个"分散型"的自我犹如化身（Avatar）一般,已经进入了虚拟空间,在赛博空间里进行各种各样的活动,利用手指的触觉功能,他能很好地体验自己同时身处两种空间维度的感受。而这时候与其说手机媒介是实际空间与虚拟空间的媒介,不如说使用者通过手指的"触觉"以自身为媒介,沟通了实际世界与虚拟世界。所以在数字媒介时代,媒介使用者个人本身变成了媒介,媒介使用者个人既是艺术作品的观赏者,同时也是艺术作品的塑造者。

数字媒介时代是一个数字影像泛滥的时代,但是数字影像又不同于电影影像。在电影艺术中,由于电影本身画面的快速移动,欣赏者不能够像观赏静态的图片一样通过沉思入神式的观赏而进入图片的艺术世界。在电影的"震惊效果"下,人们以分散、散漫的接收方式对电影进行欣赏、评价。人们安静地坐在电影院里,面对着大荧幕,跟随着电影画面的快速移动,人们的眼神也在快速移动着,人们虽然无暇沉思,却能实时评价。所以,此时不是人们积极能动地进入移动画面,而是移动画面引导着人们并进入人们的主观世界,观赏者是坐在电影荧幕之前的被动接收者。但是数字影像时代,人们不是被动地等待着电影进入自己的主观世界,受众不是被动的观看者,而是能够能动地参与艺术创作；大众不再是数量众多的、同质的大多数,而是以一个具体的个体的身份、以独特的个性参与艺术作品的塑造。所以受众从坐在图像前的存在变成了进入图像世界的存在,受众是以能动的个体身份,亲自参与艺术创作。所以在数字媒介时代,作为"被动看"的观众的意义已经不再重要,作为"实践参与"主体的个体参与艺术创作更为重要。"我思故我在"已经变成"我实践故我在"了。同时,艺术作品的社会功能也已经从解放大众转变为解放个体。

另外,在数字媒介时代,个体既是美的观赏者,同时又是美的参与者和缔造者。这样个人就由分散性、散漫的主体变成了实践、参与的主体。这也就意味着个体以参与者的身份再次以沉浸"入神"（Immersion）的方式参与了艺术作品的欣赏与创造,只不过数字媒介时代的"入神"并不是主观专注地集中式入神,而是全身参与型的"分散、散漫式入神"。即对艺术作品的接收方式由本雅明所说的"视觉性触觉"转变为完全的"复合性触觉"。

现代人通过一部手机以自己的"触觉"感知,通过接触手机的界面（Interface）能动性地进入虚拟艺术世界。换言之,就是个体以自己的身体为媒介,以"分散、散漫式入神"的触觉感知方式,实现现实世界与虚拟艺术世界的相互作用。所以,在各种平台媒介发达的今天,个人的身体其实是最好的艺术平台。可以说个体既是艺术的观赏者也是艺术的缔造者,所以对象与主体超越对立实现了统一,即对象与主体是"二而一,一而二"的对立统一关系。这就是在数字媒介时代主体的新的知觉任务,而且"分散、散漫式入神"的个体必将逐渐习惯这种新的感知方式。

综上所述,本雅明气韵理论的现实意义在于让人们更好地理解了媒介发展之于对象（客观事物）以及人类主体之间的关系。通过对大众传媒时代以及数字媒介时代的媒介、对象、主体的分析,我们可以得出结论:媒介的发展促使对象形式不断变化的同时,使主体的认知功能也不断生成新的任务（知觉的新任务）,并且随着媒介的进一步发展,主体与对象的关系将逐渐超越"二元对立",不断实现"二而一"的完美融合。认识到对象与主体的这一变化,那么我们就应该明白在数字媒介时代,面对新的知觉任务,我们应该关注变化了的主体性,这是日后研究工作的重点。

第二节 技术图像符号的认知失真

本节立足于融媒体时代分析媒介迭代所带来的视觉文化转向现象,并对文化转向所催生的认知失真现象进行理论探究。技术图像的爆发式增长带来了万众参与的图景:人人都能参与图像的生产与意指实践的创作,从而与传统的媒介文化有了本质性差异。本节从这一问题意识出发,力求建构"后文字文盲"加速化的理论基础,并分析其产生文化危机的可能性。最后得出结论,文字书写能力的培养是对认知失真纠偏的根本性举措,并且就如文字符号习得初期的启蒙认知一样,对技术图像符号的认知也需要经历相应的启蒙学习阶段,如此方能认知其本质。并且这也是抑制后文字文盲产生,纠偏认知失真的有效方法。

一 问题的提出

认知失真(Cognitive Distortion)[①]指的是一种夸大或者不理性的思维模式。认知失真又可以称为认知扭曲,表明了个体对现实的感知不准确。特别是媒介的使用者沉浸在媒介时空中,沉溺于寻求并获得满足的感性愉悦之中,从而保持"日用而不自知"的状态。[②]即从媒介素养的角度来说,媒介的使用者能够利用媒介进行基本的信息获取和传达,却沉浸在媒介所造就的媒介环境之中,无法认知媒介本质,从而成为媒介的附庸,导致人的异化以及文化危机的出现。例如,尼尔·波兹曼(Neil Postman)以"娱乐至死"[③]来形容传统电视媒介时代的"容器人""沙发土豆"(Coach Potato),而在雪莉·特克尔(Sherry Turkle)的著作之中则以"群体性孤独"[④]形容融媒体时代在混合现实之中人际关系的变化问题。特别是2016年之后,随着移动短视频平台抖音等的迅速崛起,一种新的"媒介人"正在建构一种不同于以往的视觉文化。由此"抖音中毒""电子保姆"等媒介现象不一而足,而这种媒介文化现象的共同特征并不是媒介的使用者不能适应特定媒介时代的媒介变化而形成与媒介变化相适应的"认知知

[①] Petra, et al. "A Meta-Analysis on Cognitive Distortions and Externalizing Problem Behavior", Criminal Justice & Behavior, Vol. 42, No. 3, 2015.

[②] [美]约翰·迪米克:《媒介竞争与共存:生态位理论》,王春枝译,清华大学出版社2013年版,第53—54页。

[③] [美]尼尔·波兹曼:《娱乐至死》,章艳译,广西师范大学出版社2011年版,第1页。

[④] [美]雪莉·特克尔:《群体性孤独:为什么我们对科技期待更多,对彼此却不能更亲密?》,周逵、刘菁荆译,浙江人民出版社2014年版,第3页。

觉"——碎片化的阅读习惯，而恰恰相反，无论是在电视时代成为"沙发土豆"的电视人，还是在融媒体时代沉浸在移动短视频平台所创造的愉悦之中无法自拔的新媒介人，都完美地适应了自身所在媒介时代的媒介文化环境。但是适应新时代的媒介特性并形成相应的媒介认知能力只是满足媒介素养的"门槛条件"，对新媒介本质进行正确理解并获得相应能力才能满足其"提升条件"。由此，认知融媒体时代的认知失真便具有了重要性与紧迫性，这也是本节的问题意识出发点。

从媒介技术决定论的观点出发，考察媒介技术影响下人与媒介的关系是理解现代中国媒介文化现象的重要方法理论之一。① 而所谓的融媒体，是利用网络技术赋能而使万物皆媒，形成以场景为核心，以媒介形态为场景入口的新型媒介形态。② 换言之，融媒体时代是通过媒介技术的赋能，以场景符号为中介所建构的人与对象世界关系的新媒介生态时代，亦是"元宇宙"（Metaverse）传播时代媒介的物质性与人化媒介的前提。③ 而场景一词则与《景观社会》④ 中所提出的"景观"（Spectacle）的概念有异曲同工之处。换言之，由视觉性图像符号所建构的社会不同于以文字文本符号为中心所建构的社会。因为从媒介技术论的逻辑出发，媒介技术的本质是通过媒介与人的作用所产生的价值与影响来确定的⑤。文字符号以抽象性和联想性为特征，所以文字符号更多地唤醒读者丰富的联想和多义性的体验，并且有助于读者深刻地解读对象世界，所以文字时代的读者更具理性和严肃性。而图像符号更具直观性和形象性，图像的功能在于将文字的

---

① 周海宁：《互联网时代中国媒介文化的嬗变以及人的主体性重构》，延边大学出版社 2019 年版，第 3 页。
② 张成良：《融媒体传播论》，科学出版社 2019 年版，第 39 页。
③ 喻国明、耿晓梦：《何以"元宇宙"：媒介化社会的未来生态图景》，《新疆师范大学学报》（哲学社会科学版）2021 年第 12 期。
④ ［法］居伊·德波：《景观社会》，张新木译，南京大学出版社 2017 年版，第 1 页。
⑤ 李曦珍：《理解麦克卢汉：当代西方媒介技术哲学研究》，人民出版社 2014 年版，第 49 页。

深刻性具体化和直观化，所以在读图时代大众更具感性和娱乐性。进入融媒体时代之后，图像（影像）成为人们日常获取信息的重要手段。以移动短视频为中心的传播方式的流行表明"新的信息主体登场开启万人同参的影像传播文化新时代"，这体现了"感性时代用户的需求"。[①] 但是从受众的视角来看，融媒体时代媒介技术的赋能使视觉传播进一步发生偏向，受众倾向沉溺于图像所带来的感性愉悦，无法识别图像所遮蔽的本质，最终认知失真现象呈现加速化趋势。

对于认知失真的研究，新闻传播学大多聚焦于"舆论"问题。追溯原因，按观点来区分，其一是网民认知会受到关注事件热度的影响，即"对某一热点关注度的提升，会导致网民出现认知夸大的倾向"[②] 但是指出了集体性认知失真的现象而没有指明其本质；其二是网民具有从众特性，即"一种舆论倾向一经形成便会技术传导和扩散，造成大的声势，进而进一步强化跟风效应"[③]，指出了谣言的反复传播会造成集体性认知失真，却没有指明不是事实变得越来越不重要，而是事实的出现更加困难，这便是"后真相"的本质；其三是受众容易被情感裹挟，即越是负面、片面与偏激越能收获喝彩，而正面肯定、理性的声音却受到围攻。[④] 这强调了情感传播的强势出现，呼吁正确认知形成的重要性，但是对于如何纠偏失真的认知却没有形成相应实施路径。

心理学研究对认知失真的纠偏提出了相应的看法。其一认为认知失真的纠偏在于使无意识意识化，即"认知失真具有无意识性、自动性、功能性，所以克服认知失真首先要使无意识意识化"[⑤]；其二认为

---

① 周海宁：《基于移动短视频传播的文化转向与信息价值观的重构》，《东南传播》2019年第10期。
② 柯缇祖：《网络舆论特点研究》，《红旗文稿》2011年第15期。
③ 李艳玲：《扣准社会脉搏是凝聚改革共识的重要前提》，《求是》2013年第2期。
④ 李存义：《为好声音喝彩，为正能量点赞》，《人民日报》2014年10月28日，第5版。
⑤ 华炜：《社会认知方式与大学生心理健康教育》，《黑龙江教育》2012年第12期。

通过"认知重构"来纠偏认知失真,即"帮助其认识到头脑当中不现实的、不合理的、错误的、扭曲的认知失真的感觉,从而重构合理的思维方式"。

综合上述研究结论可以看出,技术决定论的视角从媒介本体的角度强调媒介本体(形式)对受众认知(实践)的重要作用。犹如电被发现后才产生了相应的与电和光有关的实践,如夜间的无影灯手术、夜间足球比赛等;舆论研究视角是将认知失真归结于网民的群体性、社会属性——受众认知具有夸大倾向、从众性,情感容易被裹挟等特性;心理学视角是从"认知重构"的角度对人的个体进行认知失真的纠偏。上述研究通过认知失真归因以及个人认知纠偏等为认知失真提供了学理性贡献。从人的主体性角度以及媒介本体角度分析认知失真的成因及其解决方案是考察中国媒介文化的必要切入点,但是对现象的考察无法深入本质则无法揭示现象所遮蔽的部分。所以本节从认知失真的表征与认知入手,对融媒体时代(技术性媒介时代)的图像符号的意义进行解读。

具体而言,本节立足于融媒体时代的视觉文化表征,从媒介与人的关系的角度出发,探索文字时代与后文字时代媒介本体属性的不同。其中后文字时代指的是进入20世纪后,随着技术性媒介(照片、电影、电脑、各种移动终端等)逐渐替代以文字符号为中心的文本媒介成为新的记录媒介,于是声音、图像等符号超越文字载体成为新的记录载体。特别是进入21世纪第一个10年之后,人类传播史进入了"读屏社会"。[①] 而读屏社会的特点便是以技术性媒介为中心建构一个新的图像世界,本书称之为技术图像时代。本节探索文字时代和后文字时代媒介属性的变化造成的各自所属"文盲"的不同特性,指出认知失真加速化的现象与本质,并分析认知失真加速化所引发的问题,从而为遏制认知失真、重新建构融媒体时代人类主体性提供理论依据。

---

① 周海宁:《论数字化媒介时代儿童阅读能力的提升》,《出版广角》2019年第2期。

二 认知失真表征为后文字文盲现象

在融媒体时代视觉性媒介所具有的技术文化性意义使传统的视觉文化发生了现代性转向。如果说以电视为中心的视觉文化是对以文字为中心的视觉文化的超越，那么是否可以说以互联网为中心的视觉文化是对以电视为中心的视觉文化的再次超越？

传统的电视传媒时代，信息的生产方式可以表达为专业化的大众传媒组织以舆论生成为目标，对受众进行单方向的信息传达，即从信息传递观的角度来看，受众只是信息传递终端的一个视觉性信息的接收者，或者称为"旁观者"；而融媒体时代，以互联网媒介为中心的社交媒体平台的发展，为新的信息生产技术带来了信息生产方式的转换，即受众作为信息生产、传达、接收的主体，超越了原来的"旁观者"身份，而以"参与者"的身份开始建构新型的信息关系生态。例如国内哔哩哔哩网站上"弹幕"等交互功能的开启，受众在使用媒介时体验到了新的参与式文化景观。或者国外流行的移动平台YouTube，将其自身的理念（价值观）表述为"我们的使命是为每个人提供发声的平台和观察世界的窗口。我们认为每个人都有发声的权利，如果我们彼此倾听、分享并利用我们的故事建设自己的社区（共同体），这会让世界变得更加美好"。这就超越了单纯的信息传递观，而从信息的仪式观①的角度，即从共同分享、共同参与、共同体意识、共同价值认同的角度，在"言论、信息、机会、归属"自由的基础上，以信息游戏者（如Youtuber）的参与性推动了新媒介时代视觉文化的转向。

在融媒体时代，传统的电视媒介受众的兴趣点逐渐转移到互联网以及社交媒体上，数字化媒介技术不但扩张了传统视觉媒介所承载的信息与娱乐，同时也改变了人们的日常生活，包括认知和实践的整个

---

① [美]詹姆斯·W.凯瑞等：《作为文化的传播："媒介与社会"论文集》，丁未译，中国人民大学出版社2019年版，第1页。

领域。但是，融媒体时代的媒介使用者看似由传统电视时代的旁观者转变为新媒介时代的参与者，受众仿佛克服了媒介技术的异化，成为一个新造的自律性主体，能够能动地参与由技术图像所建构的新的媒介生态。特别是新的媒介生态所带来的媒介经济的新生态——以"网红"经济、"粉丝"经济为中心的注意力经济造就了各种看似不同却又大同小异的文化奇观。但是在技术图像所建构的图像世界之中，一种认知失真正在加速发展，即以互联网为中心的视觉文化并不是单纯地对传统电视媒介文化进行反抗，而是在电视视觉文化延长线上的一种延续性存在。如果说文字文本时代，不进行文字习得便无法解读文字而成为文盲，那么文字时代之后，当照片、电影、电视节目、电脑动画，以及现在以互联网媒介为中心的新的视觉文化产生之后，后文字时代的文盲现象便出现了，即后文字文盲[1]，这成为一种文化现象。传统文字时代的文字文盲与图像时代的后文字文盲最大的不同点在于，文字文盲不能掌握文字的解读能力，而后文字文盲则是由于潜意识地认为，对图像的理解能力不需习得便可拥有，这是图像"欺瞒"性的重要表征，并且图像欺瞒性的伴生属性便是主体沉浸性。融媒体的沉浸性扩张了人们数字化生存的能力，同时也扩张了人的属性，即人们由单纯的自然人（Human－Being）升级为数字化存在（Digital－Being）[2]，这便带来了人们"去社会化"的隐患，即"数字新媒体使人重新部落化，但是这并不意味着人的自由和解放"[3]。因为，人们沉浸在融媒体所建构的虚拟化情境之中，造成了人本身的媒介化和技术化，即造成了人的"去社会化"现象——人与人的关系被人与技术甚至技术与技术的关系所遮蔽。换言之，这是马克思所言"异化"性劳动在融媒体时代的新变形。而新媒介时代的媒介使用者

---

[1] Anders, Günther, *Die Antiquiertheit des Menschen*（volume I）: *die Seele im Zeitalter der zweiten industriellen Revolution*, München: C. H. Beck, 1956.

[2] 周海宁:《以互联网媒介为中心的听觉文化转向以及构建》,《出版发行研究》2019年第7期。

[3] 张成良:《融媒体传播论》, 科技出版社2019年版, 第40页。

无法看破图像的欺瞒，其后果便是认知失真的日益加速，因为媒介技术的迭代速度超越人类认知的更新速度。

数字媒介哲学家威廉·弗卢塞尔（Vilém Flusser）指出，在技术图像符号的主宰下文盲有了新的意义。文字时代的文盲被排除在文字符号所建构的文化之外；而后文字文盲与文字文盲不同，后文字文盲几乎可以完全参与以图像符号为中心的技术图像文化。弗卢塞尔断言在未来，如果图像完全使文章臣服于它们自身的作用，我们可以预测一种普遍性的文盲状态：只有少数专家受过写作训练。① 这句话就说明在技术图像时代，专家是受到过写作训练的人，也就是强调了文字解读能力在图像时代依然具有至关重要的作用，同时也帮助我们确认在融媒体时代完善的人应该同时具备文字解读能力和技术图像解读能力。弗卢塞尔将后文字文盲作为一种文化现象，并通过分析"技术图像"这一媒介本体对后文字文盲现象进行解读。

技术图像是指机械复制时代之后，从照片的发明开始，以技术性媒介为中心的复制性图像开始影响人们的视觉感官，从而使人们获得了与口传文化、读写文化时代所不同的文化体验。② 特别是随着互联网媒介技术的发展，图像与世界的关系历经了亚里士多德时代的模仿说，和机械复制时代（本雅明）的再现（原封不动地复制）说，进入了鲍德里亚时代的拟象说。③ 换言之，图像本体与对象世界的关系是流动的。从柏拉图时代的图像是对客观世界的描写，到本雅明时期图像是对客观世界原封不动的复制，再到鲍德里亚时代图像与客观世界之间的关系彻底消解，形成一种虚拟的关系，即产生了一种比现实更为真实的虚拟现实（Virtual Reality）④，因为所谓的实在世界本身只

---

① ［巴西］威廉·弗鲁塞尔：《摄影的哲学思考》，李文吉译，远流出版社1994年版，第26页。
② Kim SeongJae, *Flusser*, *Media Phenomenology*, Seoul: Communication Books, 2013, p. 10.
③ 周宪：《视觉文化的转向》，北京大学出版社2008年版，第158—170页。
④ ［法］尚·布希亚：《拟仿物与拟像》，洪浚译，台北时代文化出版企业有限公司1998年版，第1页。

不过是诸多可能性之一，即从符号学意义上看，在以互联网媒介为中心所建构的图像世界里，主体与对象世界之间起到中介作用的符号已经不再具有"桥梁"功能，符号自身的再现功能已经不断地让位于仿真和拟像（Simulation and Simulacrum）功能，没有"原件"（Original）的图像在互联网时代广泛流传、大量复制，符号的真实指涉功能也逐渐让位于其自身的能指功能。特别是融媒体时代，混合现实技术造成了人们的完全沉浸，与以往以文字符号为中心所建构的拟态空间不同，因为传统的文字文本时代需要人们具备一定的解码能力，如对不同的文字的识别能力；但是虚拟现实所建构的空间是与我们在日常现实生活中所形成的感知能力匹配度极高的虚拟空间，所以人们很容易被其"欺瞒"，认为不需要解码能力便可以形成正确的认知。技术图像本体特性决定了后文字文盲出现的必然性，这也是后文字文盲认知失真的媒介本体归因。所以从媒介本体出发，认清融媒体时代技术性媒介的本质，提升相应的媒介素养能力，才能进一步遏制认知失真的加速化。

三 从技术图像本质探究认知失真的成因

（一）技术图像为超越文字符号的危机而诞生

弗卢塞尔将人类传播的历史从符号学的角度进行了三分，即以平面（传统图像，即绘画）符号为中介的先史时期，以文本符号为中介的历史时期，以及以新平面（技术图像）符号为中介的后历史时期。[①] 弗卢塞尔指出，在西方15世纪之后，计算的线性文字符号，追求的是理性以及科学技术的发展意识形态，其结果是人类逐渐由于文字符号本体特性造成文本的不可解读性（在工具理性和合理性的支配下，人们逐渐束缚于书籍所堆砌的壁垒之中），最终束缚了人类的想象能力。例如，卡夫卡的意识流小说，以及科学的理论等，人们大多

---

① 周海宁：《论互联网时代受众的数字化生存能力》，《出版发行研究》2018年第12期。

仅仅了解其形式与名字，而对其内容却根本无法正确理解，这说明文字理性造就了一种不透明性，使人类面临危机。

换言之，符号中介在人类与客观对象之间并未起到"桥梁"的联通作用，而是形成一种"深渊"，通过陌生化作用而使人与对象之间的关系发生变化，导致文化危机的出现。① 于是，为了摆脱危机，20世纪之后，随着复制技术的迭代，照片、电影、电视节目、电脑动画以及如今以互联网媒介为中心形成的各种视觉媒介相继登场，在新媒介技术的辅助下，一种新平面——技术性平面符号便诞生了，人类传播进入了"读图时代"。如果说原始传统的二维平面绘画是对客观世界进行的场面模仿，那么技术性平面则是从对客观世界的再现逐渐过渡到对客观世界的模拟，即技术图像符号所起到的中介作用不是将客观世界设定为标准、真理从而进行模仿，并使模仿物更接近客观世界而使之看起来更加真实。新的技术性平面是文本符号的象征，是来源于文本符号的象征性平面。例如，电影是台词剧本的形象性平面图像，交通信号灯是交通规则（文本命令）的形象性平面图像。

（二）技术图像的本质决定了认知性差异

尼尔·波兹曼（Neil Postman）断言童年的消逝源于电子文化的出现。② 因为读图需要直观、感性的能力，而识字需要的是抽象、理性的能力。儿童与成人的区别在于是否具有文字解读能力，而电子时代图书的真正本质不在于原本文字著述所呈现的理性信息，而在于那些新奇、精美、富有视觉冲击力的图片。儿童与成人之间的壁垒是通过文字建构起来的，从而保障了成人世界的秘密以及尊严。但是现在的儿童在识字之前便能从视频之中进行学习，甚至比成人的图像学习能力更强，从而消解了儿童与成人之间人为刻画的界限。于是，在读

---

① 周海宁：《互联网时代中国媒介文化的嬗变以及人的主体性重构》，延边大学出版社 2019 年版，第 11 页。

② ［美］尼尔·波兹曼：《童年的消逝》，吴燕莛译，广西师范大学出版社 2011 年版，第 1 页。

图时代图像的位阶上升到文字之上，文字反而成为图像的辅助性说明。

读图时代是"图像占据主因的文化"① 时代。那么在读图时代，人们的识字书写能力和读图能力仿佛存在着这样的一幅图景：在学校教育之中，人们通过书写能力的学习从而避免了成为文字型文盲；仿佛所有的人在无意识之中，都具备了刻画图像并对其进行解读的能力。在以互联网媒介为中心的融媒体时代，在技术图像的包围之中，人们并不知道信息是如何被符号化的，因为人们并不像掌握文字解读能力一样对图像的解读进行学习。人们潜意识地认为解读图像是不需要学习的。例如，从儿童的成长便可以看出，儿童通过视觉来阅读图像并不费力，甚至其解读能力仿佛超越了成人。于是，人们甚至相信自己天生可以理解照片和电影，能够对电视节目进行批判性解读，但这是以错误的认知为前提的。这就需要比较两种不同来源的图像，以此纠偏这一错误认知。

在传统的绘画过程中，人们以手为媒进行绘画创作，图画（图像）的内容是以人的视觉器官为基础，是对客观的场面进行主观性的模仿所形成的二维平面。而技术图像是人们借助人的延伸（技术性工具，如照相机等）对客观场面进行完全客观性的再现。技术图像不是通过人的视觉而主观性地成像，而是通过机器之眼，客观地、原封不动地对对象（场面）进行的再现。传统图像具有主观性特征，所以人们必须对图画的各要素进行学习才能理解各要素的真实含义，但是技术图像具有客观性特征，人们不必进行事先学习也可以对其进行理解。于是新的技术图像所造就的新的认知失真（后文字文盲）现象也就诞生了。

例如，电影图像以及电视节目的构成。先于这些视觉图像形成的是文本，依据文本内容，技术图像才得以被创作出来。其间隐含着装置—操作者（Apparat‒Operator），即导演、制作人、演员等。如果人

---

① 周宪：《视觉文化的转向》，北京大学出版社2008年版，第179页。

们不理解装置——操作者依据文本进行技术图像创作的符号化过程,就无法真正地理解技术图像的本质。

技术图像符号的出现,解决了文字文本时代在工具理性以及合理性的支配之下所造成的人的异化以及文化危机状况,从而实现了人类传播的新发展。但是,由于图像泛滥,各种类象与拟象等没有原件(Original)之物的出现,改变了以往人与图像的关系。如本雅明通过"气韵"(Aura)的消逝,指出了主体与对象艺术作品之间关系的改变一样。[①] 传统时代,主体与客观对象之间保持一定的距离,人们通过屏气凝神的方式去感受艺术作品的本真与独一无二特性。但是以电子照片以及电影媒介为代表的机械复制时代,由于技术性文本、装置——操作者的隐藏,从而使主体认知出现了失真。人们会想当然地认为照片与传统的绘画(图像)并无二致。

人们无法认识到自身已经自动地、无意识地随着图像的洪水的到来而进入后历史时期。由此,弗卢塞尔所说的技术图像所产生的后文字文盲现象出现了,他认识到了图像洪水的背后真正发挥本质作用的是技术性文本符号,并指出在被图像所符号化的世界之中,随着后文字文盲的逐渐普遍化,能受到写作训练的只有少数专家了。比如,现在普遍流行的视频社交类平台——哔哩哔哩视频平台上,包括书写能力养成之前的儿童,以及其他所有年龄层的人们,都被吸纳进"装置——操作者"这一复合体。在由互联网媒介所形成的万众普遍参与的数字化游戏之中,参与者正在迅速地被后文字文盲化,并使认知主体产生认知障碍。

四 认知失真的加速化

技术图像登场以来,视觉媒介借助复制技术使图像以洪水之势在全球进行传播,从而引发一种新的文化现象——后文字文盲的加速

[①] 周海宁:《从本雅明提出的 aura(气韵)媒介观看对象与主体关系的演化》,《新闻传播》2018 年第 21 期。

化。人类利用各种视觉媒介参与图像（影像）世界的建构。而如今以互联网媒介为中心的融媒体时代，特别是短视频传播的流行，使各种图像（影像）以几何倍数增长。所以不是人们使用媒介，并使媒介附属于人类社会，而是人们生活在媒介所编制的象征性世界之中。正如安德斯·君特（Anders Günthe）所言，"过去的图像存在于世界之中，但是现今的世界存在于媒介之中"。

换言之，在技术图像符号的世界之中，不同于文字符号时代无法解读文本的文字性文盲，技术图像时代的文盲面临一种新的认知失真现象——图像解读能力缺失。生活于融媒体时代的人们由于无法对技术图像进行正确认知，而沉溺于"日用而不自知"的局面，极易造成新的异化。而安德斯将这种技术图像所带来的问题划分为若干范畴进行解释。[①] 安德斯的媒介理论虽然对应的是当时其所面对的新媒介——电视，但是其理论在融媒体时代的今天依旧具有借鉴性，特别是其关于主体性能力、虚拟与现实的边界、图像意识形态等问题的思考。

（一）认知失真加速化妨碍自律性主体的建构

主体性的问题指的是自律的主体还是他律的主体问题。在影像符号的包围之下，媒介的使用者成为他律的存在。在电视时代，电视媒介建构的图像通过单方向的、持续不断的信息传达，不但将人变成被动性的存在，同时使人成为丧失自由的消费者。在融媒体时代，图像（影像）的泛滥，算法功能的强大，能够使人完全沉浸在精准分发的内容物之中，最大限度地发挥"眼球经济"的功能。各大网络直播平台的"网红带货"，例如"口红一哥李佳琦"现象，就是通过网红的视频直播，直接将商品推广给视频的观看者，从而以"网红效应"推动"粉丝经济"的发展。

---

① Anders, Günther, *Die Antiquiertheit des Menschen* (volume 2): Über die Zerstörung des Lebens im Zeitalter Der dritten industriellen Revolution, München: C. H. Beck, 1980, pp. 251–256.

这也体现了互联网演化逻辑的升级,即从原来的信息互联网升级为如今的价值互联网。但是,这种一味地以经济价值为导向的信息价值观造成的往往是"象征性资本"①的变质,即"网红"们积极地以"文化资本""经济资本"和"社会资本"建构自己的物质财富大厦,忽视了社会信任的建构除了媒介技术所带来的技术性信任之外,还可以依靠自身的本体属性(如人格魅力)来建构"象征性资本"。但是认知失真的加速化造成整个社会沉浸于媒介技术所建构的"景观社会",成为以技术性媒介为中心的他律性存在而不自知。

(二) 认知失真的加速化加剧模糊了虚拟与现实的边界

技术图像符号强化了虚拟现实的建构,并且在融媒体时代技术图像符号其所指的意义已经无甚重要,其能指的功能部分逐渐独立,建构了比现实存在更加强大的虚拟现实,并使媒介的使用者沉浸其中而不自知。所以,与其说在融媒体时代,人们区分虚拟与现实的能力丧失,不如说虚拟现实扩张了现实的维度,而实在的现实变为现实的维度之一。所以媒介使用者认知的失真加速模糊了虚拟与现实的界限。这体现了奥斯卡·王尔德(Oscar Wilde)所说的艺术对现实的模仿,远不如现实对艺术的模仿。而在融媒体时代,人们的生活仿佛更加是一种"映像",而且是一种虚拟化的映像。特别是随着认知失真的加速化,人们在日常生活中不断地实现对艺术的模仿,一方面加速了人的普遍"美学性"能力的提升;另一方面也加剧了人的"社会性"的丧失,甚至导致文化危机的产生。

研究表明,青少年抑郁与使用社交媒体有关。② 文章称,男女使用智能媒体的初始时间差不多相同,但是使用的方式却大相径庭:男性更多将时间花费在对话功能强大的游戏性活动上,如电竞;而女孩

---

① [法] 皮埃尔·布迪厄:《文化资本与社会炼金术》,上海人民出版社1997年版,第189—211页。
② 郭庆娜:《研究表明:青少年抑郁与社交媒体有关》,参考消息,http://www.cankaoxiaoxi.com/science/20200127/2400932.shtml,2020年1月27日。

则将时间更多地使用在发消息以及使用社交媒体上。但是社交媒体等往往以图文的形式进行交互,收发信息以及网页加载均需要短暂的等待,这都会引发焦虑。然而社交成瘾的危害体现在干扰人的生活节奏,导致睡眠紊乱,甚至影响自我认知,从而陷入低落、沮丧的情绪。① 在融媒体时代,通过数字媒介进行虚拟化交流拓展了现实的维度,虚拟与现实之间的边界逐渐消散,甚至随着元宇宙传播的深入,"内爆"②将消除所有的界限,不但在物理空间中使人的感觉器官得以延伸,实现感官的再平衡;在意义空间中,虚拟与现实的边界亦将彻底模糊。社交媒体所引发的媒介依赖,不但作用于虚拟空间的媒介使用者,对现实空间的人亦将发挥影响作用。所以,媒介沉浸与认知失真呈现双向互动的影响,换言之,媒介沉浸加速认知失真,认知失真进一步加速媒介沉浸的发生。

(三)认知失真加速化进一步彰显图像的意识形态控制力

在技术图像符号所建构的世界中,人们的意识形态受到图像意识形态的影响。因为图像所描写的不是客观性先验存在着的客观世界,而是人们利用符号所创造(建构)的世界的图景。所以今天的图像会成为今天的意识形态,并且大量存在的图像会对事件的因果关系或者说世界的关系进行简单化的处理,因为其展现的不是客观的存在而是表现的存在,这便使人类主体成为感觉性的存在,即人们容易被情感裹挟。与文字时代的理性传播不同,以互联网媒介为中心的技术图像符号的传播,是感性的、碎片化的,并具有刺激性与煽动性的传播。

这是因为传统的文字理性时代的传播方式为"动宾式"的逻辑关系,而融媒体时代"动宾式"的逻辑关系被抛弃,动词也就是谓语被

---

① 牛角:《社交软件让我们上瘾,这不是一个比喻》,人民资讯,https://baijiahao.baidu.com/s?id=1717853713740812293&wfr=spider&for=pc,2021年11月30日。
② 张默:《论麦克卢汉的"内爆"理论——兼与鲍德里亚观点的比较》,《湖北民族学院学报》(哲学社会科学版)2014年第2期。

隐藏起来，仅仅以外观上的真实来对受众（消费者）进行欺瞒。特别是没有谓语的新闻，由于受众并不能直接去现场了解新闻的真实，所以只能凭感觉相信新闻报道的内容，相信新闻报道的真实性，这是"知—信—行"与关系博弈的结果。如果说文字时代认知与实践的关系主要表现为"知—信—行"关系，那么技术性媒介时代认知与实践的关系则表现为"信—行—知"。

因为信息无远弗届，媒介技术的迅速迭代升级，导致了时空的碎片化以及人阅读习惯的碎片化，主体自知自觉性能力培养的深度阅读能力逐渐弱化，以顺应、从众、无思考、感官刺激为主的碎片化阅读则促进了他律性主体的生成。于是体认（知识）、信念（态度）、实践（行为）的理性能力逐渐让位于信念、体认、实践的感性能力。换言之，生活在技术图像所建构的世界中，人的感性能力与理性能力博弈的过程中，感性地体验客观世界的能力逐渐增强，人们往往在主观性地选择相信图像符号建构真实的基础之上，去认识并对客体对象展开实践，呈现人的本质性力量。然而，在消费主义时代，政治或经济的背后推手更容易消解人们理性认知的能力，并强化其感性信任的主观感受力，从而使认知失真进一步深化。

例如，"网红"打卡推荐的"圣地"吸引了众多的民众参与，结果发现其与实地差异较大，竟然是"滤镜景点"。滤镜之下"名不副实"，图像呈现碧海蓝天，引发受众心向往之，跟风而至，才发现"沙滩是暗黄色的工业硬沙，又粗又硬；棕榈树是人造的景观树，萎靡不振"[1]。同样，人气 App 小红书上亦有众多的"打卡照片"，呈现了祖国山河的魅力与惊艳，仿佛随便一处都是绝美的景点。然而不少网友却揭露所谓的打卡照片都是"照骗"，其目的是获取点赞流量（转化为相应的经济效益）。[2]

---

[1] 中宏网山东：《"网红打卡地"泛滥 别让滤镜"网红"欺骗了你》，https://baijiahao.baidu.com/s?id=1713295674371296047&wfr=spider&for=pc，2021年10月11日。

[2] 财经头条：《小红书打卡网照PS过度，实际"坑爹"严重》，https://cj.sina.com.cn/articles/view/5850914589/15cbddf1d00100thld，2021年10月15日。

五 再启蒙：回归"原初"的学习力

技术图像符号所建构的文化，特别是以互联网媒介为中心所建构的新的视觉文化，体现了人、媒介、环境之间关系的嬗变。作为中介的媒介在人与对象世界之中起到"桥梁"的作用之时，便会造就文化的昌盛；当起到"深渊（障碍）"的作用之时，便会产生人的异化，导致文化的危机。而从媒介迭代的历史来看，从传统的文字符号到技术图像的迭代转变过程中，媒介起到的作用可以归纳为"模仿说""再现说"以及"虚拟说"。换言之，媒介中介之物与"原本"之间的关系，从以现实对象为尊，即从注重模仿的相似度；到能够原封不动地呈现，实现自身位阶的上升；再到技术图像的发展高级阶段，即从电视媒介以来，"虚拟说"成为主流，也就是技术性媒介所模拟出来的人造物，逐渐独立于客观对象，并与客观对象"平起平坐"，"拟像"成为虚拟现实时期的图像主流。

但是，"模仿""再现""虚拟"等现象并不是一种继承或者吞并的关系，而是一种并存的关系，只是在每个时代其偏重有所不同。文字符号时代的图像是文字的象征，而文字是图像的说明；技术图像时代的图像本源便是文字，也就是说，在技术图像符号时代，真正的"精英"是看透技术图像本质的人——在技术图像时代掌握"书写能力"的专家。而后文字文盲是漂泊于图像的海洋之中，随波逐流而被图像所欺瞒的人。只有识破图像的欺瞒，建构自律性主体的人才能在融媒体时代摆脱后文字文盲的枷锁，让认知失真得以纠偏。最重要的方法，便是重新像学习文字的小学生一样，开始对图像认知进行学习。

认知与实践的关键在于媒介的使用者如何去使用媒介，是在对媒介的本质没有认知的情况下，全盘地接受娱乐化的、感性的信息；还是能够在理性认知之后，有选择地去欣赏娱乐化的、感性化的内容。正如麦克卢汉对冷媒介和热媒介的区分在于人们参与的程度。凡是具有对话性的都属于冷媒介，需要人们更高的参与性；凡是信息单方面传播的，互动性低的媒介便是热媒介。这与弗卢塞尔话语式媒介和对话式媒介的认知标准是一致的。但是弗卢塞尔认为对话式和话语式媒介的属性并不是固定的，而是可以相互转换的。

例如，电影作为单方向话语传达的话语式媒介，在人们向荧幕投掷鸡蛋之时，其属性便会变成信息双向交流的对话式媒介；公园本是提供交流、对话场所的对话式媒介，但是成为讲座的场地之后，其性质便由对话式媒介转变成话语式媒介。所以在融媒体时代，可用于互动的社交媒体平台，如果仅仅被裹挟在影像的洪水之中，被动地、持续地观看，那么所谓双向的社交平台也仅仅如一个单方向信息传达的娱乐"电视"一样。所以对融媒体时代"祛魅"的关键在于人们如何使用媒介。所以图像时代就应该有符合图像时代的读图能力。即本雅明提出的"不同的时代应该具有不同的认知任务"。传统的艺术作品可以通过观照（静观）的方式进行体验，但是电影这种技术性图像符号所建构的艺术产品，需要通过分散性的"震惊"（Shock）的方式才能够体验。

因为图像本体与观赏者的关系发生了变化。传统时代是人来接近图像，技术图像时代是图像来接近人，人完全沉浸在图像符号所建构的世界之中，随着画面的流动而流动。而在融媒体时代，抖音短视频平台的影像产品传播，通过算法机制进行精准分发，准确地定位受众的兴趣点，甚至形成所谓的"茧房效应"，使其完全沉溺于视频所建构的世界之中。受众听之任之则沉溺于抖音而无法自拔，而对抖音祛魅则需要认清其生发机制，使启蒙持续进行。所以，融媒体时代的媒介使用者防范认知失真最有效的办法便是回归"原初"的学习力，进行再启蒙，从而对技术祛魅。

第三节 远程通信社会（Telematics Society）的新图景

数字化时代，数字媒介与人的关系成为学界关注的重点。大众传媒时代尼尔·波兹曼（Neil Postman）通过媒介文化批判的三部曲

《童年的消逝》(*The Disappearance of Childhood*, 1982)、《娱乐至死》(*Amusing Ourselves to Death*, 1985)、《技术垄断：文化向技术投降》(*Technopoly: The Surrender of Culture to Technology*, 1992)，从技术决定主义的批判立场，看清技术不是外在于文化之物，与其老师麦克卢汉一样，透过媒介本体的发展，认识到媒介并非仅仅具有信息传递的中介性工具作用，而是能够作用于人的意识、思维从而影响人的行为。并且波兹曼看到了随着媒介技术的发展，罔谈文化超越技术，毋宁说作为文化主体的人对技术的态度逐渐从对抗走向了顺从，"收编"之势彰显，从而通过其著作表达了深深的担忧。

其中，《童年的消逝》旨在通过对电视媒介的考察，指出技术图像的发展，使人们不用单纯地依靠具有抽象性和需要逻辑推理能力的文字符号，还可以利用图像直接进行交流，而不用倚仗编码与解码的能力；而在《娱乐至死》之中，其指出电视媒介不仅在形式上而且在内容上改变了人们对信息的根本态度，由于电视媒介不同于以往的线性媒介所具有的历史性时间属性，而是错乱时空，从而使电视媒介的使用者只关注当下，却漠视历史，并断言我们将毁于我们所热爱的东西；在《技术垄断》之中，正如其副标题"文化向技术投降"，指出人把一切价值都交由技术去判断，信息爆炸造成了普遍的无知，并基于此提醒世人警惕人文价值的失落。

本节力图超越波兹曼的媒介技术决定主义的悲观视角，通过对比波兹曼的媒介理论与弗卢塞尔的媒介哲学理论，探讨在数字媒介时代重构"童年"的可能性。首先，波兹曼不是一个阴谋论者，例如，他一方面指出技术给人类造成的伤害；一方面又提出解决之道——依靠电脑媒介的诞生，因为新的媒介生态造就新的社会，以新媒介技术为中心的新生态社会中，一切互联并造就新的接合，却没有外部性。由此，失落的童年便有重构的可能性。而从媒介历史的角度出发，媒介技术的发展本身具有机遇（Opportunity）与风险（risk）的两面性，因此数字媒介技术的发展在为儿童的未来带来风险的同时，亦带来了机遇——为新儿童的产生奠定了技术性基础。弗卢塞尔的远程通信社会（Telematics Society）理论肯定远程通信技术所建构的社会与个人的新型结构中，新的媒介技术对人类社会发展的正向推动可能性。基于此探索童年的再生成，从而探讨人文对技术超越的新图景。

一　数字媒介时代再议"童年消逝"说

（一）媒介技术的发展与文化的焦虑

波兹曼在《技术垄断》中，根据人类社会每个时期媒介功能的不同，把人类社会分为三个时期：工具使用时期、技术控制时期和技术垄断时期。在工具使用时期，工具能够保护人们所在文化的完整性和尊严，工具的用途限定在一定的范围内，不会对人类社会造成侵害；在技术控制时期，社会传统和符号世界置于从属地位；在技术垄断时期，传统的世界观消逝得无影无形，媒介技术不断发展，人和技术的关系却发生了根本性的倒置，信息的泛滥让世界变成难以把握的世界。[1] 波兹曼站在关注人类文明共同命运的基础上，呼吁人们反思技术媒介的进步在促进了人类社会物质大发展的同时，也摧毁了人类历史上沿袭的道德价值（文字理性标准），而其"童年消逝"假说亦是从媒介技术角度探讨人文性的变化以及童年的变化。

威廉·弗卢塞尔将人类使用媒介的历史看作符号（Code）变化的历史。弗卢塞尔认为媒介是依靠其内部的象征性符号的运作而形成的一种结构。不同的象征性符号所建构的结构（媒介）不同，对人类的认知行为以及思考模式产生的影响也就不同。弗卢塞尔根据媒介内部不同的象征性符号将人类的发展历史按照媒介的变化分成了三部分，即先史时代（代表性媒介为传统的图画）、历史时代（代表性媒介为文字）、后历史时代（代表性媒介为技术形象）。[2] 弗卢塞尔立足于后

---

[1] ［美］尼尔·波兹曼：《技术垄断：文化向技术投降》，何道宽译，北京大学出版社2007年版，第12、28、33页。

[2] Vilém Flusser, *Kommunikologie*, Kim Seongjae (Trans.), Seoul：Communication Books, 2001, p. 90.

历史时代，基于媒介技术乐观主义立场，提出"远程通信社会论"①，论述其所带来的新时空关系、新人际关系、新社会结构关系。基于此，本节建构其消除"儿童的消逝"假说的媒介理论基础，论证在数字媒介时代"童年重生"的可行性，并以此探讨文化超越技术的可能性。

沃尔特·本雅明和马歇尔·麦克卢汉也与波兹曼和弗卢塞尔一样，观察到媒介变化对人们思考方式和行为习惯产生了影响，从而改变了人类世界的进程。本雅明的《技术复制时代的艺术作品》中，通过探讨印刷技术的发展对艺术作品产生的影响而提出著名的"气韵（Aura）的消逝"假说，通过分析艺术作品所具有的物质属性，即把对表象世界的一种客观反映的崇拜价值发展为与观赏者的主观感受性相关的展示价值，表明媒介的进步不但使对象艺术作品的艺术形式发生了变化，同时也使艺术作品观赏者的主观观赏感受发生了变化，最终对象与主体的变化共同促进了艺术作品社会功能的变化。而麦克卢汉在其著作《理解媒介》②中通过分析媒介与人类的关系，提出了其著名的"媒介即信息"学说，即强调媒介本身具有的形式的价值远远大于其所承载的内容的价值，使人们加强了对媒介自身价值的重视。

这些媒介理论家一起将媒介从一个由人类创造的客观世界的客体，变成了可以影响人类主观世界的独特存在，从而将媒介研究上升到哲学研究的范畴，考察媒介对人类自身以及人类社会产生的影响。依据媒介对时代进行划分也是以众多前辈理论家的理论探索为基础的。③ 从媒介变迁的角度来看，文字时代媒介造就了阅读式的人类，文字传达依靠沉默的文本而剥夺了人们通过互相问答式的对话来答疑

---

① Vilém Flusse, *Praise of Superficiality: For the Phaenomenology of the Media*, Seoul: Communication Books, 2004, pp. 225–233.

② ［加］麦克卢汉：《理解媒介：论人的延伸》，何道宽译，译林出版社 2011 年版。

③ 本书将涉及的媒介时代区分为"大众传媒时代"和"数字媒介时代"。大众传播媒介指的是波兹曼所批判的以电视媒介为代表的电子技术媒介，而其相对应的时代为大众传媒时代；数字媒介指的是波兹曼和弗卢塞尔所共同指向的以电脑为代表的新媒介，而其相对应的时代为数字媒介时代。

解惑的机会,于是造就了与口语时代不同的人类行为模式①,我们可以称之为"古登堡人"。在电视媒介时代,大众媒介支配的社会条件下,通过技术符号而生成大量的电视节目,人们只能单方面接受和消费这些泛滥的声音和图像,于是形成了各种"单面人""容器人",我们可以称之为"电视人"。而在数字媒介时代,人们依靠新的技术想象,通过以0和1构成的"计算式"思维方式形成新类型的人,我们可以称之为"图灵人"。②

由此我们可以得出结论:波兹曼提出"童年消逝"的理论,正是由于他认识到媒介在人类文化史上的重要意义。媒介技术的发展,一直相伴着文化焦虑——童年的危机实则反映了成人在所处新时代的焦虑与不安。③ 而这种焦虑和不安的根源则在于对媒介变化引起的人类与社会的变化的一种忧虑。对此,其指出了技术的进步使得童年不断被压缩直至消逝,从长远来看童年会成为科技发展的牺牲品。媒介技术的发展破坏了促进童年产生以及培育的信息环境,摧毁了口语传播的诗意以及亲密无间,最终技术的发展将带来人性的泯灭。④

(二) 大众传媒时代的"童年的消逝"

波兹曼的《技术垄断》一书所提到的技术控制时期和技术垄断时期便是我们经常提起的大众传媒时代。波兹曼指出,作为工具的媒介和作为技术的媒介的区别就在于工具对于人来说处于从属地位,工具能够保护人们所在文化的完整性和尊严,工具的用途限定在一定的范

---

① Vilém Flusser, *Does Writing Have a Future*? Yoon Jongseok (Trans.), Seoul: Moonye, 1998, pp. 8 – 9.

② "古登堡人"和"图灵人"分别是波兹曼对印刷术时代和电脑时代,由于使用媒介的不同而产生了具有不同特点的人的一种称呼。参见[美]尼尔·波兹曼《技术垄断:文化向技术投降》,何道宽译,北京大学出版社2007年版,第56—70页,第112页。

③ Mary Jane Kehily, "Childhood in Crisis? Tracing the Contours of 'Crisis' and Its Impact Upon Contemporary Parenting Practices", *Media, Culture & Society*, Vol. 32, No. 2, 2010.

④ [美]尼尔·波兹曼:《童年的消逝》,吴燕莛译,中信出版社2015年版,第192页。

围内，不会对人类社会造成侵害。① 而在大众传媒时代，随着技术的发展，技术的负面作用逐渐凸显，技术统治时期把社会传统和符号世界置于从属地位，传统的世界观消失得无影无踪。② 随着信息技术的发展，信息的泛滥使人和技术的关系发生了根本性的倒置。理性沦为工具，人沦为技术的奴隶。信息的泛滥让世界变成"难以把握的世界"③。所以波兹曼在其《娱乐至死》中指出，影像媒介的发展导致了新的知识垄断，造成了整个社会的娱乐化，使娱乐业大行其道，造成了"除了娱乐业没有其他行业的媒介环境"④。

波兹曼《童年的消逝》一书主要分为两个部分，前半部分讲述"童年的发明"，后半部分论述"童年的消逝"。而波兹曼的"童年的消逝"分析了在技术与媒介变化的背景下，童年是如何发生、发展而最终消逝的。波兹曼关注媒介转换时期人类文化的危机，即"童年的消逝"，并不是唱衰童年，而是希望为避免童年消逝寻找可能的出路。因此，波兹曼指出"电脑技术的普及使得电脑文化成为人类文化的必需，那么年轻人文化和成人文化是不同的这一想法也会被保存下来"⑤。

所以波兹曼并不是一味地指责以影像技术为代表的电视文化改变了童年赖以生存的信息环境，而是积极为人类文明寻求新的出路。波兹曼崇尚以口语和文字为代表的理性文化给人们带来的诗意以及亲密无间，认为以电视为代表的影像文化摧毁了这一和谐，但是，未来以电脑技术为代表的数字媒介有可能使人类回归"诗意与亲密无间"的

---

① ［美］尼尔·波兹曼：《技术垄断：文化向技术投降》，何道宽译，北京大学出版社2007年版，第12页。
② ［美］尼尔·波兹曼：《技术垄断：文化向技术投降》，何道宽译，北京大学出版社2007年版，第28页。
③ ［美］尼尔·波兹曼：《技术垄断：文化向技术投降》，何道宽译，北京大学出版社2007年版，第33页。
④ ［美］尼尔·波兹曼：《娱乐至死》，章艳译，广西师范大学出版社2004年版，第128页。
⑤ ［美］尼尔·波兹曼：《童年的消逝》，吴燕莛译，中信出版社2015年版，第194—195页。

文化。所以，对即将消逝之物进行怀旧和研究不是加速其消逝，而是扎根于现实的土壤，为其重新生成寻找对策。波兹曼的"童年消逝说"跟媒介文化的转型息息相关。在波兹曼看来，童年的消逝与否与以下几点相关。

首先，利用媒介所需的学习时间。在波兹曼看来，以印刷技术媒介发明为基础的读写能力的增强，是童年得以产生的基础。因为在印刷媒介时代之前的中世纪教育不是以文字为基础的，而是以口语传播（即谈话和歌唱来传达信息）为基础的。如果口语能力被视为天赋的能力，那么文字的书写则是文化的熏陶，即后天习得的结果。[1] 所以在以文字媒介为代表的印刷媒介时期，文字的象征性抽象功能要求在熟练使用文字媒介之前必须经历长时间的学习。相反，以影像技术为代表的视听媒介以直观的图像进行传播，人们依靠着对具体图像的解读而实现沟通，人们不需要花费大量的时间去学习就可以获得这一能力。所以文字媒介和影像技术媒介对人思维能力的要求是不同的，于是产生了不同的媒介文化。而波兹曼批判电视媒介导致人思考能力降低，崇尚以文字为代表的文化所具有的理性能力。

其次，媒介所具有的透明性的程度。文字媒介与人的读写能力相关，在读写能力习得之前人们不可能打破文字的不透明性所带来的阅读和书写壁垒。这是波兹曼认为的童年和成人得以区分的依据，即这种不透明性造就了童年和成人之间的"秘密"[2]。这里的"秘密"并不是局限于成年世界对童年世界的控制，而是成年世界与童年世界本应该不同，比如成年世界的一些"秘密"就不宜让儿童过早知晓。但是电视等影像媒介直接将画面和声音呈现于儿童面前，让文字媒介建构的"非礼勿视、非礼勿听"的文化伦理被打破。图像是经验的具体

---

[1] ［美］尼尔·波兹曼：《童年的消逝》，吴燕莛译，中信出版社 2015 年版，第 21—23 页。

[2] ［美］尼尔·波兹曼：《童年的消逝》，吴燕莛译，中信出版社 2015 年版，第 120—121 页。

再现，要求观赏者具有审美感受性，能够对其进行审美性反应。所以对图像的认知要求人的感性而非理性能力。电子媒介（以电视为代表的视听图像媒介）不同于以文字符号为基础的印刷媒介，前者重点在于看（图像符号），而后者重点在于读（文字符号）。由阅读创造的信息等级制度就被打破了，因为电视画面要求观众去感受（侧重于感性）而不是去构想（侧重于理性分析），印刷文字则要求读者按照内在规律，即线性逻辑，通过发挥构想能力进行分析然后解码。图像解读并不需要任何启蒙教育，因此不必学习语法、拼写、逻辑、词汇等解读印刷文字之前必须有的知识。所以波兹曼认为传统的价值判断体系遭到以电视为代表的影像媒介的冲击。

最后，儿童观。波兹曼总结了自印刷术发明以来童年概念的基本原则：依据儿童天性，保护儿童的可爱、好奇、充满活力的天赋本性；儿童的自我和个性必须通过教育加以保存，即通过理性增强其自我控制、延迟满足感、逻辑思维的能力。[①] 同时，波兹曼将电视时代的人生划分为三端，一端是婴儿期，一端是老年期，而中间是成人化的儿童时期[②]。所以，波兹曼感叹的是儿童纯真能力的丧失。因为基于文字的阅读和书写能力以及文字媒介所营造的不透明性保护了儿童的天赋纯真，但电视媒介的冲击使一切秘密"一览无余"。所以儿童和成人之间的壁垒也随之被打破，所有的"秘密"也都烟消云散，童年也就随之消散了。

综上所述，媒介的技术性转换导致了"童年的消逝"。人们使用的媒介从文字转换到电子媒介，人类的文化由古登堡的银河界（The Gutenberg galaxy）[③] 转换为以电视媒介为代表的影像洪水，人的思维意识和行为方式都随之改变。而波兹曼敏感地认识到技术的变化带来人文的变化，并且断定这一变化弊大于益，于是他借助"童年消逝"

[①] ［美］尼尔·波兹曼：《童年的消逝》，吴燕莛译，中信出版社2015年版，第88页。

[②] ［美］尼尔·波兹曼：《童年的消逝》，吴燕莛译，中信出版社2015年版，第120—123页。

[③] Marshall McLuhan, *The Gutenberg Galaxy*, Toronto: University of Toronto Press, 1962.

这一主题，一面感叹理性文化的衰落，另一面希望能够为人类文化的未来觅得一个突破口，从而抑制文化危机的进一步蔓延。对此，波兹曼提出了在以电脑为代表的数字媒介时代"儿童的消逝"的问题有可能得到抑制，即"足以保持童年存在的需要"。但前提是"电脑的神秘性必须被打破，电脑不能只掌握在少数精英阶层的手中，如此大部分人就是愚民，完全没有教育的必要了"。因此，要通过教育让大部分人"使用电脑并理解其中的所以然"①。那么电脑时代"童年的消逝"才有可能被遏制。

总而言之，波兹曼作为媒介文化理论家，认为"童年的消逝"，不是以生理上自然儿童的个体消失为对象进行论述的，而是基于对文化危机的忧虑和反思提出的。在20世纪的后期，对童年文化的反思作为一个基本命题逐渐成了"显学"，其中在电子媒介批判理论著作中声援波兹曼的有《没有童年的儿童》②和《走出花园》③。这两部著作是站在电子媒介的对立面批判电子媒介对儿童文化的负面影响。而对"童年的消逝"这一命题提出反对的理论家也很多。比如，《童年之死》④中就提出童年并没有消逝，而是在新的媒介背景下以新的形式存在：童年不是以普遍的、固定不变的形态存在的，相反童年是一种变化的过程，随着时代的变化，不同童年的范畴（边界）也将发生变化。这种理论属于"童年社会建构论"的范畴。⑤帕金翰立足电子媒介时代以不同的视角重新审视童年的消逝问题，并指出童年是不断变化的一个范畴，强调变化和消亡是不同的概念。而本节以童年社会建构理论为基础，认为在新的媒介背景下童年是可以再生成的，即新的媒介时代有其"新儿童"的诞生。

---

① ［美］尼尔·波兹曼：《童年的消逝》，吴燕莛译，中信出版社2015年版，第195页。
② Maria Winn, *Children Without Childhood*, New York：Penguin，1984.
③ Stephen Kline, *Out of the Garden：Toys, TV, and Children's Culture in the Age of Marketing*, London & New York：Verso，1993.
④ ［英］大卫·帕金翰：《童年之死》，张建中译，华夏出版社2005年版。
⑤ ［英］大卫·帕金翰：《童年之死》，张建中译，华夏出版社2005年版，第113页。

二 "童年消逝"的遏制与"新儿童"的诞生

波兹曼在《童年的消逝》中探讨了童年的概念,即"童年是什么"的问题。在波兹曼的论著中,童年是依据是否有"阅读和书写能力"而从人类世界中划分出来,有别于成年的一个阶层,即依据是否有理性的思考能力而界定出来的一个社会阶层。16 世纪到 20 世纪书籍文化创造的一种知识的垄断,将儿童和成人分离。[①] 波兹曼认为文字阅读世界削弱了口语世界的文化心理和社会基础,而以电视为基础的影像世界则破坏了童年产生以及培育的信息环境,使童年不断萎缩直至消失。因此童年的发生与消亡是与媒介的转换相关的。那么童年能否再生成,按照波兹曼的理解是与电脑媒介的出现有关的。而数字媒介理论家弗卢塞尔认为电脑媒介的出现,形成了"遍布全球的大脑",改变了人们生存的信息环境,给人们带来了全新的媒介体验,使人与人之间的关系也发生了根本的转化。那么弗卢塞尔的数字媒介理论能化解波兹曼的"童年消逝"从而促使"新儿童"诞生吗?

(一) 与遏制"童年消逝"相关的"童年"的理论

1. 作为生物学现象的童年和作为社会现象的童年

想要遏制波兹曼的"童年的消逝",就必须对"童年"的范畴进行界定。一个概念往往有多重的内涵可供理解,可以把童年作为一种生物学现象,即用年龄来界定童年的范畴;也可以把童年作为社会的产物,即作为社会现象的童年。

前者仅仅把童年当作单纯的生物学事实,即童年到成年的过程是一个思想和行为由非理性到理性的过程。[②] 在这样的"童年说"方法论指引下,人们倾向于将童年视为一个个体发展的"学徒期",而把

[①] [美] 尼尔·波兹曼:《童年的消逝》,吴燕莛译,中信出版社 2015 年版,第 104 页。
[②] Mary Jane Kehily (ed.), *An Instruction to Childhood studies*, New York, Maidenhead: Open University Press, 2004, p. 2.

理性作为成年期的标志。这种理论认为儿童是"不成熟的、非理性的、不完整的、前社会和前文化的",而成人则是"成熟的、理性的、完整的、社会和自治的"。①

而后者把童年作为一种社会现象。在20世纪80年代后期至90年代初期,欧洲便将童年当作一种具有恒久性的社会结构来研究,其研究课题名称为"童年作为一种社会现象"(Childhood as a Social Phenomenon)。其方法论源于把儿童当作社会行动的主体,而非未发展完成的人类。

《童年社会学》中指出,童年是社会的结构形式,对儿童自身来说童年是他们要经历的一段时期,而对于社会来说童年与其他社会结构(阶级、年龄、性别等)是一样的,是永不消失的社会结构或社会范畴。②但是把童年视为一种社会结构强调了童年的恒定性和结构性,却忽视了童年内部的多样性和差异性。虽然在"童年是社会的结构形式"理论中,每个儿童都会有童年,却忽视了由于地域、政治、性别、人种、文化等的不同,童年也是不同的。

克里斯·詹克斯(Chris Jenks)认为"童年可以被理解为一种社会建构,与社会身份有关,随着时间以及社会的变化,童年自身的边界也不断变化"③。社会建构论中,儿童是能动地建构社会的行为主体,不同于结构论中儿童个体的能力被忽视,儿童只是结构中被动的接受者,而建构论中儿童主动建构了自己的生活样式,即文化。

但是,"社会结构论"的缺陷是社会中的童年只是作为结构下的产物。随着时代的变迁,影响童年的要素——社会条件也在变化,然而,童年作为社会结构则保存下来,儿童在其中度过自己的童年时期。这样童年就成为一个抽象的概念,我们只能看到在整个社会结构中作为部分结构而存在的童年结构的总体,能够观察到童年的共性和

---

① Allison James and Alan Prout, *Constructing and Reconstructing Childhood*, London & New York: The Falmer Press, 1990, pp. 26 – 29.
② Corsaro W. A., *The Sociology of Childhood*, California: Pine Forge Press, 2005, p. 6.
③ Chris Jenks. *Childhood*, London: Routledge, 2005, p. 7.

普遍性，却不能对儿童的个体进行有效的考察。

而在"社会建构论"中，到底谁是"童年建构"的力量，是儿童本身抑或其他？社会建构论正视了童年这一范畴中各种要素的多元性，但是哪一种要素是推动童年发展的决定力量却有待商榷。因此，艾伦·普劳特认为在童年的结构和建构的两种观点中，一方面，他认为儿童作为能动性的行为主体，他们的行动可以影响社会结构的变化，即影响童年的变化；另一方面，他认为童年是超越任何具体的儿童或成人行动的一种社会结构，认为童年的"结构论和建构论之间还存在理论空间"①。

2. 超越波兹曼的"童年"概念——"童年"的再生成

波兹曼"童年消逝说"中的"童年"一词把童年视为不完全的成年，即认为处于童年期的儿童是不完整的、有待发展的、正在形成的人类。同时，波兹曼认为以文字为代表的印刷技术媒介的出现导致童年和成年的区分，这里，波兹曼的"童年"概念是把"童年"作为一种社会现象来研究的。所以波兹曼的"童年"概念具有笼统性、概括性、广泛性的特点。这是因为波兹曼不是一位专业的儿童学家，他对童年的区分是以其媒介文化理论为方法论进行的。而本书中为遏制"童年消逝"而选取的"童年"概念是把儿童作为一种社会现象，即童年"结构论"和"建构论"。所以本书结合两种童年学说观点——童年既是一种结构同时也是可以被建构的来分析"童年消逝说"。

把童年作为一种结构，可以从社会结构总体中去研究作为结构部分的童年，考察儿童的共性；而把童年作为建构的产物，则在认可儿童本身具有能动性的前提下，去考察童年中个体儿童的特殊性。那么"童年"概念就可以理解为，每个儿童都有属于自己的童年，而且童

---

① Alan Prout and Allison James, "A New Paradigm for the Sociology of Childhood？ Provenance, Promise and Problems", In A. James & A. Prout (Eds.), *Constructing and Reconstructing Childhood: Contemporary Issues in the Sociological Study of Childhood*, London: Falmer Press, 1997, p. 28.

年是每个儿童能动性地建构的,是具有社会结构形式的一种社会结构。

波兹曼认为媒介的转换是童年变化的关键。那么媒介作为"童年建构"的主力,依靠媒介,作为个体的儿童可以建构自己的童年的理论依据是什么呢?麦克卢汉的"媒介即信息"和"媒介是人的延伸"这两种媒介观点①可以有力证明媒介本身的力量。前者表明媒介本身的变化比起媒介承载的内容更加具有意义(比如,火车这种媒介的发明,其意义要大于火车所承载的内容物)。而后者指出,媒介对人本身的能力具有扩张作用,通过扩张人类的五感(视觉、听觉、触觉、嗅觉、味觉),直接影响人们意识的形成,从而影响人的行为,使人发生变化。所以,媒介对童年的建构可以产生影响,媒介可以直接作用到行为主体之上使儿童发生变化。

既然建构理论认为儿童本身作为独立的行为主体对童年的形成起着能动作用,而媒介的使用也会使儿童产生变化,那么,作为变化了的儿童——"新儿童"的产生便有了理论依据,儿童可以依靠媒介能动地创造自己的童年。所以不论是作为一种结构形式,还是作为一种建构的结果,"童年"都不会消逝,而是在不断地"再生成"。

(二)"童年"再生成——"新儿童"诞生的条件

按照波兹曼的理论,以文字为代表的印刷媒介促使童年产生,而以电视为代表的影像媒介却导致了童年的消逝。波兹曼又同时指出了新媒体——电脑的产生将具备某种潜能,足以保持童年的存在。依靠媒介的变化,儿童本身也在不断发生变化,随之,童年的边界也在变化。于是童年"再生成"便依靠变化了的"新儿童"来实现了。那么在新的以电脑为代表的媒介条件下,"新儿童"如何使"童年"不断生成呢?

---

① [加]麦克卢汉:《理解媒介:论人的延伸》,何道宽译,译林出版社2011年版,第16—34页。

1. "新儿童"诞生的媒介技术条件——数字媒介技术的发达

"童年"的再生成依靠的是作为个体的儿童,因为新的媒介技术的影响促进其自身不断变化,最终变化后的"新儿童"依靠本身的能动性促使了"童年"的不断再生。那么,"新儿童"诞生的媒介技术条件是什么呢?是促使第三次工业技术革命——"信息革命"发生的核心力量,即计算机技术的发展。计算机技术使电脑无处不在,在人类事物的一切领域里扮演着几乎无所不能的角色。特别是英国数学家阿兰·图灵(Alan Turing)提出的"智能机器"的概念,不但使其本人获得了"人工智能之父"的美称,同时也如印刷机造就了无数的"古登堡人"一样,电脑制造了无数的"图灵人",从而证明了媒介对人的影响。[1]

20世纪后半期媒介技术对人的影响的具体表现是,利用电脑技术对人的听觉与视觉信息进行数字化的变革,人的认知以及沟通方式产生了巨大变化。数字思想家弗卢塞尔认为电脑时代的到来,使以文字符号为代表的一次元线性文本转变为以比特(Bits)或点(Point)为代表的零次元符号。在电脑的辅助下,人们由文字时代的线性的、历史性的思维方式,转变为数字符号时代的计算式、后历史性的思维方式。[2]因为数字化时代的媒介是以数字化的工具——电脑为依托,通过"0和1"的计算公式的输入而创造各种声音和形象的。

数字化时代的发展可以分为三个阶段:20世纪80年代以后的个人电脑时代、20世纪90年代之后的互联网和移动通信时代、2010年以后的智能时代。由此,人类社会进入了高度个人化、智能化的数字化时代。不同于文字时代的话语式—历史性(线性)的思维方式,也不同于大众媒介时期以电视为代表的直观式—接受性的思维方式,数

---

[1] [美]尼尔·波兹曼:《技术垄断:文化向技术投降》,何道宽译,北京大学出版社2007年版,第56—70、112页。

[2] Kim SeongJae, "A Genealogy of Media Utopia: From Brecht's 'Radio Theory' to Flusser's Theory of Telematics", *Journal of Broadcasting and Telecommunicaiton Studies*, Vol. 29, No. 4, 2015.

字化时代的思维方式是计算式—形式性的。① 即在以文字为代表的历史时期,人们必须具有解读文字的能力;而在以电视为代表的大众媒介时期,人们必须具有直观式地解读图像的具象思维能力;在以电脑为代表的数字化媒介时期,人们必须具有把文本编辑为程序,然后形成声音和影像,最后再逆向还原为文本的计算式、形式性的思维能力。所以新的数字媒介技术必将引起人以及人类社会的各种变化,从而促进时代的变更。也就是波兹曼预言的电脑将给人类文化带来新的可能性。

2. "新儿童"诞生的社会基础——依靠"远程通信"(telematics)技术建构的新型社会与个人

弗卢塞尔预言随着21世纪数字媒介时代到来,由通信(Telecommunication)技术和信息(Informations)技术合成的"远程通信"(Telematics)社会就像一种"遍布地球的大脑"在发挥着作用。而人们通过"遍布地球的大脑"自由自在地进行着一种"更加快速、更加丰富、更加强烈"的体验。② 弗卢塞尔相信,通过数字网络的帮助,人们能够超越时空进行实时的交流,从而建构一个通信—信息社会,即远程通信社会。远程通信技术是将技术图像的话语回路转换成对话式回路的技术,依靠此种技术能够将远程的信息自动地拉到近处,从而超越时空形成宇宙式对话模式。③

"tele-"为"由远及近"的意思,即我们通常理解的"远程交互式交流"。"将远处的东西拉到近处",这是一种新的空间、距离体验。比如,"电话—telephone""望远镜—telescope""电视—television"等,这里的前置词"远程—tele"表明了它们跟"通信—信息

---

① Kim SeongJae, "The Ideas and Values of the Broadcasting and Telecommunication in the 4th Industrial Revolution Era: From the Perspective of Critical Post-humanism", *Journal of Broadcasting and Telecommunications Research*, Vol. 97, No. 1, 2017.

② Vilém Flusse, *Ins Universum der technischen Bilder*, Göttingen: European Photography, 1996, p. 153.

③ Vilém Flusse, *Ins Universum der technischen Bilder*, Göttingen: European Photography, 1996, p. 86.

技术—telematics"是同源词，共同的意思是由远距离自动拉到眼前——自动地由远及近。①

弗卢塞尔的远程通信社会理论，肯定了媒介作为一种力量在推动个人以及社会变革中的重大作用，即作为社会建构力量的媒介在促进社会结构的调整，以及促进社会成员的变化中起着重要的作用。而"童年"作为社会结构的一部分，也不可避免地被这种结构性的变动影响着。那么，作为"童年"中个体的儿童的新体验——新的变化又是如何呢？

远程通信社会中，媒介变化会引起社会以及个人的变化，给人们带来信息生产和流通的两种方式——"对话"与"话语"均衡发展的新体验。远程通信社会论认为理想的社会形态是对话式媒介和话语式媒介互相结合、均衡发展的社会形态。在弗卢塞尔看来，社会中所有的传播形式都是对话（信息生产）和话语（信息分配）互相协调、同时进行的，如同织物（网）一样的结构。因此，他提出了三种社会类型。② 第一种类型为理想型社会，即话语和对话均衡发展的社会，对话依靠话语，话语刺激产生对话。第二种类型为对话式社会，以启蒙时代为例，信息通过不断生产而持续扩大（例如：科学的、政治的、艺术的信息生产）。但是，精英阶层并没有利用话语分配信息的渠道，所以整个社会分为意识化的精英阶层和非意识化的大众阶层。第三种社会类型为话语性社会。西方的中世纪，由中央集权的宗教输出的宗教性话语占据支配性话语地位，通过话语的支配，新的对话不再被创造，信息的源泉面临枯竭的危险。而波兹曼批判的技术垄断社会，即20世纪后半期，以大众媒介为手段进行单方向的信息传达的大众媒介社会也是话语性社会的例证。

"远程通信"社会被弗卢塞尔认为是迄今为止人类文明发展过程

---

① Vilém Flusse, *Praise of Superficiality. For the Phaenomenology of the Media*, Seoul: Communication Books, 2004, pp. 225 – 233.

② Vilém Flusser, *Kommunikologie*, Kim Seongjae (Trans.), Seoul: Communication Books, 2001, pp. 90 – 91.

第五章 媒介教育：人的主体性重构 209

中最自由的社会。在"远程通信"社会中，用户通过共同参与，依靠集体想象力克服个体想象力的界限，从而实现个人的自我价值。在这样的社会中，每个个体都能够利用电脑不断生产—创造信息并且将信息通过"网络"传送—分配出去，形成一种对话—话语均衡、和谐发展的信息传播结构。由于数字媒介的发达使生产信息的对话性媒介和分配信息的话语生成媒介均衡发展，"大众媒介产生的宇宙性机器——威权主义被克服""社会正在创立抵抗威权主义机器的规则"[①]。在远程通信社会中，新的生产和流动的不均衡将被打破，人们将不再是被动的信息接收者，而能够在依靠电脑不断创造信息的同时，把信息经由电脑网络传播出去，这就打破了大众传媒时代大众传播媒介的话语垄断，信息能够自由地生产和流动。所以弗卢塞尔强调远程通信社会是人类社会发展至今最为自由的社会形式。而生活在远程通信社会中的儿童必将随着整个社会信息结构的调整而发生变化，变化了的"新儿童"依靠新的技术媒介，能动性地创造属于自己的"童年"。

远程通信社会中，媒介的变化给人们带来了由"生产劳动者"向"信息游戏者"转变的新体验。在远程通信社会，人们利用电脑生成并传播各种信息，对于弗卢塞尔来说，这样的人类是"信息游戏者"，是自由的人类。人们端坐于电脑面前，利用键盘进入图像的宇宙之中，就如玩游戏一样进行着操作。在游戏的宇宙中以往对时间和空间的认知都将被打破，人和人之间在"遍布地球的大脑中"通过具体的点（Point）进行沟通。个人和他人创造性地犹如"电子邻居"一样，进行信息交换。这表明人们由"生产劳动者"变成了"信息游戏者"[②]。所以远程通信社会中人与人之间的关系，是有希望克服"他者"不断被边缘化的一种社会关系，让任何人都能通过远程通信技术实现共生、同发展，而不是原来的支配与被支配的关系。

---

① Vilém Flusse, *Ins Universum der technischen Bilder*, Göttingen：European Photography，1996，p. 85.
② Vilém Flusser, *Kommunikologie*, Kim Seongjae（Trans.），Seoul：Communication Books，2001，pp. 144 – 150.

在远程通信社会中，作为个体的儿童也能通过远程通信技术，依靠"遍布全球的大脑"，进行信息的交换，以"游戏者"的身份创造属于儿童自己的文化。同时，儿童依靠数字媒介形成的具有儿童普遍性和共同性的特点，也会增强"童年"作为社会结构形式的强度，使其在社会结构中能获得其应有的位置，并且儿童将不再是少数、弱势的存在者。利用远程通信技术，儿童能创作多样化的属于自己的文化，从而作为文化总体中一个不可或缺的部分而存在。儿童文化不再是成人文化的附庸，而是具有独立性和多元性。儿童依靠远程通信技术不断生成、更新属于自己的文化，不再是只需要被倾听、有着特殊需求的少数群体。儿童借助数字媒介，推动自身发展从而使童年的边界不断发生变化，从这种意义上看，儿童自身能动地生成属于自己的童年文化。

三　文化对技术的超越

媒介文化理论家波兹曼以"童年的消逝"为突破口为整个时代的文化弊病诊脉。他指出，随着媒介技术垄断的出现，"童年"文化与整体人类文化不可逆转地走向了沉沦，但是，波兹曼为此指明一条解救之道，就是"电脑"技术媒介的使用。人们想要使电脑为己所用就必须精通电脑技术，为此必须不断进行学习，而学习是保护"童年"继续存在的有效的、重要的手段。

而作为数字理论家的弗卢塞尔亦洞察到媒介的变化给人类思维和行为带来的根本性影响，因而指出随着电脑技术的运用，整个人类社会将通过电脑网络，发挥其"遍布全球的大脑"的作用，实现人与人、人与社会关系的转变：人与人通过电脑的计算式—形式化思维，即通过"0与1"的计算从而在网络的零次元空间（比特构成的点），形成人与人如"电子邻居"般的关系。也就是通过远程通信技术实现将远距离（空间）和"过去与未来"（时间）的存在都拉到"我"的身边，即"此时与此地"，从而粉碎了以往的时空观念，形成新的时空观念。

那么，在远程通信社会，人与人之间的关系是平等互助的关系，与"我"关系越密切，距离就越近（这里指的是时空距离）。和"我"建立关系的他人，"我们"不是支配与被支配的关系，而是为了一起更好地生活而去寻找"真理—艺术"的关系。[1] 针对如此的变化，弗卢塞尔的《数字时代的书写》一书中指出，电脑为我们带来的新的世界，对于我们来说还很陌生，我们必须"重新再回到幼儿园，回到我们还没有学习阅读和写作的阶段。在幼儿园里我们使用电脑或者游戏装置等相似的装置（Apparatus），像幼儿一样学习如何游戏"[2]。所以，在弗卢塞尔的解读中，人类依靠远程通信技术能够实现人类由"生产劳动者"向"信息游戏者"的转变，而实现这一愿望的前提是回归"学习"。

这一观点与波兹曼不谋而合。同时，二人共同的"学习指向型"对策同时证明了"童年"存在的必要性。因为在数字化时代，媒介环境随着数字媒介技术的发展而变得越来越复杂，而技术并不是永远只有积极的一面，按照波兹曼的理解，"让百姓被电脑利用，却无须理解其中的所以然，这样可能更符合某些经济和政治的利益"，如果人们只是盲目地利用电脑，只是知其然而不知其所以然，最终的结果就是"电脑保持神秘莫测，为官僚人士所控制"，那么教育就失去了效用，童年依旧"没有任何障碍地继续它通往被淹没的旅程"。[3]

所以，教育必须在儿童时期进行，在不好的结果发生之前，或者为了在更大程度上使结果向更好的方向发展，必须依据变化了的现实对变化了的儿童，即"新儿童"进行有效的教育。在数字媒介时代，教育的目的是给技术注入人性，从儿童开始就应该让他们认识到科技的本质，以及问题的根源在于人类本身对技术的滥用和误用。因此，

---

[1] Vilém Flusser, *Kommunikologie*, Kim Seongjae（Trans.）, Seoul：Communication Books, 2001, pp. 90 – 91, 232 – 250.
[2] Vilém Flusser, *Does Writing Have a Future*? Yoon Jongseok（Trans.）, Seoul：Moonye, 1998, pp. 8 – 9.
[3] [美] 尼尔·波兹曼：《童年的消逝》，吴燕莛译，中信出版社2015年版，第195页。

儿童学习和教育目的在于控制技术和正确使用技术。换言之,以人文的涵养消解技术对人性造成异化的可能性。

在数字化时代,毫无疑问,没有人能质疑数字媒介在人类变化中所起到的重要作用。随着大众传媒业的发展,电视媒介的负面作用引起了波兹曼的担忧,针对媒介造成的文化困境,他提出了著名的"童年消逝论"。而数字媒介理论家弗卢塞尔则以其乐观的乌托邦式媒介理论——"远程通信论",为迷茫与困惑中的人们指明了一条依靠技术媒介走出文化困境的道路。波兹曼和弗卢塞尔的共同之处就在于他们同时关注媒介引起的人的变化。所以儿童随着媒介不断发生变化,"童年"也是在不断发展的。而本书的结论就是回归两位理论家的共识:通过学习和教育使儿童在新的媒介时代发挥自身的能动性,解决自己在发展的道路上遇到的问题。换言之,正确使用媒介,以文化超越技术。

参考文献

中文论文

毕翔等：《短视频社交媒介舆情危机应对》，《图书馆》2019 年第 6 期。

白冰茜：《自媒体的发展研究》，《新媒体研究》2018 年第 6 期。

曾一果：《批判理论、文化工业与媒体发展——从法兰克福学派到今日批判理论》，《新闻与传播研究》2016 年第 1 期。

常媛媛、曾庆香：《新型主流媒体新闻身份建构：主体间性与道德共识》，《西南民族大学学报》（人文社科版）2020 年第 3 期。

陈力丹等：《泛众传播视域下的新闻真实》，《新闻与写作》2016 年第 3 期。

陈琳娜：《赛博朋克电影的空间意象与冲突美学》，《南京师范大学文学院学报》2019 年第 4 期。

陈人江：《新自由主义之后还是新自由主义？》，《河北经贸大学学报》2018 年第 1 期。

陈先红：《论新媒介即关系》，《现代传播》2006 年第 3 期。

陈亦水：《数字媒体影像时代的未来书写——中美科幻电影的赛博空间与赛博格身体的文化想象》，《艺术评论》2017 年第 11 期。

陈禹衡：《分类与预防：儿童邪典作品的刑法规制研究》，《预防青少年犯罪研究》2020 年第 6 期。

戴潘：《"网络延展心灵"假说的哲学探析》，《哲学分析》2017 年第 2 期。

单小曦：《媒介性主体性——后人类主体话语反思及其新释》，《文艺理论研究》2018 年第 5 期。

邓立：《人格、人伦与风尚——儒家"贵"观念的伦理维度论析》，《孔子研究》2020 年第 4 期。

段世磊：《阿多诺论艺术的否定向度及其实践诉求》，《宁夏社会科学》2021 年第 3 期。

范忠宝等：《区块链技术的发展趋势和战略应用：基于文献视角与实践层面的研究》，《管理世界》2018 年第 12 期。

郭本禹、崔光辉：《论解释现象学心理学》，《心理研究》2008 年第 1 期。

胡百精：《危机传播管理对话范式（下）——价值路径》，《当代传播》2018 年第 3 期。

胡翼青：《传播学四大奠基人神话的背后》，《国际新闻界》2007 年第 4 期。

华炜：《社会认知方式与大学生心理健康教育》，《黑龙江教育》2012 年第 12 期。

黄德锋：《和谐有序：民间信仰及道德教化功能探析——试以江西许真君信仰为例》，《中州大学学报》2020 年第 4 期。

黄河、翁之颢：《移动互联网背景下政府形象建构的环境、路径及体系》，《国际新闻界》2016 年第 8 期。

黄翯青、苏彦捷：《共情的毕生发展：一个双过程的视角》，《心理发展与教育》2012 年第 4 期。

黄鸿春：《"阴阳"张力与战国诸子气观念的历史维度》，《清华大学学报》（哲学社会科学版）2020 年第 2 期。

吉楠、刘幼穗：《〈大学生主观幸福感量表〉的编制》，《心理与行为研究》2006 年第 1 期。

具香美、周海宁：《基于共情理论探讨现象级短视频〈后浪〉的情感舆论场域》，《东南传播》2021 年第 1 期。

康之、向玉琼：《网络空间中的政策问题建构》，《中国社会科学

2015 年第 2 期。

柯缇祖：《网络舆论特点研究》，《红旗文稿》2011 年第 15 期。

李艳玲：《扣准社会脉搏是凝聚改革共识的重要前提》，《求是》2013 年第 2 期。

刘敖迪、杜学绘、王娜等：《基于区块链的大数据访问控制机制》，《软件学报》2019 年第 9 期。

刘昶、张富鼎：《中国广播电视记者现状研究——基于社会学的某种观照》，《现代传播》2016 年第 3 期。

刘聪慧、王永梅、俞国良等：《共情的相关理论评述及动态模型探新》，《心理科学进展》2009 年第 5 期。

吕超：《西方科幻小说中的机器人伦理》，《外国文学研究》2015 年第 1 期。

吕尚彬、黄荣：《智能技术体"域定"传媒的三重境界：未来世界传播图景展望》，《现代传播》2018 年第 11 期。

宁振波：《CPS 的精义——内涵和沿革》，《卫星与网络》2016 年第 10 期。

彭兰：《"连接"的演进——互联网进化的基本逻辑》，《国际新闻界》2013 年第 12 期。

彭兰：《场景：移动时代媒体的新要素》，《新闻记者》2015 年第 3 期。

戚学祥：《超越风险：区块链技术的应用风险及其治理》，《南京社会科学》2020 年第 1 期。

齐海英：《"气"——中国古代美学的元范畴》，《社会科学辑刊》2004 年第 3 期。

屈菲：《文学阐释的话语分析方法：范式与反思》，《学习与探索》2019 年第 6 期。

冉华、刘瑀钒：《理想建构抑或算法规训——年轻女性习惯性自拍编辑行为的质性考察》，《湖南大学学报》（社会科学版）2021 年第 6 期。

芮必峰、孙爽：《从离身到具身——媒介技术的生存论转向》，《国际新闻界》2020年第5期。

孙成竹：《马克思"异化劳动"概念辨析——读〈1844年经济学哲学手稿〉》，《理论学刊》2011年第12期。

谭恩达、邹颖敏、何家俊等：《共情与主观幸福感：情绪调节的中介作用》，《中国临床心理学杂志》2011年第5期。

谭小荷：《加密经济重构媒体生态？区块链驱动下的新闻商业模式创新：基于PressCoin的案例》，《新闻界》2018年第6期。

谭雪芳：《从圣像到虚拟现实：图像媒介学视角下虚拟现实技术智力美学》，《福建论坛》（人文社会科学版）2017年第6期。

陶晓、陈世丹：《"失控"与"无为"：走向一种合伙人式的人机关系》，《北京科技大学学报》（社会科学版）2019年第5期。

滕锐、李志宏：《认知美学视域下新媒体艺术的"亚审美性"》，《福建师范大学学报》（哲学社会科学版）2018年第2期。

王才勇：《灵韵，人群与现代性批判——本雅明的现代性经验》，《社会科学》2012年第8期。

王光照、吕晓峰：《个媒体：自媒体传播模式的新形态》，《传媒观察》2019年第8期。

王雪、周海宁：《社交媒体使用方式对主观幸福感的影响》，《青年记者》2019年第23期。

韦路、陈稳：《城市新移民社交媒体使用与主观幸福感研究》，《国际新闻界》2015年第1期。

吴飞、龙强：《新闻专业主义是媒体精英建构的乌托邦》，《新闻与传播研究》2017年第9期。

吴飞：《新闻传播研究的未来面向：人的主体性与技术的自主性》，《社会科学战线》2017年第1期。

吴秋雅、杜桦：《超越不可超越的蒸汽时代——蒸汽朋克电影的世界观》，《当代电影》2019年第5期。

吴群涛：《朋克文化身份的"三重变奏"》，《武汉理工大学学报》（社会科学版）2016年第3期。

夏倩芳、原永涛：《从群体极化到公众极化：极化研究的进路与转向》，《新闻与传播研究》2017 年第 6 期。

肖建华：《当代审美教育：听觉文化的转向》，《中国文学研究》2017 年第 3 期。

谢地坤：《文化保守主义抑或文化批判主义——对当前"国学热"的哲学思考》，《哲学动态》2010 年第 10 期。

辛文娟、赖涵：《群体极化视域下网络舆情的演化机制研究——以微博网民讨论"浙江温岭杀医案"为例》，《情报杂志》2015 年第 2 期。

邢淑芬、俞国良：《社会比较研究的现状与发展趋势》，《心理科学进展》2005 年第 1 期。

许力生：《话语分析面面观——反思对批评话语分析的批评》，《浙江大学学报》（人文社会科学版）2013 年第 1 期。

闫方洁：《从"释放"到"赋权"：自媒体语境下媒介素养教育理念的嬗变》，《现代传播》2015 年第 7 期。

杨保军、张成良：《论新兴媒介形态演进规律》，《编辑之友》2016 年第 8 期。

杨击、叶柳：《情感结构：雷蒙·威廉斯文化研究的方法论遗产》，《新闻大学》2009 年第 1 期。

杨继学：《超越人类中心主义重构人与自然关系》，《中国特色社会主义研究》2006 年第 1 期。

叶思成、何梦凡：《冬奥主题听觉创意设计与声音创作探析——基于〈冬奥·这一刻〉的分析和探讨》，《中国广播》2020 年第 8 期。

喻国明、耿晓梦：《何以"元宇宙"：媒介化社会的未来生态图景》，《新疆师范大学学报》（哲学社会科学版）2021 年第 12 期。

喻国明：《"个人被激活"的时代：互联网逻辑下传播生态的重构》，《现代传播》2015 年第 5 期。

袁帆、严三九：《从"点式"到"链式"：区块链技术对新闻透明的再推进》，《中国编辑》2019 年第 3 期。

袁海燕：《人类镜像：赛博格幽灵——对科幻电影中赛博格寓言的一次文化阐释》，《贵州大学学报》（艺术版）2016年第6期。

袁丰雪、周海宁：《社交媒体内容负面评价的成因探析》，《青年记者》2020年第29期。

岳童、黄希庭：《认知神经研究中的积极共情》，《心理科学进展》2016年第3期。

张成良、仇玲：《受众传播：融媒体时代新兴主体的崛起与时空一体化塑造》，《中国新闻传播研究》2019年第6期。

张成良、于海飞：《融合媒介环境中的传播偏向与关系传播的演进》，《学习与实践》2019年第4期。

张剑：《齐泽克、巴迪欧的毛泽东情结》，《马克思主义与现实》2013年第6期。

张敏等：《中国制造在海外社交媒体上的形象研究——基于Twitter上的数据》，《现代传播》2016年第5期。

张默：《论麦克卢汉的"内爆"理论——兼与鲍德里亚观点的比较》，《湖北民族学院学报》（哲学社会科学版）2014年第2期。

张跣：《重建主体性：对"网红"奇观的审视与反思》，《中国青年社会科学》2016年第6期。

张玉能：《关于本雅明的"Aura"一词中译的思索》，《外国文学研究》2007年第5期。

张再林：《论中国式"心"的内涵》，《苏州大学学报》（哲学社会科学版）2020年第5期。

赵千帆：《本雅明气息（Aura）理论新诠》，《同济大学学报》（社会科学版）2012年第5期。

赵柔柔：《斯芬克斯的觉醒：何谓"后人类主义"》，《读书》2015年第10期。

赵显、刘力、张笑笑等：《观点采择：概念、操纵及其对群际关系的影响》，《心理科学进展》2012年第12期。

郑恩、龚瑶：《新媒体使用对主观幸福感的影响——基于深度访谈的质化研究》,《西南交通大学学报》(社会科学版) 2012 年第 1 期。

郑日昌、李占宏:《共情研究的历史与现状》,《中国心理卫生杂志》2006 年第 4 期。

周全、周小儒:《论基于赛博朋克精神内核下的视觉艺术表现》,《大众文艺》2018 年第 1 期。

朱鸿军、季诚浩、蒲晓等:《后真相:民粹主义的一种社交媒体景观》,《江苏大学学报》(社会科学版) 2019 年第 3 期。

邹军:《中国网络舆情综合治理体系的建构与运作》,《南京师大学报》(社会科学版) 2020 年第 2 期。

周海宁:《论互联网新闻的现实重构》,《传播力研究》2018 年第 13 期。

周海宁:《"后人文时代"人类主体性研究的传播学反思》,《视听》2018 年第 9 期。

周海宁:《从本雅明提出的 aura(气韵)媒介观看对象与主体关系的演化》,《新闻传播》2018 年第 21 期。

周海宁:《弗鲁塞尔的"媒介符号理论"对传播危机的反思》,《科技传播》2018 年第 14 期。

周海宁:《论从大众传媒时代到数字媒介时代的童年变化》,《新闻传播》2018 年第 17 期。

周海宁:《论互联网时代受众的数字化生存能力》,《出版发行研究》2018 年第 12 期。

周海宁:《论数字化媒介时代儿童阅读能力的提升》,《出版广角》2019 年第 2 期。

周海宁:《以互联网媒介为中心的听觉文化转向以及构建》,《出版发行研究》2019 年第 7 期。

周海宁:《基于移动短视频传播的文化转向与信息价值观的重构》,《东南传播》2019 年第 10 期。

周海宁、王雪:《互联网时代社交媒体网络传播与受众主观幸福感的提升》,《东南传播》2019 年第 5 期。

周海宁、程宗宇:《论以媒介为中心的儿童教育与素养的提升》,《聊城大学学报》（社会科学版）2020 年第 5 期。

周海宁：《〈后浪〉青年宣言片反向评价的解释现象学分析》，《鲁东大学学报》（哲学社会科学版）2021 年第 1 期。

中文专著

程曼丽、乔云霞：《新闻传播学辞典》，新华出版社 2012 年版。

胡百精：《说服与认同》，中国传媒大学出版社 2014 年版。

李曦珍：《理解麦克卢汉：当代西方媒介技术哲学研究》，人民出版社 2014 年版。

林同华：《中华美学大词典》，安徽教育出版社 2002 年版。

刘放桐：《新编现代西方哲学》，人民出版社 2000 年版。

刘士林：《先验批判》，上海三联书店 2001 年版。

彭兰：《网络传播学概论》（第四版），中国人民大学出版社 2017 年版。

衣俊卿等：《20 世纪的新马克思主义》，黑龙江教育出版社 2007 年版。

袁丰雪、仇玲、周海宁、张成良：《融媒体时代的新闻采访与写作》，新华出版社 2020 年版。

张成良：《融媒体传播论》，科学出版社 2019 年版。

赵勇：《整合与颠覆：大众文化的辩证法——法兰克福学派的大众文化理论》，北京大学出版社 2005 年版。

周宪：《视觉文化的转向》，北京大学出版社 2008 年版。

周海宁：《互联网时代中国媒介文化嬗变以及人的主体性重构》，延边大学出版社 2019 年版。

中文译著

[美] 阿尔温·托夫勒：《第三次浪潮》，朱志焱等译，生活·读书·新知三联书店 1984 年版。

[美] 丹尼尔·贝尔：《资本主义文化矛盾》，赵一凡等译，生活·读书·新知三联书店 1992 年版。

［美］道格拉斯·凯尔纳、斯蒂文·贝斯特：《后现代理论：批判性的质疑》，张志斌译，中央编译出版社 2001 年版。

［英］大卫·帕金翰：《童年之死》，张建中译，华夏出版社 2005 年版。

［法］福柯：《词与物：人文科学考古学》，莫伟民译，生活·读书·新知三联书店 2002 年版。

［美］弗朗西斯·福山：《我们的后人类未来：生物科技革命的后果》，黄立志译，广西师范大学出版社 2017 年版。

［美］赫伯特·马尔库塞：《单向度的人：发达工业社会意识形态研究》，刘继译，上海译文出版社 2006 年版。

［德］哈贝马斯：《公共领域的结构转型》，曹卫东等译，学林出版社第 1999 年版。

［德］汉斯–格奥尔格·加达默尔：《真理与方法》，洪汉鼎译，译文出版社 2005 年版。

［德］霍克海默、阿多诺：《启蒙辩证法》，渠敬东、曹卫东译，上海人民出版社 2006 年版。

［法］居伊·德波：《景观社会》，张新木译，南京大学出版社 2017 年版。

［美］凯斯·桑斯坦：《网络共和国：网络社会中的民主问题》，黄维明译，上海人民出版社 2003 年版。

［美］凯瑟琳·海勒：《我们何以成为后人类：文学、信息科学和控制论中的虚拟身体》，刘宇清译，北京大学出版社 2017 年版。

［匈牙利］卡尔·波兰尼：《大转型：我们时代的政治与经济起源》，刘阳、冯钢译，浙江人民出版社 2007 年版。

［意］罗西–布拉伊多蒂：《后人类》，宋根成译，河南大学出版社 2016 年版。

［加］麦克卢汉：《理解媒介：论人的延伸》，何道宽译，译林出版社 2011 年版。

［法］米歇尔·福柯：《性经验史》，佘碧平译，上海人民出版社 2016 年版。

[德] 尼采：《查拉图斯特拉如是说》，尹溟译，文化艺术出版社 2003 年版。

[美] 尼尔·波兹曼：《技术垄断：文化向技术投降》，何道宽译，北京大学出版社 2007 年版。

[美] 尼尔·波兹曼：《童年的消逝》，吴燕莛译，中信出版社 2015 年版。

[美] 尼尔·波兹曼：《娱乐至死》，章艳译，广西师范大学出版社 2004 年版。

[美] 尼古拉斯·米尔佐夫：《视觉文化导论》，倪伟译，江苏人民出版社 2006 年版。

[美] 欧文·戈夫曼：《日常生活中的自我呈现》，北京大学出版社 2016 年版。

[瑞士] 皮亚杰：《发生认识论原理》，王宪钿等译，商务印书馆 1981 年版。

[瑞士] 皮亚杰：《发生认知论述评》，雷永生等译，人民出版社 1987 年版。

[法] 皮埃尔·布迪厄：《文化资本与社会炼金术》，上海人民出版社 1997 年版。

[法] 让·鲍德里亚：《消费主义》，刘成富、全志钢译，南京大学出版社 2014 年版。

[法] 尚·布什亚：《拟仿物与拟像》，洪浚译，时报文化出版企业股份有限公司 1998 年版。

[巴西] 威廉·弗卢塞尔：《摄影哲学的思考》，毛卫东、丁君君译，中国民族摄影艺术出版社 2017 年版。

[美] 雪莉·特克尔：《群体性孤独：为什么我们对科技期待更多，对彼此却不能更亲密？》，周逵、刘菁荆译，浙江人民出版社 2014 年版。

[美] 约翰·迪米克：《媒介竞争与共存：生态位理论》，王春枝译，清华大学出版社 2013 年版。

[美]约翰·杜翰姆·彼得斯：《对空言说》，邓建国译，上海译文出版社2017年版。

[美]约翰·费斯克：《理解大众文化》，王晓珏、宋伟杰译，中央编译出版社2001年版。

[美]约翰·马尔科夫：《人工智能简史》（原名"与机器人共舞"），郭雪译，浙江人民出版社2017年版。

[英]约翰·斯道雷：《文化理论与大众文化导论》（第七版），常江译，北京大学出版社2019年版。

[美]詹姆斯·W.凯瑞：《作为文化的传播："媒介与社会"论文集》，丁未译，中国人民大学出版社2019年版。

外文论文

Biocca F., "The Cyborg's Dilemma: Progressive Embodiment in Virtual Environments", *Journal of Computer - Mediated Communication*, Vol. 3, No. 2, 1997.

Batson C. D., et al., "Perspective Taking: Imagining How Another Feels Versus Imagining How You Would Feel", *Personality and Social Psychology Bulletin*, Vol. 23, No. 7, 1997.

Burke M. and Kraut R., "The Relationship between Facebook Use and Well - Being Depends on Communication Type and Tie Strength", *Journal of Computer - Mediated Communication*, Vol. 21, 2016.

Davis M. H., "Measuring Individual Differences in Empathy: Evidence for a Multidimensional Approach", *Journal of Personality and Social Psychology*, Vol. 44, 1983.

De Vignemont F. and Singer T., "The Empathic Brain: How, When and Why?", *Trends in Cognitive Sciences*, Vol. 10, No. 10, 2006.

De Waal F. B. M., "Putting the Altruism Back into Altruism: The Evolution of Empathy", *Annual Review of Psychology*, Vol. 59, 2008.

Deresiewicz and William, "The End of Solitude", *Chronicle of Higher*

Education, 2009.

Euna Park and Youngshin Sung, "The Effect of Consumers'Congnizance of Advertizing Model on Purchasing Intention", *Korean Psychology Journal Consumer · Advertisement*, Vol. 2, No. 1, 2001.

Festinger L., "A Theory of Social Comparison Processes", *Human Relations*, Vol. 7, No. 2, 1954.

Granham E. L., "In Whose Image? Representations of Technology and the 'ends' of Humanity", *Ecotheology*, Vol. 11, No. 2, 2006.

Granovetter Mark., "Economic Action and Social Structure: The Problem of Embeddedness", *American Journal of Sociology*, Vol. 91, No. 3, 1985.

Grühn D, et al., "Empathy Across the Adult Lifespan: Longitudinal and Experience – sampling Findings", *Emotion*, Vol. 8, No. 6, 2008.

Ha Kyoungpoon, et al., "Relationship of Participation Satisfaction, Living Satisfaction and Life Satisfaction among Elderly Participants in the Job Creation Project for the Elderly", *The Journal of the Korea Contents Association*, Vol. 14, No. 10, 2014.

Ha Sangbok, "A Possibility of New Subject in Posthumanism and William Gibson's Neuromancer", *The New Korean Journal of English Language and Literature*, Vol. 49, No. 4, 2007.

Hogan D., "Development of an Empathy Scale", *Consulting and Clinical Psychology*, Vol. 33, 1969.

Ickes W., "Empathy Accuracy", *Journal of Personality*, Vol. 61, 1993.

Kang Young an and Lee Sang hun, "Philosophical Reflections on Posthumanism", *Orbis Sapientiae*, No. 15, 2013.

Kim Bong Seob and Park Si Hyun, "A Study on the Factors Influencing Facebook User's Loneliness", *Korean Journal of Communication Studies*, Vol. 11, No. 1, 2014.

Kim Kyongdal, et al., "Exploring the Concept and Determinants of SNS (Social Network Service) Fatigue", *Information and Social*,

Vol. 26, 2013.

Kim Seong jae, "The Communication of Affect", *Sungkok Journalism Review*, Vol. 23, No. 3, 2015.

Kim Seong jae, "The Communication of Entertainment" *Korean Society of Contemporary European Philosophy*, Vol. 50, No. 1, 2018.

Kim Seong jae, "A Genealogy of Media Utopia: From Brecht's 'radio Theory' to Flusser's 'Theory of Telematics'", *Journal of Broadcasting and Telecommunicaiton Studies*, Vol. 29, No. 4, 2015.

Kim Seong jae, "The Ideas and Values of the Broadcasting and Telecommunication in the 4th Industrial Revolution Era: From the Perspective of Critical Post-humanism", *Journal of Broadcasting and Telecommunications Research*, Vol. 97, No. 1, 2017.

Kim Seong jae, "The man Who Crosses the Boundaries of History and Post-history: Flusser's Philosophy of Human Communication", *Communication Theories*, Vol. 9, No. 4, 2013.

Lee KyungTag, et al., "A Study on the Relations among SNS Users' Loneliness, Self-discloser, Social Support and Life Satisfaction", *The Journal of Internet Electronic Commerce Research*, Vol. 13, No. 2, 2013.

Lee Sungjoon and Lee Hyoseong, "Explicating the Relationship among SNS Users' Types of Social Comparison Experience, Social Comparison Orientation and Life Satisfaction", *The Journal of the Korea Contents Association*, Vol. 16, No. 12, 2016.

Licklider J. C. R., "Man-Computer Symbiosis", *IRE Transactions on Human Factors in Electronics*, Vol. HFE-1, 1960.

Mary Jane Kehily, "Childhood in Crisis? Tracing the Contours of 'Crisis' and Its Impact Upon Contemporary Parenting Practices", *Media, Culture & Society*, Vol. 32, No. 2, 2010.

P. M. Valkenburf, et al., "Friend Networking Sites and Their Relationships to Adolescents' Well – being and Social Self – esteem", *Cyber Psychology & Behavior*, Vol. 9, No. 5, 2006.

Park Sun Hee, "Embodiment Theory as Criticism of Disembodiment Discourse", *Journal of Communication Research*, Vol. 47, No. 1, 2010.

Park Sun Hee, "Haptic Communication – Interface Intersensorality, Haptic Embodiment, and Its Implications", *Media & Society*, Vol. 24, No. 1, 2016.

Petra, et al., "A Meta – Analysis on Cognitive Distortions and Externalizing Problem Behavior", *Criminal Justice & Behavior*, 2014.

Ryan R. M. and Deci E. L., "Self – determination Theory and the Facilitation of Intrinsic Motivation, Social Development, and Well – being", *Am Psychol*, Vol. 55, 2000.

Schiffrin H., et al., "The Associations Among Computer – mediated Communication, Relationships, and Well – being", *Cyberpsychology, Behavior, and Social Networking*, Vol. 13, No. 3, 2010.

Smith J., "Beyond the Divide Between Cognition and Discourse: Using Interpretative Phenomenological Analysis in Healthy Psychology", *Psychology & Health*, No. 3, 1996.

Smith J. A., "Refleeting on Interpretative Phenomenological Analysis and its Contribution to Qualitative Research", *Qualitative Research on Psychology*, No. 1, 2004.

Suh Kyung Hyun and Lee Kyoung Soon, "Relationships between Life Stresses and Social Comparison and Subjective Well – being of College Students", *The Korean Journal of Health Psychology*, Vol. 15, No. 2, 2010.

Sungjoon Lee and Hyoseong Lee, "Explicating the Relationship among SNS Users'Types of Social Comparison Experience, Social Comparison Orientation and Life Satisfaction", *The Journal of the Korea Contents Association*, Vol. 16, No. 12, 2016.

Veronika Karlsson, et al. , "The Lived Experiences of Adult Intensive Care Patients Who Were Conscious During Mechanical Ventilation: A Phenomenological – hermeneutic Study", *Intensive Critical care Nursing*, Vol. 28, No. 1, 2012.

Wood J. V. , "Theory and Research Concerning Social Comparisons of Personal Attributes", *Psychological Bulletin*, Vol. 106, No. 2, 1989.

Yang Hyeseung, et al. , "Does Facebook Make Us Happy?: Examining the Relationship among College Students' Facebook Use, Upward Social Comparison and Life Satisfaction", *Korean Journal of Journalism and Communication Stuaies*, Vol. 58, No. 6, 2014.

Yang H. and Oliver M. B. , "Exploring the Effects of Television Viewing on Perceived Life Quality: A Combined Perspective of Material Value and Upward Social Comparison" *Mass Communication and Society*, Vol. 13, No. 2, 2010.

外文专著

Anders, Günther, *Die Antiquiertheit des Menschen (volume I): die Seele im Zeitalter der zweiten industriellen Revolution*, München: C. H. Beck, 1956.

Anders, Günther, *Die Antiquiertheit des Menschen (volume 2): Über die Zerstörung des Lebens im Zeitalter der dritten industriellen Revolution*, München: C. H. Beck, 1980.

Badmington N. , *Posthumanism: Readers in Cultural Criticism*, London: Palgrave Macmillan, 2000.

Balsamo A. , *Technologies of the Gendered Body: Reading Cyborg Women. Durham*, North Cardina: Duke University Press, 1996.

Bolter J. D and Grusin R. , *Remediation: Understanding New Media*, Cambridge: The MIT Press, 2000.

Bostrom N. , *The Transhumainist FAQ*, V. 2. 1. Oxford: World Transhumanist Association, 2003.

Carl Shapiro and Hal R Varian, *Information Rules*, Brighton: Harvard Business Press, 1999.

Carr N. , *The shallows*, New York: W. W. Norton & Company, 2010.

Chris Jenks, *Childhood*, London: Routledge, 2005.

Clark A. , *Natural - born Cyborgs: Minds, Technologies, and the Future of Guman Intelligence*, New York: Oxofrd University Press, 2003.

Corsaro W. A. , *The Sociology of Childhood*, California: Pine Forge press, 2005.

Damasio A. , *Descartes' Error: Emotion, Reason, and the Human Brain*, New York: Putnam, 1994.

Davis M. L. , *Empathy: a Social Psychological Approach*, Boulder: Westview Press, 1996.

Dreyfus H. , *What Computers Still Can't Do*, Cambridge, Mass: MIT Press, 1992.

Halberstam, Jand Livingston I. , *Posthuman Bodies*, Bloomington and Indianapolis: Indiana University Press, 1995.

Hayles N. K. , *How We Became Posthuman: Virtual Bodies in Cybernetics, Literature, and Informatics*, Chicago: University of Chicago Press, 1999.

Hoffman M. L. , *Empathy and Moral Development*, Cambridge: Cambridge University Press, 2002.

Jay David Bolter and Richard Grusin, *Remediation: Understanding New Media*, Cambridge: The MIT Press, 2000.

Jean Baudrillard, *Simulacra and Simulation*, Ann Arbor: University of Michigan Press, 1994.

Johnson, Steven A. , *Interface Culture: How New Technology Transforms the Way We Create and Communicate*, New York: Basic Books, Inc, 1999.

Kim Seongjae, *Communication of Imagination*, Seoul: Bogosabooks, 2010.

Kim SeongJae, *Flusser, Media Phenomenology*, Seoul: Communication Books, 2013.

Kreckel, Reinhard, *Soziale Ungleichheit*, Göttingen: Schwartz, 1983.

Lynch M. P., *The Internet of Us: Knowing More and Understanding Less in the Age of Big Data*, New York: Liveright Publishing, 2016.

Ma Jungmi, *Posthuman and Post-modern Subject*, Seoul: Communications Books, 2014.

Maria Winn, *Children Without Childhood*, New York: Penguin, 1984.

Mark B. N. Hansen, *Bodies in Code*, New York: Routledge, 2006.

Marshall McLuhan, *The Gutenberg Galaxy*, Toronto: University of Toronto Press, 1962.

Mary Jane Kehily (ed.), *An Instruction to Childhood Studies*, New York, Maidenhead: Open University Press, 2004.

McLuhan M, and Q. Fiore, *War and Peace in the Global Village*, New York: Bantam, 1968.

Michael William Jenning, et al., *The Work of Art in the Age of Its Technological Reproducibility, and Ohter Writings on Media*, Belknap Press, 2008.

O'Mathúna D. P., *Nanoethics: Big Ethical Issues with Small Technoogy*, London & New York Continuum, 2009.

Richard J, Harry, *A Cognitive Psychology of Mass Communication*, London: Lawrence Erlbaum Associates Publishers, 2004 (Fourth Edition).

Roger Penrose, *The Emperor's New Mind: Concerning Computers, Minds, and the Laws of Physics*, New York: Oxford University Press, 1989.

Springer C., *Electronic Eros: Bodies and Desire in the Postindustrial Age*, Austin: University of Texas Press, 1996.

Stephen Kline, *Out of the Garden: Toys, TV, and Children's Culture in the Age of Marketing*, London & New York: Verso, 1993.

Turkle S., *Alone Together: Why We Expect More from Technology and Less from Each Other*, New York: Basic Books, 2011.

Vilém Flusse, *Ins Universum der technischen Bilder*, Göttingen: European Photography, 1996.

Vilém Flusse, *Praise of Superficiality: For the Phaenomenology of the Media*, Seoul: Communication Books, 2004.

Vilém Flusser, *Does Writing Have a Future?* Yoon Jongseok (Trans.), Seoul: Moonye, 1998.

Vilém Flusser, *Kommunikologie*, Kim Seongjae (Trans.), Seoul: Communication Books, 2001.

Walter Benjamin, *Illuminations*, Harry Zohn (Trans.), New York: Schocken Books, 1986.

Wright C. R., *Mass Communications: A Sociological Perspective*, New York: Random House, 1959.